钢铁侠是怎样炼成的

伊隆·马斯克的跨界创新人生

罗庆朗 / 著

中国宇航出版社

·北京·

图书在版编目(CIP)数据

钢铁侠是怎样炼成的：伊隆·马斯克的跨界创新人生 / 罗庆朗著. --北京：中国宇航出版社，2014.9（2014.10 重印）
ISBN 978-7-5159-0799-4

Ⅰ. ①钢… Ⅱ. ①罗… Ⅲ. ①电子商务—商业企业管理—经验—美国 Ⅳ. ①F737.124.6

中国版本图书馆 CIP 数据核字(2014)第 213073 号

责任编辑　曹晓勇　　　封面设计　姜　旭

出版发行　中国宇航出版社
社　址　北京市阜成路 8 号　邮　编　100830
(010)68768548
网　址　www.caphbook.com
经　销　新华书店
发行部　(010)68371900　(010)88530478(传真)
(010)68768541　(010)68767294(传真)
零售店　读者服务部　北京宇航文苑
(010)68371105　(010)62529336
承　印　三河市君旺印务有限公司

版　次　2014 年 9 月第 1 版
2014 年 10 月第 2 次印刷
规　格　787×960
开　本　1/16
印　张　23.25　彩　插　4 面
字　数　292 千字
书　号　ISBN 978-7-5159-0799-4
定　价　49.80 元

序
PREFACE

2003 年 10 月 15 日，我成为浩瀚太空中的第一位中国访客。亿万华夏子孙的千年飞天梦，在那一天梦想成真。当飞船掠过祖国的山山水水时，我自豪地向全世界展示了五星红旗和联合国旗帜，并郑重地写下这样一句话：“为了人类的和平与进步，中国人来到太空了！”

人长大了，要走出摇篮；人类成熟了，要走出地球。可以想象，21 世纪正如大航海时代的 16 世纪一样，会是一个航天大发现的时代。航天，既是现代科技的制高点，又是创新发展的竞武台。继航海之后，航天将成为大国崛起又一新的助推器。昨天，我们错过了大航海时代；今天，又一次新的机遇摆在我们面前。人类即将再次远航，去探索遥远的未知世界。

纵观人类的发展史，创新是永恒的主题，是推动世界前行的强劲引擎。人类的发达崛起，贯穿始终的是探索与冒险，其根源则在于创新。创新，就像撬动地球的杠杆，总能创造出令人意想不到的奇迹。

目前，美国科技圈有个人正成为全球关注的焦点，他在航天、互联网、电动汽车和光伏发电等领域跨界创业成功，他不断以创新颠覆踏足过的每个行业。这个人就是伊隆·马斯克，他是技术改变世界的笃信者和躬行者，身上烙着创新和梦想的标签，被誉为硅谷“钢铁侠”。

《钢铁侠是怎样炼成的》一书，以个人特质、时代背景等为切入点，用独特的视角、细腻的笔触，再现了马斯克的成长史和创业史，解读了马斯克连续成功的秘诀。全书贯穿始终的是轻松易读的语言，闪烁着智慧的光芒，兼具人文情怀和工程严谨，是一本“人人心中有”却“个个笔下无”的作品。

俗话说，非常之事，必待非常之人；非常之人，必成非常之功。人要非常，则必须有解决非常之事的创新精神。马斯克颠覆传统的创新精神，是本书论述的重点。书中博引中美不同领域的创业故事，既有思想，又接地气，看似个人传记，实则描绘的是初创公司的创新生态。这是奉献给广大读者的精美食粮，需要时常抚摩、不断咀嚼，可以常读常新，获得新的感悟。

我与本书的作者庆朗先生相识已久，他是经济学和物理学科班出身，又长期从事航天管理工作。相似的教育背景和职业经历，让作者和马斯克在诸多方面产生契合与共鸣，并能发出知音之调、写出肺腑之言。由专业的人来做专业的事，确保了本书的专业品质。这正是我向各位读者推荐本书的主要原因。

我曾在央视《开讲啦》栏目告诉青年朋友们：“人要有一种精神！这种精神，来自于我们工作当中自己的一种责任。我们对待自己，要有超越的精神。对待事业，要有执着的精神。”人生是一次创新征途和梦想秀场。马斯克的连续成功，正是受这种超越精神、执着精神驱动所致。这种精神，说到底就是持之以恒的创新精神。

读一本好书，就仿佛和老友畅谈，他能为你答疑解惑，提供满满的正能量，鼓励你放飞梦想。《钢铁侠是怎样炼成的》正是这样一本好书，你能从中领悟到创新的魅力，感受到成功的张力。当梦想插上创新的翅膀，成功也就离得不远。

杨利伟 / 中国首飞航天员

2014 年 9 月

目录
CONTENTS

第十三章 以互联网思维改造传统

第十四章 马斯克管理与马斯洛需求

第一章
硅谷和好莱坞的两栖英雄

“要演好‘钢铁侠’，最好能与马斯克聊聊，因为马斯克过的就是‘钢铁侠’的真实人生。”

——“钢铁侠”

硅谷和好莱坞，同在美国加州，离得不远，但两个世界截然不同。如果说硅谷的水电工会跟他的客户大谈宇宙飞船和航天飞机的优劣，那么好莱坞的餐厅侍者就可能在闲暇之余创作着他的手稿。当那些住在日落大道的时尚达人，衣着光鲜靓丽，如娇艳的水仙般出席新片发布的时候；宅在圣克拉拉山谷的工程师，则像寂寞的野百合，顶着熊猫眼在电脑旁写代码。虽然理念和文化相差甚远，好莱坞和硅谷却都是创新思维和灵感的集散地。好莱坞善于“想象”，是名副其实的梦工厂；而硅谷长于“圆梦”，恰恰能让梦想照进现实。时刻呼吸着天马行空、冠古超今的空气，你的想象力便会更丰富，你的创造力自然在增值，灵感之神也会叩响你的心门。

好莱坞说，要有风，于是硅谷就有了风；好莱坞说，要有光，于是硅谷就有了光。好莱坞和硅谷，可算是风光无限的地方；如果谁能同时驾驭好莱坞和硅谷，那他大约就是这个星球最风光的人。伊隆·马斯克(Elon Musk)，媒体将他誉为继苹果公司创始人史蒂夫·乔布斯之后硅谷走出来的创业领袖，他的故事已精彩纷呈到足够拍一部好莱坞大片，称他为跨越硅谷和好莱坞的创新奇才也并不为过。马斯克不仅创办了世界领先的互联网支付公司贝宝（Paypal），还在以太空探索技术公司（SpaceX）、特斯拉汽车公司（Tesla）和太阳能城市公司（SolarCity）颠覆着人类的未来，而且他的个人生活游刃于好莱坞，频频在大片中客串自己，赢得了当代“钢铁侠”的美誉。

马斯克究竟是一个怎样的人？特斯拉的员工说：“我们老板是个半人半神的人物。”SpaceX的员工说：“我们的老板是商界的一朵奇葩，他有惊人的洞察力，对废话零容忍，做决定时不惧任何风险。”有人说他是个“不切实际的妄想症患者”，也有人说他是“将再次改变世界的伟人”。对于马斯克最好的定义应该是：梦想家。他用20年的时间，实现了自己学生时代关于互联网、新能源和太空探索的三个梦，而他获得的滔天关注，无非是因为这三个梦实在太过绚丽。他有异想天开的胆气，也有脚踏实地的坚持。他有时离真相很远，却能以意志之力扭曲现实。旁人看来不过一枕黄粱，他却总能让“梦境”变得真切。

第一节
现实版的“钢铁侠”

随着《钢铁侠》(Iron Man)系列电影票房的一路凯歌和所向披靡，“钢铁侠”托尼·斯塔克在全球迅速走红。苛刻的影评人也不吝赞美之辞：“令人颤抖的、极富创新精神的一部电影，给人愉快的观影感受，这正是目前超级英雄电影所匮乏的！”

电影中，小罗伯特·唐尼扮演的主角，是一个略显神经质却又风趣幽默的花花公子和企业家，一个疯狂的科技达人，在经历生死考验后决心把聪明才智用于造福人类。他为自己设计了一系列的高科技装甲，成为最受瞩目的英雄之一，穿梭在繁华的现代化都市中扬善惩恶。电影中各种炫酷技术的应用让观众大呼过瘾，也让人们对斯塔克所诠释的科技生活充满了向往。

当然，这是电影，而不是现实。

如果说现实中确实存在这么一个人，拥有“钢铁侠”一般的气质：既多金，也风流，同样是科技狂人，还拥有着“拯救世界”的梦想，那么，这个人一定就是马斯克。作为企业家，他堪称“跨界天王”。马斯克的公司里摆放着《钢铁侠》导演乔恩·费儒赠送的真人大小“钢铁侠”全副盔甲模型；而马斯克本人因为酷爱前沿高科技，被称做“硅谷钢铁侠”。

现如今，一提到马斯克，人们的第一反应就是：“钢铁侠”原型！但很遗憾，马斯克与“钢铁侠”原型没有半毛钱的关系。虽然他确实跟《钢铁侠》系列电影有某种关联，也跟小罗伯特·唐尼私交不错，但马斯克就是马斯克，他不是真的“钢铁侠”原型！

“马斯克是钢铁侠原型”这个误导性观点，最早是从彭博新闻社流出的。彭博新闻社曾多次报道马斯克的相关新闻，基本上凡是提到他的时候，记者和编辑们都不忘强调一句：伊隆·马斯克——“钢铁侠”原型！

彭博新闻社之所以这样说，主要是因为电影《钢铁侠》与马斯克的关系。与《蝙蝠侠》《蜘蛛侠》等科幻电影一样，《钢铁侠》系列电影同样改编自同名原创漫画《钢铁侠》。漫画《钢铁侠》是由漫威公司数位作者联合创作的，首次亮相于美国漫画杂志《悬疑故事》1963 年 3 月出版的第 39 期，名为“钢铁侠出击”。漫画的主人公（即“钢铁侠”）是一位名为托尼·斯塔克的大军火商、亿万富豪、花花公子。故事情节跟电影《钢铁侠 1》相似，只不过把阿富汗换成了越南。

这样看来，钢铁侠在 1963 年就问世了，而那时候，离马斯克出生还有 8 年多。那么，漫画《钢铁侠》主人公原型是谁？原版漫画的创造者斯坦·李表示，托尼·斯塔克这个角色是以霍华德·休斯为原型的。休斯是美国著名的商业大亨、发明家、飞行员、

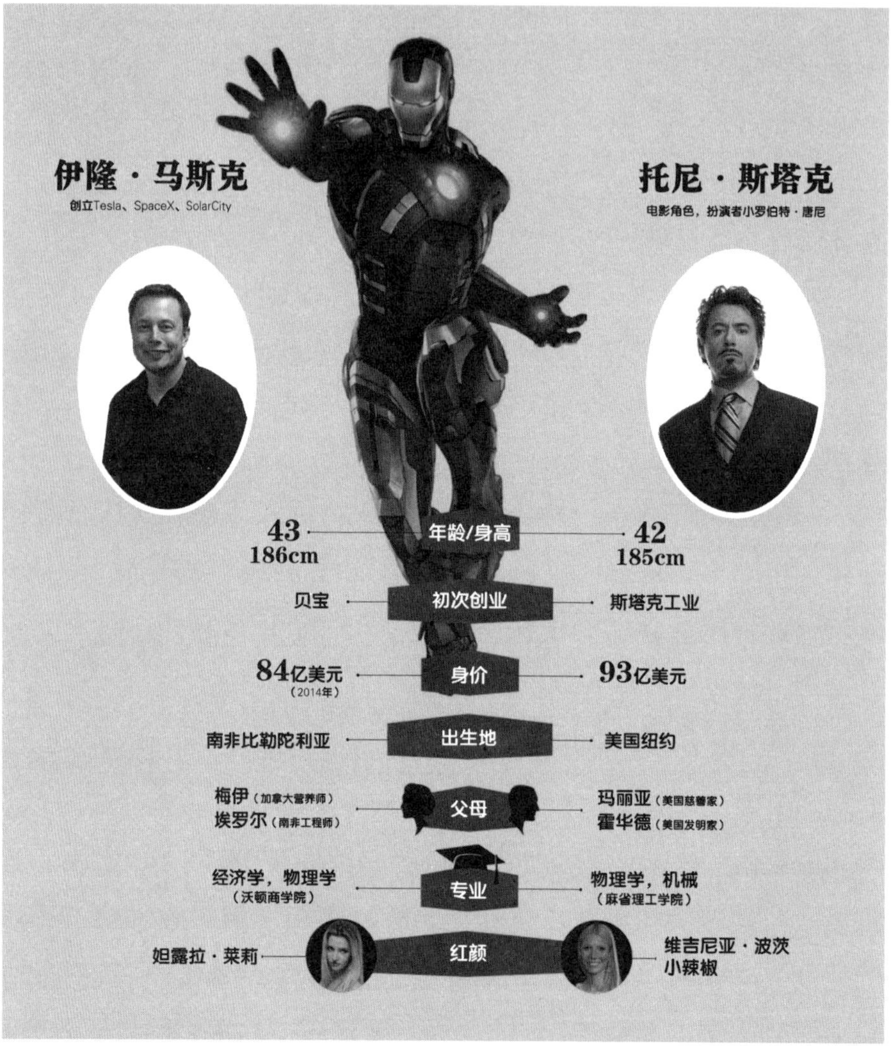

航空工程师、花花公子、电影制片人、慈善家，是当时世界上最富有的人之一，其经历丰富多彩。电影《钢铁侠》剧情基本上直接套用了漫画的内容，严格意义上说，电影《钢铁侠》的原型仍是霍华德·休斯。

电影《钢铁侠》原型是如何与马斯克扯上关系的？这或许源于

电影《钢铁侠》导演乔恩·费儒的一段话。乔恩·费儒曾直言:“在将漫画英雄人物、制作了飞行盔甲的花花公子发明家托尼·斯塔克搬上大荧幕时，我头脑中想到的人物原型就是马斯克。”

或许是与漫画中的主人公以及真实人物原型有着类似的经历，而且真实的人物原型霍华德·休斯已经过世，为了丰富人物，使人物形象更饱满，电影《钢铁侠》确实参照了马斯克的一些性格特点，进行了加工、优化。男主角小罗伯特·唐尼也曾向导演建议，要演好“钢铁侠”，最好能与马斯克聊聊，因为他过的就是“钢铁侠”般的真实人生。

马斯克与斯塔克，两个人的年龄、身材都很相似，姓氏里甚至都有字母“K”，但这些相似之处都是表面上的。如果仔细研究，你就会发现两人在家庭出身、职业生涯、创新技术、教育经历方面都存在交集。虽然外界一直将马斯克与“钢铁侠”联系到一起，但马斯克却表示:“我和斯塔克之间仍然有许多不同点，我感觉我似乎像斯塔克的爸爸更多一些。”

电影中，发明天才斯塔克不断地创造出新的科技并改良现有技术：他不仅发明了胸前那块能在关键时刻让自己活命的超小型核反应堆，还制造出盔甲上能发射冲击波的手套和能达到超声速的靴底喷气设备。现实生活里，马斯克热衷于在各领域进行高端技术的创新：他用新能源汽车颠覆了传统汽车概念；他用 SpaceX 的“龙”飞船实现私人飞船与空间站的对接；他用个人屋顶光伏电站来推动能源改变，这其中任何一项技术的成熟并规模化，都将改变人类的生活。

戏中，“钢铁侠”的生活神乎其神，戏外，马斯克的生活也精彩绝伦。

第二节
大牌“路人甲”

马斯克在好莱坞极受欢迎。影星乔治·克鲁尼、导演詹姆斯·卡梅隆都是他的座上宾，而他的第二任妻子也是圈内知名演员。不同于其他的企业家和工程师，马斯克的身上带有明显的娱乐圈痕迹，他不介意媒体过分关注自己的感情生活，甚至还积极地活跃在好莱坞。在拍摄《钢铁侠2》的时候，导演乔恩·费儒邀请马斯克来客串一个角色，马斯克本人也对参与电影创作表示了强烈的兴趣。

《钢铁侠2》中的部分镜头取自马斯克的公司，SpaceX在这部电影里被用做中央场地之一。电影中，马斯克出人意料地出现在“摩纳哥大奖赛”一幕，与斯塔克互致寒暄，虽然镜头不多，但导演还是为他安排了一段精彩的对白。在赛车俱乐部里，马斯克与“小辣椒”对话后，好戏开始。

斯塔克说:“伊隆,灰背隼(Merlin)发动机棒呆了。”(P.S. 小马哥不愧是营销高手,虽然只是跑龙套,还不忘给自己的 SpaceX 公司打广告,灰背隼正是“猎鹰”系列火箭的主发动机)。马斯克回答:“谢谢,我想到一个关于电动喷气式飞机的好点子。”斯塔克大为吃惊:“你有吗?那咱们就开始干吧!”而在最后的字幕表里,马斯克的名字也列在“特别感谢”那一栏。值得注意的是,这句台词可能并不是凭空杜撰,因为马斯克曾公开表达过“飞机行业也需要改革”的看法。

在《钢铁侠 2》的官方花絮中,编剧曾提到:“我和马斯克在私底下很熟悉,我把他生活中的一些细节放进了电影里,因为我觉得斯塔克这个角色实在太像他了,干脆就让二人融为一体吧。”

至今已拍出的三部《钢铁侠》系列电影,每一次上映都会横扫全球票房。拯救世界的钢铁侠斯塔克在大银幕上让观众热血沸腾,而银幕之外的故事则交由马斯克来真实演绎。令影迷尖叫的是马斯克与导演费儒的一段网上对话,起因是马斯克在推特(Twitter)上表示“刚刚解决了怎样只用手势就能设计火箭部件的问题”,并预告近期将发布演示视频。费儒随后发表评论问他设计方法的形态是怎样的,马斯克的回复是:类似“钢铁侠”的实验室。

第三节 驾驭好莱坞

马斯克本人就住在比弗利山谷（Beverly Hills）附近的豪宅里，居住在这里的人非富即贵，其中不乏好莱坞明星。马斯克非常明白和好莱坞维持良好关系的重要性。他的特斯拉电动汽车没有任何营销预算，马斯克在好莱坞的好人缘在此时发挥了重大作用，他的名人朋友们帮特斯拉获得了极高的关注度。2010 年，特斯拉上市之后，他的明星朋友们纷纷成为特斯拉最早的股票持有者。

马斯克的妹妹托斯卡·马斯克是独立电影制作公司——马斯克娱乐公司的创始人，还是制片人和导演。马斯克也借这个平台与好莱坞往来密切。马斯克曾为多部电影当过制作人：早在 2001 年，他就担任托斯卡执导的第一部电影《猜谜》的制作人；2005 年，担任著名讽刺电影《感谢你抽烟》的执行制片人，且片中出现的 1994 年款达索猎鹰 900 飞机也登记在他名下；2010 年，马斯克又担任《目瞪口呆》一片的制作人。此外，他还在7部电影和电视剧中客串了他自己。

童年时代的马斯克对那些充满想象力的科幻小说和影片非常感兴趣，他沉迷于罗伯特·海因莱因的《星际飞船上的部队》，也喜欢徘徊在儒勒·凡尔纳的《太阳系历险记》中；他深受科幻小说家伊萨克·阿西莫夫的《基地》系列小说以及《星球大战》等影片的影响。长大之后，这种热爱和迷恋，让极具好莱坞气质的马斯克对科幻影片伸出的橄榄枝总是欣然受邀，给予极大支持，并且还为这些影片担任制片人。

事实上，马斯克远没有钢铁侠那么潇洒。成功背后，是每周工作100小时的常态，但他乐于其中。在每一个美好的清晨，马斯克都会驾着那辆深红色的特斯拉Roadster敞篷电动跑车，设置好最适合的风力与温度，混搭着格莱美巨星阿黛尔、摇滚天王罗比·威廉姆斯的新歌，还有贝多芬的命运交响曲，冷静地飞驰在高速公路上，奔向他想要的未来。

第二章
马斯克的非常档案

“想有未来就要期待事情向好的方向发展，否则就没有未来。”

——伊隆·马斯克

2010年和2013年，伊隆·马斯克两获美国《时代周刊》评选的“全球100位最具影响力人物”称号，该刊认为马斯克和他的SpaceX公司让人们重燃对探索太空的欲望，并为实现这种追求创造了机会。2010年，马斯克被基蒂霍克基金会誉为“航空航天界的当代传奇”。2011年，《福布斯》将其列入“美国最有为的20位（40岁及以下）CEO”名单。2012年，马斯克获颁英国皇家航空学会最高荣誉金质奖章。2013年11月21日，美国著名财经杂志《财富》揭晓了“2013年度商业人物”，马斯克荣登榜首。《君子》杂志甚至极富预言性地将他提名为“21世纪最有影响力的75位人物”之一。

第一节
来自南非的外来客

马斯克出生于1971年6月28日，按照西方占星学的说法，他的太阳星座为巨蟹座。作为一个典型的巨蟹男，马斯克心思缜密，细致入微，对家庭极为重视，这体现在他喜欢孩子和非常注重家庭成员之间的互相扶持和帮助上。他的月亮星座为处女座，主观感性，重视环境，不轻易认输，具有完美主义者的性格特质，追求极致，手下的员工十有八九都觉得很难达到马斯克的要求。而他的星盘又受双子座、水瓶座等影响，于是注定他天生就是个“极客”，还略微有点花心。

6月28日这一天出生的名人都很有分量：英格兰国王亨利八世，启蒙时代的法国思想家、哲学家让·雅克·卢梭和德国物理学家克劳斯·冯·克利青。亨利八世推行英格兰宗教改革，卢梭深刻影响了启蒙运动、法国大革命和现代政治、哲学、教育思想，克利青因发现量子霍尔效应而获诺贝尔物理学奖。马斯克似乎很喜欢与“传统”过不去，他能看到我们看不到的点，也能想到我们想不到的事，他不断开拓创新，将世界远远甩在身后。这位卓有远见的杰出工程师和企业家也许将成为第三次工业革命的“卢梭”。

马斯克出生在南非的行政首都比勒陀利亚。比勒陀利亚是一座喧嚣而美丽的城市，位于南非豪登省北部，早在15世纪就被人类发现，历经战乱洗礼。城市气候和中国“春城”昆明很相近，属于低纬度高原山地季风气候。市内种满不同的花草树木，故亦有“花园城”的美誉。

马斯克的父亲是有英国血统的南非人，母亲是加拿大籍美国人，马斯克是名副其实的“混血儿”，并且是三国或四国混血。我们一般都认为混血儿更聪明。从基因学角度解释，混血儿确实富有更多的优良基因，血缘关系越远，越能在个体进行基因配对中取得杂交优势，也就是说从基因优生学上讲，混血对人类是有利的。亦有权威专家对混血儿的高智商表示质疑，因为基因配对也有“配得好”和“配不好”之分。引用一个经典的笑话，说是当年一位女演员为了讨好戏剧大师萧伯纳，对他说：假如以我的容貌配上您的才智，那我们的后代就十全十美了。不料萧翁回答：如果是我的容貌配您的智慧呢？但无论怎么讲，马斯克都是“混”得好的典型混血儿之一。

也许是因为血统复杂，也许是家族有殖民开拓的基因，“南非人”似乎从未烙在马斯克的心底。他的曾祖母是第一个从南非踏上加拿大国土的女医生；祖父是一位从加拿大来到南非的探险家，曾一直从开普敦跑到阿尔及利亚，还是第一个驾驶单引擎飞机从南非飞到澳大利亚的人。

“我们家族的确有些与众不同，”妹妹托斯卡这样给自己的家族定性，“因为我们更愿意冒险”。后来这个家族多数都移民美国，他们似乎已经把自己的姓氏当成是“流浪者”或者“冒险家”的代名词。关于马斯克家族，曾经有人做过一个大胆的假设：如果他们出现在文学作品中，他们应该会是塞林格笔下的格拉斯家族和福克纳笔下的斯诺毕思家族的混合体——一种孤傲的天才和狂放的商业相结合的味道。

马斯克是家中的老大，下面还有一个弟弟和一个妹妹。父亲埃罗尔是一名工程师，经营着一家建筑工程企业，承接政府和商业项目；母亲梅伊，是一位模特和节食主义者，在 63 岁的时候还裸体上阵，化妆成孕妇，效仿黛米·摩尔那张经典的孕妇裸照，为《纽约》杂志拍摄封面。也许是文化差异所致，马斯克父母的婚姻并没有维系太久，在马斯克 8 岁那年，母亲带着他和弟弟妹妹离开了父亲，离开了比勒陀利亚。

对某种事物执着和沉迷是“极客”们的特质。马斯克从小就对真相和阅读很着迷，而且表现出超强的学习能力，不仅博览群书，还会精准记住他所阅读的东西。弟弟金巴尔说：“他一天可以看完两本书。”他母亲则回忆说：“在他小时候，如果我带上三个孩子一起逛街，而伊隆突然不见了的话，那么他一定‘被落在’书店里了。他会坐在地上，完全沉浸在自己的世界里。当他只有八、九岁的时候，他就读完了整部大英百科全书，而且还记住了里面的不少内容！”

小时候的马斯克的确非常聪明，但另一方面，他的情商看起来却不太乐观。他社交很少，独来独往，因为家庭原因不停地转校，在7所学校辗转待过，从来没真正交上过朋友。马斯克曾是班上个头最小、最年幼的学生，由于总爱指出同学们确实存在却并不重要的错误，经常受到别人的排挤。他以为自己是在帮助他们，但同学们则认为他很自大。

2012年，他母亲梅伊在接受采访时提到这样一件事："小时候，当别的孩子望着月亮说'哇，月亮离我们有100万英里远'的时候，伊隆就会认真地纠正他们，'不对，地球和月球之间的平均距离是238855英里，还取决于你自己所处的位置'。""他可以坦诚到残忍的地步，无论在什么情况下。哦，上帝啊，这真的很令人受伤，"妹妹托斯卡说，"他其实并不想显得刻薄，或故意让你感觉不舒服，他只是习惯这样的坦诚。"

马斯克小时候非常怕黑，后来看书知道黑暗是因为没有可见光，以后就不再怕黑了。他在十二三岁时感受到一种存在主义危机。也就是说，马斯克在这样一个年纪就已经开始质疑人生的基础，思考他的人生是否有意义、目的或者价值。他的危机感可能来自父母离异和同学排挤对他心灵造成的潜在伤害，抑或是一种与生俱来的孤独感和疏离感。总之，为了思考人生价值，探寻人生意义，他阅读了大量的哲学和宗教类书籍。

此外，他还阅读了大量科幻小说，这也成就了他后来追随高科技产业的原始动力。当被问到哪本书曾给他带来抚慰时，他提到了科幻小说《银河系漫游指南》。他说："这本书教会我，真正的难点在于，想明白应该问什么样的问题，而一旦你抓准了问题，剩下的就很容易解决了。"书中提到，有关"生命、宇宙等问题的终极答案是42"，马斯克所说的正是此意。他说：

“我得出了这样一个结论，我们应该努力扩大人类意识的深度和广度，以便问出更好的问题。事实上，唯一有意义的事就是努力提高全人类的智慧。”

实际上，读书不只是他获得知识的途径，也是逃避孤独的手段。在后来的很多采访中，马斯克都说过他正是通过沉浸在文学与计算机里来逃避童年的孤独。

很早就对电脑产生兴趣，也是“极客”的标签之一，马斯克也不例外。10 岁那年，马斯克拥有了自己的第一台电脑，他在电脑上自学编程，参加 IBM 的测试，发现自己极具编程天赋。两年后，他成功设计出第一个电子游戏软件——《爆炸星球》，这个游戏有点像另外两个更流行的游戏《小行星》和《太空入侵者》的结合。马斯克把这个小游戏卖了 500 美元，比他日后做的几笔生意少了好多个零。让母亲没有想到的是，拿到了人生第一笔收入的马斯克准备用这笔钱作为回比勒陀利亚的路费，因为他决定去与父亲一起生活。马斯克这样对母亲解释：“你有三个孩子，但父亲一个也没有。”知性的母亲依依不舍地答应了儿子的请求。

因此，18 岁以前的大部分时间，马斯克都跟父亲一起生活。他们在沃特克鲁夫有一处房产，位于林木苍翠的比勒陀利亚郊区，非常受外交官欢迎。不过，回到父亲身边的马斯克渐渐发现，父亲不是一位喜欢被孩子包围的人，而是一位善于做事的人。放假时，父亲埃罗尔会带孩子去旅行，有时是去欧洲、香港这些地方，有时开飞机去坦噶尼喀湖，父亲与那里的一座翡翠矿有点联系。马斯克后来有了自己的私人飞机，但却不再有时间自己飞。

富裕的南非人一般都会请女佣和园丁，父亲却让他的孩子自己做饭、做家务。最近，父亲埃罗尔接受采访时说自己可能有点专制，多年以来已经和大儿子有点疏远。马斯克与弟弟金巴尔的青少年时代过得格外独立，但是他很享受这种状态。一次，他们一同骑车去约翰内斯堡，骑了大约80公里。马斯克说："我们以为自己知道怎么去那里，但实际上我们谁都没有地图，我们半道就迷路了，最后只得穿过一些非常危险的地区。"

一次业务往来的机会，父亲带着马斯克来到美国，从此，美国那种充满喜剧、电影、科技及自由的形象在马斯克心中扎下根来。他认定，去美国可以干出点事情来，帮助他加速自我实现的进程，还可以逃避兵役——南非当时正处于政治转型过程中的动荡期。后来，马斯克多次向父亲提出移居美国的希望，但一次又一次被父亲以各种理由挡了回去。

马斯克的母亲出生在加拿大，那里距离美国足够之近。马斯克依靠母亲的家庭关系，顺利获得了一本加拿大护照，买了张机票来到蒙特利尔，当时他身无分文，无家可归。他在农场里打零工度日，干些拾掇菜地、铲稻谷的农活。这些是他此生至今唯一的打工经历。马斯克回忆道："干活儿的时候我必须穿上防护服，摇摇晃晃地穿过狭窄的通道，然后掏出一团热气腾腾、黏黏糊糊的东西，把它铲到洞口外面，等着别人把这团脏东西用独轮车推走。"

事实证明，加拿大果然是个不错的跳板。他申请到安大略的皇后大学，留了下来。他的弟弟妹妹也陆续来到加拿大读书，很快也拿到了加拿大国籍。妹妹托斯卡说，马斯克小时候很爱玩催眠游戏，每次都玩得很差，但这次，他的个人意志取得了胜利。至今马斯克的英语仍带有浓烈的南非口音，不过对于美国人来说，外国口音更吸引人。

后来，马斯克家族的人有很多都移民美国，马斯克几次创业也都有其兄弟助力：他的弟弟金巴尔是他第一家网络公司 Zip2 的合伙人，也是特斯拉电动汽车公司的投资人之一；妹妹托斯卡现在开了一家电影制作公司；他的表弟林登·赖夫是他那家太阳能光伏公司 SolarCity 的联合创始人和 CEO。

第二节 “阿波罗”种下航天梦

马斯克出生于1971年，这一年也是美国的“阿波罗”载人登月计划全部结束的前一年。1969年，阿波罗11号是人类第一次登月任务，尼尔·阿姆斯特朗和巴兹·奥尔德林两名航天员首次踏足月球，迈出了人类探索宇宙的一大步，这似乎与数年后的个人计算机革命有着某种神秘联系。这一年，那些在未来引领风骚的科技人物正处于他们的少年时代：斯蒂夫·沃兹尼亚克19岁，史蒂夫·乔布斯和比尔·盖茨都14岁。

那时候的年轻人号称垮掉的一代，既苦闷又迷茫，越南战争（1955年～1975年）、民权运动（1955年～1968年）、肯尼迪总统遇刺（1963年）……无一不让他们感到绝望。只有1969年7月16日“阿波罗”飞船的登月舱在月球表面着陆的那一刻，这些年轻人灰暗的人生才仿佛打开了一扇窗，照进了一些光亮。

“阿波罗”真如它所指代的古希腊神话“光明之神”一样，为世间带来光明，为思想驱散迷茫，为信仰它的人许诺光辉灿烂。乔布斯口中的“我们那一代人的圣经”——《全球目录》，就是用阿波罗8号拍摄的全景彩色地球照片作为封面。这本书的主编这样写道：“在去往月球的路上，我们重新发现了地球。”美国最后一名登月者塞尔南上校回到地球后也感叹：“在月球遥望地球，我看不到任何国界，我觉得地球就是一个整体，我的整个思想也就开阔了。”

这些曾经迷茫的年轻人，在若干年后的回忆录或访谈中都不约而同地提到了“阿波罗”登月带给他们的震撼：原来人类可以超越地球，到达另一个星球。于是，其中一些人纷纷放下大麻和酒瓶，聚在一起开始探讨怎样用技术改变世界。

1971年，英特尔公司首创了一种“开启集成电路新纪元”的半导体芯片，根据该公司的资料，霍夫、麦卓尔和费根等三个发明家共同创造了历史。几年后，世界上第一台个人计算机诞生于硅谷的一间车库里，并引发了一场新技术革命。

遗憾的是，自从“阿波罗”计划结束以后，美国乃至全世界都再也没有地球轨道以远的载人探索计划。当有人问马斯克：“你们这一代人是不是对当时政府关于航天项目的决策很失望？”马斯克回答说：“事实上，我真的觉得我们这一代人被欺骗了，更确切地说，是对当时没有继续推进航天项目感到失望。”他说，“我们一直以为，他们会在月球上建立基地，等我们长大了，就可以被送到月球上生活。阿瑟·C·克拉克就是以这种期望为蓝本写出了《2001：太空漫游》，但现在都2014年了，我们还不能重返月球。在1969年，人们肯定不会相信现在会是这种结果。”

很明显，马斯克并非仅仅是梦想家，更是一个务实并善于解决问题的未来主义者。

在这个用想象力创造未来的年代，天空才是硅谷科技巨人的终极赛场。当他们在各自领域功成名就之后，最先想到的还是头顶的星空，同样的原因也适用于中国的创业领袖。据说腾讯 CEO 马化腾除计算机之外的最大爱好是天文，高考填报志愿时就在天文和计算机两个专业的选择上忐忑难定。2008 年，马化腾亲笔写了一封信搭载“神舟”飞船飞向太空。2014 年，百度 CEO 李彦宏在两会上提交的议案是关于鼓励民营企业进入火箭、卫星发射等航天领域。假以时日，中国的互联网精英会和马斯克一起探索宇宙吗？不禁让人浮想联翩。

第三节
沃顿商学院和物理学士

17 岁的马斯克违背父母的意愿独自离开南非，移民到加拿大。“我来到北美，因为我觉得在这里才有机会做点技术上的大事。”他借住在母亲表兄的房子里，就读于安大略省的皇后大学。吸引马斯克选择皇后大学的原因，除了学术出色外，还有一个更加现实的理由——这里女孩子很多。他本来打算在滑铁卢大学修习物理和工程，但他参观校园后发现那里几乎没有女孩。

在加拿大生活、学习的那段时间是马斯克人生中最为惨淡的一段时光，他靠着打临时工和夏季工撑完了大学。一个人的世界很安静，安静得可以听到自己的呼吸声和心跳声。冷了，给自己加件外套；饿了，给自己买个热狗；病了，给自己一份坚强；跌倒了，给自己一个会心的微笑。

凭着过目不忘的本事，马斯克在学校里很少去上课，自己看完书就去参加考试。他的母校皇后大学在2013年第一期《校友观察》中以“火箭人”为题对马斯克的事迹进行了介绍。文中写道：对话马斯克的过程多次停顿，因他要整理自己的思路来回答一连串问题，如，是什么和谁启发了他？疯子和天才之间的区别是什么？以及那些为他赢得了名声和财富的雄心壮志的商业冒险有哪些等。

这篇封面文章，字里行间都充斥着对马斯克的溢美之词，并不失时机地把他当做招生的活广告，称皇后大学一直有意培养学生的创新精神，而马斯克就是这种精神成功的招牌人物，“这位富有远见卓识的世界级企业家正是在皇后大学开启了他的非凡人生，是皇后大学助他进一步开拓了眼界和胸怀，在某种意义上是他极有创造力和成功的职业生涯的前奏”。

马斯克在皇后大学学习了两年，结识了第一任妻子贾斯汀，遇到了至今仍是他最好的朋友之一的法鲁克，学到了很多很多东西，其中一件事情就是学会了如何与聪明的人协作，以及如何利用苏格拉底式的辩证法来实现目标。用一个问题回答另一个问题的苏格拉底反诘法对他影响深远，也许是造就他日后巨大成功的重要因素之一。

古希腊哲学家苏格拉底被认为是西方政治哲学和伦理学或道德哲学的奠基人。苏格拉底反诘法是苏格拉底对西方思想界最重要的贡献之一，他将其运用于探讨诸如神和正义等许多重要的道德议题上。

马斯克则在为SpaceX招募科学家和工程师的过程中运用了这种方法。他坦言如果直接冷不防地给人家打电话并用“我要开个火箭公司”作开场白，那一定很难招到人，反之，因为这些人当时在诺斯洛普·格鲁门和波音这些大型企业工作，马斯克这样问他们："你能帮我做点有关火箭技术有没有可能显著进步的可行性研究吗？"马斯克说，"我基本上是引导他们自己得出结论。这是一种技术层面上的'苏格拉底式对话'。"对方会问："你的意思是这是一个'看看我有什么想法'的主意？""是的，完全正确。"马斯克回答道。

辗转于加拿大两年，马斯克的最终梦想地仍是美国，因为他清楚地知道"美国是一切皆有可能的地方"。事实证明，他的选择是正确的，就如同他对每一项事业的选择。1992年，马斯克如愿以偿拿到了美国常青藤盟校之一宾夕法尼亚大学的奖学金，入读该校著名的沃顿商学院。在这里的学习时光，对他日后成功极为关键。

美国宾夕法尼亚大学沃顿商学院位于费城，是美国最顶尖、最富创新土壤的商学院，也是培养商业精英的沃土。经过一个世纪的创新，沃顿已经能为学生们提供世界上最先进和最现代化的商业教育。领导能力、执行力、企业家精神、创新能力已经成为沃顿商学院的标签。从这里走出的毕业生在各个政府部门担任要职，在商业领域大展拳脚，很多人还创立了自己的公司。

让我们来看看钢铁侠的那些牛人校友吧：通用电气荣誉董事长雷金纳德·琼斯；雅诗兰黛公司董事长兼首席执行官莱昂纳多·劳德；摩根大通公司前董事长杰弗里·博伊斯；富士施乐公司前董事长小林阳太郎；"股神"沃伦·巴菲特；"股圣"彼得·林奇；纽约地产大王唐纳德·特朗普；俄罗斯著名投资人、数码天空科技公司CEO尤里·米尔纳……这一串名单还可以继续列下去。

在宾大上学期间，马斯克就曾为一家电子书扫描服务公司和一家能量存储企业撰写商业方案。大学时代的他在身体上已经成熟，但他直率而又呆板的性格丝毫未变。约会时，他会滔滔不绝地讲述电动车的好处，女伴们常常听得无聊至极；搞研究的时候又极其专注，以至于他老妈认为有必要时常去看看他，确保他每天至少吃点东西，并换双干净袜子。

室友睿西记得有一次，马斯克将他的一件艺术品改装成一个书桌，"我当时说'哥们儿，这是咱们派对小屋的一件装饰品。'它不是书桌，它是艺术品。我们一直为此争来争去，或许今天，凭他的聪明智慧，他会承认'阿迪奥，那确实是艺术品'。"但当今天马斯克被问到这个问题时，他仍然回答："那就是个书桌。"后来，同为高科技创业者的宾大室友睿西说："跟大学时代比起来，马斯克已经算比较有亲和感了。现在，他会开玩笑了。"

取得经济学学士学位后，马斯克又去学了物理。为什么学物理？这是他的擅长，从小就是。他成长的环境为他奠定了工程和科学的基础，他对物理的兴趣还受到了著名物理学家理查德·费曼讲座和著作的启发。尽管他的第一学位成绩很好，但他内心还是更喜欢物理。在当时，马斯克其实还并不十分确定他以后谋生的职业。反正他在宾大又多读一年，拿到了物理学学士学位。物理学培养了他的缜密思维，商学院又赋予他创新、冒险和领导精神，也正是这两种学科的结合使日后的马斯克既能成为首席执行官（CEO），又能兼任首席技术官（CTO）。

物理学还对他今后的人生轨迹产生了深远的影响，以至他发出"我只信仰物理学"的慨叹。

在他的思维中，如果真的想做一些新的东西出来，就必须依赖物理学的方法，而物理学的方法往往是反直觉的。

物理学思维直接影响他创办了SpaceX，在研发特斯拉电动汽车时也继续发挥着作用。毕业时，除了这两个学位以外，他还获得一个非官方的“电子游戏玩家第一人”称号。

1995年，从宾大毕业后，他被世界名校斯坦福大学顺利录取，从美国东部转战到西部的加利福尼亚州，准备学习高能物理学研究生课程。1995年，正值美国互联网浪潮蓬勃发展的开始，雅虎和网景公司均于前一年创立。就在此时，马斯克看到了传统媒体进入互联网时代的机会。所以，和微软创始人比尔·盖茨一样，马斯克也有辍学经历，更绝的是他在新学校只待了两天。他并非有意叛逆，只是一贯特立独行。

事实上，从他固执地离开南非那天起，就注定要走上一条与众不同的未来之路，到北美开拓前沿事业，这才刚刚开始。

第四节 马斯克“对决”乔布斯

马斯克和乔布斯无疑都是“极客”的代表，他们不接受任何理由和搪塞，他们明白自己想要的结果，都是无情的领导者并指引着整个公司的发展；他们拥有超乎寻常的预见和果断的决策力；他们都会去想普通人几十年内都不敢想到的事情，这些事情都已经或正在改变我们的生活，并将进一步影响我们的未来。

但这两个人毕竟属于不同类型。从更长远的历史来看，乔布斯做的事情主要是提高我们的生活质量，而马斯克解决的则是未来人类的生存问题。因此也有为数不少的人声称：“马斯克并不是下一个乔布斯，他的卓越大大超过了乔布斯。”现在的“果粉”们很难相信，一百年之后，人们可能更会记住马斯克。

乔布斯轻轻地走了，不带走一片云彩；马斯克悄悄地来了，在星辉斑斓里放歌。

一、相似的人生经历

忠实“果粉”对乔布斯的热爱几近偏执，而热血的科技宅男也已拜倒在马斯克的“石榴裤”下。虽然双方对自己钟爱的偶像各执一词，但如果仔细探究马斯克和乔布斯，就会发现两人其实存在着极为相似的经历。

史蒂夫·乔布斯，1955年生于美国。在他出生后不久，母亲就把他托付给旧金山的一对夫妇收养。乔布斯的养父保罗·乔布斯是一位优秀的机械师，从小乔布斯就受到养父潜移默化的影响，对任何事情都追求完美。

伊隆·马斯克 1971 年生于南非，8 岁那年父母离异。马斯克的父亲同乔布斯的养父非常像，对任何事情都精益求精，是个实干家，马斯克后来随父亲生活，受其影响十分深刻。

两人都是“早慧型”的少年。上高中的乔布斯在惠普公司得到了第一份工作，他在那里结识了后来的事业伙伴沃兹尼亚克。高三时，他与沃兹尼亚克一起，开发了一种用于在公用电话上免费打长途电话的装置，成本 40 美元，由乔布斯在学校推销，卖 150 美元，他们的辉煌创业由此开张。马斯克则开窍更早，12 岁就编写了一款太空战主题的小游戏。所以，中国那句古话“小时了了，大未必佳”也不能算很正确，乔布斯和马斯克倒是印证了那句“三岁看大，七岁看老”，成年之后把小时候的聪明才智更加发挥到了极致。

1972 年，高中毕业后，乔布斯入读位于俄勒冈州波特兰市的里德学院，6 个月后由于经济原因退学。马斯克大学本科毕业后前往斯坦福大学继续深造。但他读了两天就决定辍学，投身硅谷互联网创业的热潮中去。

1985 年，年仅 30 岁的乔布斯获得由时任美国总统里根授予的国家级技术勋章，他还见到了时任副总统老布什。1988 年，作为科技产业五位知名人士的一员，乔布斯再次受到里根总统接见。2010 年，奥巴马亲自来到马斯克的 SpaceX 公司，由马斯克陪同视察其为美国国家航空航天局（NASA）制造的运载火箭和货运飞船。此前在猎鹰 9 号火箭发射成功之时，马斯克已经收到过奥巴马的祝贺短信。

两人不仅求学和创业经历相似，感情经历也神同步。

乔布斯高中毕业后，认识了嬉皮士女友克丽丝·布伦南并和她同居，两人还生育过一个女儿。上大学时，乔布斯与女友分手，同民谣女皇乔恩·贝兹开始姐弟恋。他还与演员戴安·基顿相处过一段时间，并与女作家莉萨·比恩巴赫约会。不过最终陪乔布斯走完人生之路的，还是他妻子劳伦娜·鲍威尔。两人相识于斯坦福大学，1991 年在美国约塞米蒂国家公园喜结连理，育有 3 个子女。

同是浪子的马斯克和他第一任妻子贾斯汀在皇后大学就开始约会，马斯克对她一见钟情。2000 年结婚，婚后两人生育 6 个孩子，其中一个夭折。两人在 2008 年离婚。协议离婚六个星期后，马斯克就和英国女演员妲露拉·莱莉结婚。

尽管 1955 年出生的乔布斯和 1971 年出生的马斯克年龄相差 16 岁，但他们都是《星际迷航》的粉丝。影片中，舰长用来记日记、查询资料的便携式电脑，就是今天 iPad 的原型。在第一代 iPad 发布之时，乔布斯曾用《星际迷航》来展示 iPad 的视频播放性能。而马斯克的 SpaceX 曾经三次发射运载火箭失败，其中有一枚火箭就携带了《星际迷航》中史考特的扮演者詹姆斯·杜汉的骨灰。

《星际迷航》描述了一个乐观的未来世界：人类同众多外星种

族一道战胜疾病、种族差异、贫穷与战争，共同寻找新的世界、发现新的文明，散播和平与理解，最终建立起一个强大的文明。也许正是这种打破种族差异、探寻新发现的情结让乔、马二人十分迷恋该片。作为“铁杆星粉”的乔布斯和马斯克总是试图在他们的产品和成果中加入一些《星际迷航》的元素。

不成功的人都有着各自的缺点，而成功的人优点却很相似——乔布斯和马斯克对自己所热爱的事业精益求精，注重细节，追求完美，甚至达到苛刻的地步，正如乔布斯的那句“活着就是为了改变世界，难道还有其他原因吗？”和马斯克的那句“你应该希望精益求精，做出自己能力范围内最好的东西。发现里面存在的错误，并进行改进。”

二、跨界创建多家公司

同所有成功的企业家一样，马斯克和乔布斯对创业和商业投资具有敏锐的嗅觉。1976 年 4 月 1 日，乔布斯、沃兹尼亚克和罗·韦恩成立苹果公司，公司商标是一只被人咬了一口的苹果。1980 年 12 月 12 日，苹果公司股票公开上市，按当时收盘价计算，苹果公司高层产生了 4 位亿万富翁和 40 位以上的百万富翁。乔布斯作为公司创办人排名第一。1982 年 2 月 15 日，乔布斯首次登上《时代周刊》的封面。

1985 年 9 月 17 日，乔布斯被自己创立的公司“开除”。几天后，他又创立了 NeXT 电脑公司。更值得一提的是，我们所熟知的皮克斯动画居然也在乔布斯名下。

1996 年 12 月 20 日，苹果公司以 4 亿美元收购 NeXT，乔布斯重回苹果。就连当初将乔布斯挤出苹果的约翰·斯卡利也不由赞叹:“乔布斯干得绝对出色，苹果又回到了原来的轨道。”同年 8 月 18 日，乔布斯再次成为《时代周刊》的封面人物，并被评为最成功的管理者，是声名显赫的“计算机狂人”。

马斯克也是位发明家、冒险家，真正的“跨界天王”：从网络支付到新能源汽车，再到私人太空探索，旁人想要做好其中一个都难，他却在这三个领域都游刃有余。没人认为他是“痴人说梦”，因为他总能把看似“天方夜谭”的事情变成现实。马斯克模糊了技术和商业的边界，取得了他人眼中不可思议的成就。

三、“钢铁侠”的“美国梦”

美国总统奥巴马在 2010 年 12 月 22 日的白宫记者招待会上盛赞乔布斯，称其是追寻“美国梦”的一个代表，并这样说道，“正在蓬勃发展的中产阶级阶层是美国社会的中坚力量，他们每个人都在实现自己的美国梦。这应该是我们的目标所在，也是我们的工作重心……我们要推崇财富，赞美像苹果 CEO 史蒂夫·乔布斯这样的人……我们需要这种激励，这也是自由市场的一部分。”

“美国梦”曾经风靡一时。一般来讲，美国梦包含如下要素：美国提供了人人都能成功的机会；成功取决于自己的才能和努力，而不是家世和背景；人人都拥有平等的权利；人人都有信仰的自由。当然，这些要素与历史密不可分，也必须和时代背景结合起来看。

在很多人心目中，乔布斯担得起“美国梦”这三个字。曾有杂志这样形容过乔布斯:“对苹果来说，唯一要做的就是改变世界；

而在其他公司看来，赚钱才是第一位的。”他的一生跌宕起伏，在成功与失败之间上演灵魂戏剧，淡定地去面对眼前的失败，韬光养晦，厚积薄发，才能真正实现自己最初的梦想。

乔布斯生前已经成了硅谷神人、公众偶像，杰克·韦尔奇称其为“现今最成功的首席执行官”，就连对他的山寨模拟、死讯冒犯都是一种热爱和恭维。他曾有一个中文名字叫做“乔不死”，以褒奖乔布斯历尽艰辛而从不言败的精神，褒奖他面对激烈竞争而不断创新的精神。

马斯克如今被称为下一个乔布斯，他不仅是硅谷的成功符号，更是“美国梦”的典型化身。马斯克身上的一个特质就是“终极论”。在接受采访时，他总是喜欢谈论一些很“终极”的问题。例如，

> 地球终将毁灭，人类能否在其他星球继续生存；地球化石能源终将耗尽，人类要使用太阳能源。解决这些终极问题的第一阶段，就是：将普通人送入太空，并登陆火星；将燃油汽车全变为电动汽车，并以太阳能提供人类所需电能。

相比电影里戏剧虚构的钢铁侠，马斯克做到的是真实改变这个世界。

乔布斯和马斯克最大的不同在于视野宽度不同。乔布斯走向小的极致美，马斯克走向更宏大的雄壮美——他造汽车、造太阳城、造火箭，狂人般的宏大工业英雄主义创造宏大新商机。他喜欢谈“让人类跨星际”，“在宇宙中求生存”，“火星移民”和“新世界”。

尽管乔布斯可能乐于用“愿景”驱使人们去排长队买他的产品，

但他从不敢谈及怂恿人们去死。

但马斯克敢。他也必须这么做，因为火星如此遥远。它在人类眼中不只是一颗闪烁着红色微光的星球，更代表着无尽的苍穹，召唤人们去探索。因此，虽然马斯克反复说他不仅为自己赢得投资者和雇员，还有“粉丝”，但他必须承认一大批人会在移民火星时死去的可能性，正如很多人在移民新大陆时消失了。

总之，乔布斯和马斯克的经历简直就是对“美国梦”的完美诠释。

奇才并不是天生铸造的。每周工作 100 小时是马斯克的常态。为了满足众人的好奇，马斯克曾透露过自己每天的工作安排。他将自己的时间大部分平分给 SpaceX 和特斯拉：周一和周四会待在位于洛杉矶的 SpaceX 公司总部，周二和周三会在特斯拉，周五则会在两家公司来回跑。

而乔布斯也正如其姓“Jobs”一样是个工作狂人，梦想只有在这些努力近乎疯狂的人身上才能变成现实。正可谓“真者，精诚之至也，不精不诚，不能动人”。乔布斯和马斯克都是用对梦想的真、精、诚换来了上天的眷顾，最后获得成功。

近年来，我们国家也在谈中国梦和民族复兴。从某种意义来讲，我们会下意识地将中国梦与美国梦进行比较，然后就会发现有所不同。中国梦依赖群策群力，美国梦靠的是张扬个性；中国梦具有悠远的历史，美国梦只有现实的体验。但不管怎么说，只要有梦，就有希望。只有命运掌握在自己手中，有足够大的时空去想象，才青春焕发，才健步如飞。其实中国梦与美国梦都是和平、发展、合作、共赢的梦，都有可能是菲茨杰拉德所描绘的“有些新鲜，不同寻常，带点美感，简单得又能把握住范式”的梦。

第三章
男人来自火星，女人来自金星

“我的生活确实有花花公子的元素，我想大约 10% 是花花公子，90% 是工程师。”

——伊隆 · 马斯克

企业家背后的女人和他的家庭生活更是大众关注的娱乐话题的一部分，尤其是成功的企业家。不难发现每个成功的男人身边都有一个灵魂战友般的贤妻，当然，也许还有一个美艳绝伦、能进能退的红颜知己，可能还有一堆孩子。百度CEO李彦宏曾经这样评价自己的妻子：“我的妻子马东敏博士，用她的智慧和冷静将我引上了正确的道路，在百度的冒险创业历程中，每一步都是她推着我向前走的。”马云也对身边“默默无闻”的女人充满感激，称其是事业和生活双全的女人。

可见，成功男人的妻子在他们奋斗的路上起到了重要作用，这种重要作用是暖阳下的和风，是风雨中的扶持。女人以她们心理上的细腻，行为上的温和滋润着男人，女人在默默无闻中决定着男人的基本素质与人生走向，也决定着男人的成功轨迹。

但正如《男人来自火星，女人来自金星》中所言：男人和女人如同两只刺猬，离得很近可能会彼此伤害。这些伤害大都源于两者的认知差异。在这一点上，无论是成功人士还是无名小卒都一样。来自火星，并梦想重回火星的马斯克既幸运又不幸：幸运的是娶到了一位灵魂上可以沟通的妻子，不幸的是这位灵魂上的伴侣显然对推动他的事业没有那么大的兴趣。他也因此有了两段婚姻。

第一节
没熬过“七年之痒”的加拿大科幻作家

1972年，马斯克第一任妻子贾斯汀出生于加拿大安大略省。她是一名科幻作家，著有《血天使》（2005年出版）和《不请自来》（2008年出版）等科幻小说。

相识时，贾斯汀是一位颇有科幻抱负的女生，刚从一段复杂的情感纠葛中脱身，只身一人来到加拿大皇后大学，开始了第一年的学习生活。她喜欢男人骑着摩托车，停在宿舍的窗户下，就着暮色呼喊自己的名字。贾斯汀眼中的男神是成熟的、热爱诗意且具有反叛精神的罗密欧，但马斯克显然并不是她想象中的“Mr. Right”。

马斯克比贾斯汀高一个年级，外表干净利落，说话时带有怪怪的南非口音。马斯克对贾斯汀一见钟情，想跟她约会。但刚开始时贾斯汀对马斯克并不感冒，索性放了他几次鸽子。在贾斯汀眼里，马斯克是十足的科技男，总在钻研数学、商业和逻辑方面的问题。在热烈追求贾斯汀的同时，马斯克也在寻觅其他女生，但他离开皇后大学转到沃顿商学院后还是坚持给她送玫瑰。

有一次，他们一起去书店，贾斯汀指着书架说："我希望有一天我自己的书也会摆在这个架子上"。马斯克的态度出乎意料地一本正经，好像颇为触动。这也是第一次有男生没那么看重她的长头发和小蛮腰，而是真切地认为她的抱负让他着迷。以前的男朋友都抱怨贾斯汀太强势，只有马斯克说她的灵魂中有一团烈焰。当贾斯汀听到马斯克对她说"我在你身上看到了自己的影子"的时候，她能真切地体会到他的意思。也许人们总是趋于更爱自己或者和自己很像的人。最终马斯克的执着打动了贾斯汀，她的内心慢慢接受了他。

贾斯汀毕业之后，在日本教了一年的英语课程，那时两人都在忙各自的事情，感情慢慢冷却。回到加拿大后，贾斯汀找了一份吧台的工作，一边创作自己的小说，一边思量着去日本还是读研。这期间，她正视了自己的内心，理清了自己的情感和思绪。有一天晚上，她对妹妹说，"要是马斯克再打电话给我，我就继续读书。"一个星期之后，马斯克拨通了贾斯汀的电话。这次对话让冷却了的感情重燃。

研究生毕业后，贾斯汀搬到硅谷。马斯克与弟弟合租了一套公寓，成立了自己的第一家公司 Zip2。接下来贾斯汀经常跑过去看他。有一天吃晚餐的时候，马斯克问她想要几个孩子，一个或者两个？贾斯汀爽快地回答："如果我请得起保姆，我就想要四个。"马斯克笑了笑，挥动着手臂，做了一个摇滚的动作，欢快地叫了声“宝贝”。然后马斯克带贾斯汀进了一家书店，将他的信用卡递给她：“你想要多少书，就买多少。”那时候，贾斯汀大概觉着他是世界上最甜蜜的男人吧。

2000年，马斯克和贾斯汀结婚。结婚前马斯克曾在一个街角单膝跪地向她求婚。婚后两个月，贾斯汀被要求签订一份“财务协议”，放弃了自己所有的权利，包括对于夫妻公共财产的要求。此时的马斯克已经出售Zip2，身价千万。贾斯汀相信彼此是灵魂的伴侣，马斯克则认为他的感情他做主，某种机制悄然形成，并主导了他们的关系。

2002年出售贝宝后，马斯克的净资产一跃过亿。在他们搬到洛杉矶之后不久，生下了第一个儿子。有一天，贾斯汀像往常那样将孩子放在摇篮午睡，但他突然停止了呼吸，当医护人员赶来实施抢救时，10个星期大的孩子已经因长时缺氧而脑死亡。贾斯汀将夭折的爱子紧紧抱在怀中，这件事给她留下无法抹去的阴影。马斯克很明确地表示不想谈论孩子的死，第一个孩子的猝死让两人的感情首度出现裂痕，即便他们后来又先后生了五个孩子也于事无补。

结婚七年中，他们参加各种募捐晚会，总是预定好莱坞夜总会的最好位置，有时莱昂纳多·迪卡普里奥和帕丽斯·希尔顿就坐在隔壁。马斯克夫妇也参加了拉里·佩奇在加勒比私人小岛举行的婚礼，私密、奢华、名流云集成为这位“谷歌之父”婚礼的三大看点，到贺客人中有美国前总统比尔·克林顿与夫人希拉里、全球知名的U2乐队主唱博诺·沃克斯。旅行的时候，他们驱车去机场，登上马斯克的私人飞机，私人空乘还会递给他们一支顶级的香槟。

这是很多人梦想中的生活方式：优越、风光、超现实。但一时的灿烂似乎总存在着难以名状的虚无。贾斯汀落寂时会感到不安，经常开玩笑说马斯克哪一天会为了某个超级模特抛弃自己（P.S. 科幻作家的第六感就是那么神奇，她不幸言中了自己的未来）。

马斯克犹如工作狂人一般：即便回到家，考虑的也都是公司的事情。贾斯汀渴望丈夫能够和她进行深度、真诚的交流，以此来激发共鸣和亲密感。但事实却是他们为了如何安排孩子睡觉时间之类的琐事开始发生争吵，贾斯汀的错误总会被无限地放大。由于沉浸在事业中，回到家也难以放下“老板对员工”的心智模式，再加上儿时生活在男性主导的南非，马斯克还有些“大男子主义”情结，这也是导致两人感情裂痕不断加深的根本原因。

2007 年，当特斯拉公司暴露出成堆的问题后，马斯克便从“拼命工作”转为“疯狂工作”。贾斯汀虽然强势理性，但她也是一个小说家，有着自己的浪漫情怀和被爱、被需要的渴望。但 2008 年是马斯克人生的最低谷，三家公司状况先后急转直下，要想正常生活都尚且存在问题，更别提去给妻子更多的关心和爱护。“七年之痒”的婚姻魔咒在他们身上应验，马斯克和贾斯汀的婚姻正式破裂。

人无千日好，花无百日红。这世上有千万种爱，但从没有一种爱可以重来。

这段婚姻的结束，没法评论谁对谁错。提及这场婚姻，贾斯汀表示从未后悔过，相信马斯克亦然。才子佳人识于微时，校园爱情开花结果。即使最终无法相守到老，也拥有了别人不能替代的美好回忆。孩子们在健康成长，贾斯汀和马斯克共同分担对他们的监护权。现在的她，内心宁静，对于生活时常报以深深的感激之情，始终敬佩像马斯克那种聪颖睿智的人。

“一生至少该有一次，为了某个人而忘了自己，不求有结果，不求同行，不求曾经拥有，甚至不求你爱我，只求在我最美的年华里，遇到你。”也许徐志摩的美文可以道出贾斯汀的心愫。

第二节
要陪马斯克“一起去火星”的英国魅力女星

当高富帅遇到白富美时将会产生怎样的火花？这个问题马斯克可以回答你。

2008 年 7 月的一天，第一次婚姻失败后不久，马斯克在伦敦的一场慈善舞会上结识了自己的第二任妻子——妲露拉·莱莉。他来到伦敦是为了在英国皇家航空协会做演讲。妲露拉后来这样描述当时的情景：马斯克坐在一个角落里，情绪有点低落，我走过去安慰了他几句……然后他又活了，兴致勃勃地向我介绍，“哦，这是我的电动汽车，这是我的火箭”“我以后想移民火星”。奇怪的是，她当时并不觉得他奇怪。两人虽初次相见，但共同话题很多，从好莱坞聊到量子物理，一见如故，相谈甚欢。离开舞会的时候，彼此已经心照不宣，颇有相见恨晚之感。妲露拉答应改日和他共进晚餐，马斯克简直是光芒四射，一种新的幸福感从他身上散发出来，充满了整个大厅。

妲露拉回家之后和父亲上网搜索了“伊隆 + 火箭 + 电动汽车”，发现“他说的都是真的”，但她父亲还发现网上写着马斯克已婚，有五个孩子，因此非常生气。妲露拉又给一个朋友打了电话，证实马斯克当时已经离婚：“所有人都知道他离婚这件事”。她这才放下心来，赴了马斯克的约，她当天穿的是 20 世纪 80 年代那种端庄的黑色套裙和盛装女鞋。两三天后，她飞到洛杉矶见马斯克，在酒店住了一个星期，然后马斯克就向她求婚。两人随后订婚，2010 年 9 月举行婚礼，正式结为夫妻。

妲露拉，1985 年出生，天秤座，身材高挑，性感迷人，可谓真人版的芭比娃娃。和马斯克相识的时候，她已经是知名演员，出演过 2005 年版《傲慢与偏见》和《盗梦空间》等电影。在《傲慢与偏见》中，她塑造自命不凡的三女儿，形象风头甚至一度盖过主角凯拉·奈特莉。而在《盗梦空间》里，她又华丽地跑了次龙套，饰演一个金发尤物，惊鸿一面，但让人过目不忘。

无法否认的是，大部分男人都还是喜欢身姿曼妙和面容姣好的年轻女子。马斯克也无法回避对金发女郎的热爱。所谓“有美人兮，见之不忘。一日不见兮，思之如狂”，马斯克一下子栽入萝莉身、御姐心的妲露拉编织的情网，无法自拔。

2010 年 2 月在接受《君子》杂志访问时，妲露拉就曾说要放弃电影明星和内衣模特这光鲜的时尚生活，改行做一名严谨认真的量子物理学家。为什么是物理学家？这女子一直对量子物理学和年长的男人十分迷恋，视物理学家为“摇滚巨星”。在如愿嫁给物理学出身并且比自己大 14 岁的 CEO 老公之后，她顺便转行做了美女学霸。

妲露拉用她亲身经历告诉我们——“没有金刚钻，也 Hold 不住高富帅”。由此可见，大 BOSS 们不光只是肤浅的“颜控”，更多的还要看内心。历数那些年 BOSS 们追过的女人，无一例外都有以下几个特质：独立、果敢、努力。所以，姑娘们，你们真想嫁入“壕”门，不光要在面子上下工夫，也得不断提升自身价值。

新婚燕尔时，妲露拉就向丈夫承诺，以后要陪他一起去火星。这段感情中的妲露拉对马斯克有一种崇拜和追随的成分，现在他们的豪宅中只挂着一张私人照片，那是一张 1 米的全景图：马斯克和妲露拉在某个偏僻的热带海滩上观看月食，身后是一艘私人游艇，他俩深情依偎，一起微笑地仰望着星空。2010 年 11 月，新晋马斯克夫人接受伦敦《标准晚报》采访时大谈“教你如何嫁给亿万富翁”，爆出很多和马斯克的感情秘事。

妲露拉透露，马斯克是一个对女士彬彬有礼且非常浪漫的人，对她也十分体贴，经常都在考虑她过得是否舒适。在拍摄《新乌龙女校 2》的第一天，马斯克给她送去 500 朵玫瑰，而为避免在场其他女士感到受冷落，他给每位女士都送了花束。

这篇采访文章说，妲露拉全程流露出来的是一种温暖的幸福，而并非在炫耀什么。在给她拍照的时候，她手上的钻戒晃晕了摄影师的眼。妲露拉说这是她的第三个订婚戒指：第一枚她嫌“太笨重”，然后老公又给她买了两枚，一枚平常戴，另一枚出门戴。值得一提的是，这枚名为“Bling Bling”的钻戒由马斯克亲自设计，中央的钻石代表他们两口子，周围的蓝宝石代表 10 个孩子。马斯克娶她的时候带了 5 个儿子，她一直说想再生 5 个女儿。

不知妲露拉是真的工于心计、喜欢欲擒故纵，还是本身就不按常理出牌，好几回大家都以为马斯克和她劳燕分飞，他俩又你侬我侬地出现在大家的视野里。在一次采访中，妲露拉甜蜜地说“遇到伊隆是我一生的幸运”，马斯克立刻在旁边接话“我也是”。

也不能怪媒体八卦，一个是横跨互联网、清洁能源和航天技术领域的科技大佬，一个是娱乐圈的火辣明星，像极了眼下最火爆的“霸道总裁爱上小职员”的八点档电视剧桥段，关注马斯克这一段恋情的围观群众一层又一层，他们的各种传闻也一直甚嚣尘上。

两人在 2012 年初公开闹离婚，马斯克在推特上先发了消息，遗憾地表示他“被甩了”:“与你在一起的四年真是无限美好。我将永远爱你。总有一天你会使某个人非常快乐”。几乎所有媒体都认定，妲露拉会带着 430 万美元的分手费离开。到了秋天，她却挽着丈夫的手臂出现在所有人面前，告诉大家，她要让马斯克吃好睡好。

2013 年，两人再次传出离婚的消息。但到了 2014 年 2 月，妲露拉又以马斯克夫人的身份随马斯克出席白宫晚宴，而马斯克也告诉一名采访者，他们和好如初。同年 3 月，两人又携手共赴“名利场”奥斯卡派对，羡煞旁人。5 月，马斯克举行新飞船的发布会，妲露拉也在网络上全程转发了现场情况，以示对丈夫的支持。之后两人还一起带着五个孩子自驾旅行，妲露拉在推特上发了张坐在特斯拉 Model S 副驾驶位置拍摄的照片。

相信不管两人最后结局如何，妲露拉都会是马斯克生命中刻骨铭心的英格兰玫瑰，与他相识于人生中最灰暗无光的年月，陪他走出最难以承受的低谷，伴他登上事业的一座又一座巅峰。

马斯克在两任妻子的眼中都是一个控制欲非常强的人。这位别人口中的“暴君”，其主要特点就是对细节的关注。他对周遭环境和人员都有极高的要求，对最亲近的人也不例外。在第一段婚姻中，马斯克总是以自己的判断来震慑贾斯汀，不断地向她发难，贾斯汀每每向他控诉说自己是他的妻子而不是他的雇员时，他就这样回应：“如果你是我的雇员，我一定会把你炒掉。”他的第二任妻子也曾经调侃地说她要“好好调教一下这个暴君”。

现实生活中的马斯克同钢铁侠一样，名字常常出现在各大娱乐新闻里，他的身上总是充盈着各种绯闻。马斯克本人也曾经坦言，说：“我的生活确实有花花公子的元素，我想大约10%是花花公子，90%是工程师。”马斯克的口味也着实让人难以捉摸，他的第一任和第二任妻子差距甚远，从叛逆强势的科幻作家到身材火辣的美女演员，马斯克对待女人似乎并不像对待他的事业那般专一和执着，可能他自己也不清楚他到底需要一个什么样的伴侣。

也许大牛们的世界，常人永远不能理解。马斯克的爱情观在某种程度和法国哲学家萨特不谋而合。众所周知，萨特和波伏娃之间有着超乎世俗的爱情，他们彼此深爱对方，但坚持不结婚，两人之间的爱情不妨碍对方寻找各自的情人。就如萨特曾说过的那句话一样，“在我们之间存在着必要的爱情；但同时我们也认识到，需要偶然的爱情。”而他不结婚也有他自己的理由：“一段感情究竟能持续多久，不应受到感情以外的因素，诸如法律的干扰。”或许我们可以用这个“高尚”的理由，来帮马斯克证明。至少，他舍得给他爱的女人以婚姻。

第三节
小小火星人：我的爸爸是“钢铁侠”！

2014年5月19日，马斯克在南加州大学商学院毕业典礼上发表演讲时这样说道：“是时候去冒个险了。你现在没有孩子，或者你可能没有孩子，随着你变老，你的职责在增多。”无论夜总会的生活多么销魂，无论灯红酒绿的日子多么自在，马斯克从未忘记，自己是五个孩子的爸爸和身上承担的责任，这也是他优于“钢铁侠”的真正原因。

他的第一段婚姻给他带来六个儿子，大儿子死在襁褓里，剩下的五个儿子分别是双胞胎格里芬和泽维尔，三胞胎萨克逊、达米安和卡伊。很多人对此表示惊叹，马斯克的命也太好了！其实这也是有原因的，在大儿子夭折不到两个月后，贾斯汀为尽快再怀上孩子就开始探访试管婴儿诊所，最终，他们通过这种方式生了五个小马斯克。

如今，孩子们由他和前妻共同抚养。巨蟹座的马斯克十分爱他的孩子。尽管工作占据了他生命中的一大部分，但他还是希望减少工作时间，用更多的时间来陪伴孩子。当别人问他在日常生活中最期待的一刻是什么，他脱口而出“回家见到孩子们的时候”，他也曾多次表达过“想要看着孩子们长大”的想法。不管工作多忙，周末，马斯克一定会飞回家陪他的孩子们，还常常带他们去迪斯尼乐园，每月月底则是固定的一家人自驾车出游时间。

2013 年年初，马斯克斥资 1700 万美元买下了他一直租住的位于比弗利山庄附近的贝莱尔海景别墅，离 SpaceX 总部和特斯拉研发中心不远。比弗利山庄其实并不是一个山庄，也不是楼盘的名字，而是一座位于洛杉矶西边的城市。这个由比弗利山庄、贝莱尔及荷尔贝山三个地区组成的知名豪宅区被称为“白金三角”，有着“全世界最尊贵住宅区”称号，同时也是全球富豪心目中的梦幻之地。

马斯克买下的这个可以俯瞰太平洋的庭院建筑面积达 1800 多平方米，内设一座网球场、一个室外游泳池，还有一条小径通向一棵大树，马斯克在上面建造了一间树屋。豪宅内部一样奢华，有 7 间卧室和 9 个浴室，足够他的五个孩子在里面玩耍嬉戏。

科学研究表明，孩子在性格上更像父亲，而在智力方面则更像母亲。这一点在马斯克的五个儿子身上应验，他的五个儿子中有两个患有自闭症，而马斯克小时候就不太爱与人打交道。与大多数当了 BOSS 的父亲不同，马斯克一点不介意自己的孩子出现在聚光灯下，他经常带着妲露拉和孩子们出现在媒体的视野中，也不排除带孩子“多见见世面”的想法。

特斯拉在纳斯达克上市时，马斯克带妲露拉和两个儿子一起去“敲钟”，他怀里那个穿绿衣服的宝宝有点害羞，不敢看镜头。

2014 年 4 月，马斯克终于达成中国“首秀”，这两个儿子也随他同行。在中央电视台的《对话》节目中，马斯克说上面那个害羞的儿子喜欢中国，还说中国是他想来的地方，现在来了北京非常兴奋。

2014 年 8 月，一种名叫“冰桶挑战”的慈善活动在全球盛行，参加者先用一大桶冰水往头上淋，还要在 24 小时内上传视频，并提名三人完成接力，若不愿接受挑战则要向肌萎缩侧索硬化症（ALS，“渐冻人症”）慈善基金会捐赠 100 美元。被比尔·盖茨点到名的马斯克同学很快就在推特上回应表示接受挑战，还说尽管天气很差，但会照做不误！与前辈相比，马斯克的挑战多了几分温情，可爱的儿子们助其完成了与众不同的提冰灌顶。

马斯克在树上挂了一个圆盘，圆盘下面有五个不同颜色的冰桶，孩子们分别拽住一根绳子来控制冰桶。当一声令下，五个儿子同时拽翻冰桶，身穿白 T 恤的马斯克立马成了“落汤鸡”。孩子们咯咯笑着跑开，显然对这种恶搞父亲的感觉很高兴。

这一天正是周末，是马斯克每周固定的“家庭时间”。

不知道“小马斯克”们未来能否像他们的父亲一样驰骋硅谷或者好莱坞，对此马斯克并没有给孩子制定人生规划，他表示：“现在很多时候我都会带着他们去公司，但是他们对那里并不感兴趣。他们可以自由选择未来的人生。”

出于一种成功人士的自信和强烈希望将自己的基因传递下去的愿望，马斯克觉得拥有很多孩子是件很幸福的事情。他还认为一个大家庭中成员的彼此互助也颇有积极影响，马斯克曾说过，弟弟金巴尔是在事业上给他最多建议的人，他经常做些不切实际的幻想，金巴尔很善于这种时候提醒他。这是马斯克家族的一大特点，家人的帮助也是他不断前进的推力。

第四章
贝宝：网上支付宗师

“银行家在创新方面的表现很差劲，金融服务是个伟大的事情，我想这里面定有我的用武之地。”

——伊隆·马斯克

伟大的事业总需要伟大的梦想来支撑，伟大的梦想总要靠伟大的事业去实现。1975 年，比尔·盖茨成立微软，是想让每个人的办公桌上都有一台电脑；1976 年，乔布斯创造苹果，是想制定一个行业的金牌标准；1995 年，杰夫·贝索斯兴办亚马逊，是想让足不出户的人买到全世界的产品；1998 年，拉里·佩奇和谢尔盖·布林创建谷歌，是想让每个人都可以接触到世界范围内的信息；2004 年，马克·扎克伯格首创脸谱（Facebook），是想让全世界的人彼此建立联系。

马斯克也有自己的梦想，尤其是看到与自己同岁的马克·洛威尔·安德森创办的网景公司上市当天就价值连翻五倍后，他的心开始蠢蠢欲动。“鸿鹄之志”需要飞翔的勇气，也需要梦想的翅膀。在经过大学商科与物理的双重锤炼，自认“翅膀够硬”的马斯克决定从斯坦福大学退学，去外面的世界闯荡一番。

第一节
X.com：在线金融支付先驱

当时是1995年。这一年，马斯克24岁，青春有梦，跃跃欲试。这一年，正值互联网春暖花开，雅虎初出茅庐，维基百科创立，eBay应运而生，微软推出视窗95（Windows 95）……

“一切都变得再清楚不过，网络会成为改变这个世界的主要方式。”

马斯克纵身一跃，开始了硅谷互联网的冲浪之旅。潮起潮落间，浪花淘尽英雄，又杀出一个“浪里白条”。

多年以后，马斯克已功成名就，他与记者进行过下面一段问答。记者问：“假如时光倒流，你可以在自己的事业中做一个不同的选择，那会是什么？”马斯克回答道：“我不想面对时光倒流，因为我对现状很满意，也感到非常快乐。假如非要回到过去，我会选择继续做贝宝的 CEO。”

如果让历史重来一次，互联网仍是他的“最爱”。

一、白手起家，寻梦硅谷

亚马逊创始人贝索斯有一个著名的“遗憾最小化框架”理论：“当你面对选择时，你可以站在未来的时间点上，假想你年老时，会不会因为没有做出某一选择而后悔。”

马斯克做出了正确的选择，他很早就认识到互联网的远大前景并辍学走向硅谷。

> “在大学末期，我就认为互联网将会颠覆整个世界以及人类的认知方式。互联网的普及堪比人类进化出神经系统。”

马斯克一语道破互联网对人类的革命性意义。

> “互联网即将彻底地改变人类，这个趋势在 1994 年就已经很清楚了。”

虽然有了选择，但前路一片迷茫。辍学后的马斯克，面对的是人潮涌动的硅谷和无边无际的互联网，他知道互联网里遍地黄金，却不知道该从何下手。

他需要一个帮手，一个在他下定决心后给予赞美的人，一个在他犹豫不决时给予鼓励的人，一个在他创业路上能同甘共苦的人。于是，在又一个冥思无解的午后，马斯克抓起电话打给了他最熟悉的人——弟弟金巴尔。当时，金巴尔刚从加拿大皇后大学读商科毕业，也正踌躇满志。

同样的DNA和生长环境，让金巴尔与马斯克有着同样的“不安分”特质。“我们家的孩子都非常独立。父母工作太忙，没时间管我们，这使得我们几个孩子能自由地发展自己的兴趣爱好。”金巴尔后来回忆说。“我讨厌为别人工作！”在皇后大学读书时，金巴尔就尝试着在外面寻找实习的机会，他甚至还和朋友创过业。这些经历为他后来与马斯克并肩战斗积攒了丰富的经验。

接过马斯克电话，金巴尔立即赶到硅谷。兄弟齐心，其利断金。有了金巴尔的帮助，马斯克很快就找对了方向。兄弟俩一番调研后发现，给企业做网站很有市场。当时互联网刚刚起步，人们要查询企业信息必须依靠传统的大部头黄页。很多大企业在前一年还根本不知道互联网到底有什么用，后一年就开始四处找人给自己做网站。巨大的需求意味着巨大的市场，马斯克和金巴尔都是商科出身，当然明白这个道理。

马斯克很快便注册了一个名为Zip2的公司，主要做媒体电子业务，帮助全国性的网络媒体与地方商户合作，将产品地方化。但找准了方向的兄弟俩并没有立即摆脱窘境。创立Zip2时，马斯克仅有2000美元。在寸土寸金的硅谷，这点钱根本无法让他和金巴尔租赁豪华办公室。

不得已，马斯克选择了一间带有沙发的小房子，月租金“高达”400美元。那个沙发在很长一段时间内解决了马斯克的住宿问题。由于这个兼任办公室的小房间没有浴室，他们只好定期去附近的健身房免费洗澡。遥想当年，创业之初的马斯克该有多么落魄。

房间漏水、没有高级网络，这些现实的困难都没有吓唬住马斯克前行的脚步。白天，他利用拨号上网，将唯一的一台电脑用做服务器运行网页；夜晚，他和金巴尔一边讨论问题一边自己编写程序。6 个月后，Zip2 网站终于有了雏形。

Zip2 是美国最早的在线城市黄页网站。马斯克找到一家名为 Navteq 的电子地图公司，经过一番动之以情、晓之以理的沟通和苦口婆心的劝说后，这家公司才决定将单机版电子地图变为在线地图。

随后，马斯克又购买了一个商业信息光盘，编写了一段代码，将光盘中的商业信息与电子地图一一对应起来。这样，Zip2 便有了自己的第一个在线黄页，主要提供城市指南服务。这颇有点像 21 世纪初在中国广为流传的“某某城市信息港”网站。

后来，马斯克又升级了网站功能，在 Zip2 网站上提供报纸分类广告和指南服务。互联网的魅力是无穷的，传统企业显然也感受到了来自互联网的巨大吸引力。不久之后，包括《纽约时报》和《芝加哥论坛报》在内的大型媒体纷纷进驻 Zip2，在 Zip2 网站完成了注册。

随着影响力的不断扩大，很快就有风险投资找上门来。1996 年 1 月，一家硅谷的投资公司出资 360 万美元购买了 Zip2 公司接近一半的股权。此举曾一度让马斯克后悔不已，因为在接下来的三年时间里，他逐渐失去了对 Zip2 的掌控权，而 Zip2 也多次面临重大危机。

新的投资人将 Zip2 的主要收入来源限定在使用 Zip2 软件和

服务的公司，而马斯克认为像雅虎那样成为门户网站才是当时的发展潮流。理念的不同导致了后来一系列的不愉快，马斯克对公司管理层也满是抱怨，“他们没有创造力和远见，他们当中只有很少人具备这种优秀能力，绝大多数则碌碌无为”。

好在，这些不愉快没有耽误 Zip2 的发展。1999 年，康柏公司用 3.07 亿美元现金和 3400 万股票收购了 Zip2，而手握 Zip2 公司 7% 股票的马斯克收获了人生第一桶金——2100 万美元。那是硅谷不断诞生一夜暴富神话的时代，他购买了一套 160 多平方米的公寓，一辆价值百万美元的迈凯伦 F1 跑车，还有一架私人小飞机。

不满 30 岁，他就成为了硅谷神话造就的又一个千万富翁。

二、另辟蹊径，再战封侯

男儿生世间，及壮当封侯。战伐有功业，焉能守旧丘。

在攫取了人生第一桶金后，马斯克没有“守旧丘”，他的创业热情一发不可收拾。马斯克就像是我们生活中的一个穿越人物，他总是能预知未来的发展趋势，并且时不时地给我们一个大“惊喜”。马斯克不满足于已有的成就和财富，他还有更大的野心，他要改变传统金融模式，为美国社会带来一场深刻变革。这一次，他瞄准了网络购物的新商机。

1999 年，亚马逊 4 岁，eBay 4 岁，戴尔（Dell）也已经在网上销售电脑 3 年，互联网购物在美国已经成为稀松平常的事情。但当时的网络购物仍然沿用传统的支付手段，现在普遍使用的网银、支付宝们统统不存在。如果你在亚马逊买了一本书，你需要去银行或其他金融机构的柜台付款。这种“老牛拉破车”式的传统支付方式呈现出很多弊端：不够便捷快速，无法实时沟通等。

尽管没有接受过系统的金融培训，仅有的金融从业经历也只是大学期间曾在银行做过短期的实习生，马斯克天才般的商业敏锐力再次发挥作用。他及早洞察到，当时的传统支付模式已经无法撑起互联网购物日益增长的速度和不断膨大的规模。传统金融业改革势在必行。

马斯克一语道破天机："银行与传统金融服务的效率太低，一笔交易就要花好几周时间，（以互联网为平台的）在线金融创新有很大前景。"金融，马斯克不太懂；互联网，马斯克则早已精通谙熟。那何不创建一个服务齐全的网络金融服务公司，颠覆原有老旧的线下金融服务模式呢？他仿佛已经看到互联网金融的光明前景。

"创新前景和创新空间是我选择金融服务行业再次创业的原因。"

马斯克认为，将传统金融服务搬到互联网上，无须建设高大的营业厅，只需要将用户的资金数额存入数据库即可。用户存取款和支付也只是在线访问和数据库记录的数字变化而已，不会像实体银行那样有忙碌的场景出现。甚至，不需要对已有的网络硬件做全面升级，就能提供在线金融服务。于是，他马不停蹄地创立了在线金融和邮件支付服务公司，推出"网上银行"这一全新概念。

特立独行的马斯克给公司起的名字也颇具特色——X.com，用他自己的话说就是X代表未知，一切皆有可能。目前全球已注册的单字母.com域名仅有3个，分别是x.com、z.com、q.com。其余的 23 个单字母 .com 域名都是互联网数字分配机构（IANA）的保留域名。直接开放注册的时间仅有三次（1993 年、1997 年、1999 年），而且每次仅有一个被注册。

目前，这三个域名分别归属于 eBay、日产汽车以及奎斯特国际通信公司所有。马斯克对未知元素的向往和热爱在后来建立 SpaceX 公司时也可见一斑，SpaceX 公司的手势是交叉在胸前的 X，这种探寻“X”（未知）的精神就是马斯克不断开拓创新、挑战自己的不竭动力。

马斯克最初将 X.com 定位为一家理财和投资服务的平台网站，它集成了消费者和企业的金融服务。除他本人以外，马斯克的互联网金融创意也吸引到不少投资家的加入。投资人高度看好他的新创意，这源于马斯克前一次创业的成功所赢得的信任。

马斯克聘请了财捷集团公司前 CEO 比尔·哈里斯担任总裁，投资银行家约翰·斯多瑞担任执行副总裁，马斯克自己则担任公司的董事会主席。在解决了技术问题并转入运营之后，X.com 公司又雇用了 15 名工作人员，吸纳了来自马斯克、哈里斯和红杉资本共计 2500 万美元的投资，其中马斯克出资 1000 万美元。

1999 年 12 月，X.com 正式上线。和实体银行一样，X.com 为用户提供从存款、保险、借贷到债券的全部业务。此外，X.com 还提供了一项特色服务，即个人对个人（P2P）的电子转账服务。X.com 公司最初的理念就是将线下金融服务全盘整合到一个在线系统中，用户无须再跑去不同的金融机构管理个人理财产品。这种服务模式对个人来说优势巨大——用户可以在一个平台完成所有理财操作，频繁出入不同银行办理烦琐手续成为“过去时”。

全新的用户体验迅速为 X.com 赢得了大批用户，也使得马斯克再次创业获得成功。马斯克再次创业就选对了“风口”，选择网上支付业务，使他又创造了互联网行业的新历史。

三、营销初试，惊为天人

在公司起步之初，除了技术上的创新，马斯克还展现出了惊人的营销天赋。众所熟知的“病毒式营销”策略的鼻祖其实就是马斯克。

为了吸引新客户，马斯克制定了一个策略——只要用户开通一个免费在线支票账户，X.com 就奖励他 20 美元；网站成员每推荐一名新客户，将免费获得 10 美元的奖励。这种策略令 X.com 的用户滚雪球似地疯长，业务发展一时间如火如荼。当时，X.com 拥有超过 100 万的客户群，是互联网上最大的支付网络，也是网上拍卖首屈一指的支付方法。

“病毒式营销”的核心就是“病毒”的制造。“病毒”必须独特、方便快捷，而且要“酷”。“病毒营销”必须是“允许式”而不是“强迫式”，这才能让用户接受资源并且传播资源。

当然，使用这种病毒式营销方式的公司不止 X.com 这一家，后来还有很多公司都使用过，信手举出几个典型案例。

ICQ 在被美国在线公司收购之前，已经拥有 1200 万实时信息服务注册用户。ICQ 的通信方法就类似于病毒性传播方式。通信双方都需要下载安装客户端软件，然后，用户会通过电子邮件等方式告诉自己的朋友或同事，请他们利用这种网上实时通信工具，就这样一传十,十传百，越来越多的人加入到 ICQ 用户的行列。

还有诸如美团、拉手网和糯米网等团购网站，都是只要用户邀请好友注册，就可以获得十元的代金券。前几年在我国流行的飞信和开心网等社交软件，也都使用这种方式进行推广。

碰触灵魂的营销技巧加无可挑剔的技术保证，造就了 X.com 的成功。

上帝总是眷顾那些懂得努力、敢于冒险的人。人生一世如戏，龙套过客无数，自己才是贯穿始终的编剧、导演和主角。若没有满腔热情，即便能力再强，思维再缜密，编剧再好，也无法结出硕果。只有不断挑战自己，充满激情，有着把不可能变为可能的意志，上帝才会在台前喝彩，才可能让他的人生孕育出丰硕的果实。

马斯克无疑是一个好编剧、好导演、好演员。这位连续创业者用钢铁侠般的斗志在自己的人生大戏中上演着一幕幕精彩绝伦的桥段，X.com 不是幕起，也绝非幕落。

第二节
与 Confinity 合并组建贝宝

一、对手来了

1998 年秋天，马克斯·莱文奇恩、约翰·伯纳德·鲍尔斯及皮特·西埃尔联合创立 Fieldlink，为手持设备开发安全软件，提供一种可以在掌上电脑完成金融交易的服务。也许这个概念太过超前，也许他们手里的资金不够，总之，当时大家都认为这个项目不可能持续太久。这也导致鲍尔斯很快就离开了公司。

虽然没有“一起同过窗”，但深厚的友谊让莱文奇恩与西埃尔共同坚守下去。西埃尔曾在斯坦福大学做过一次嘉宾讲座，莱文奇恩听后大受启发，然后两人就开始致力于数字钱包概念的实现。

“我们创办贝宝的时候，我记得跟马克斯·莱文奇恩早年进行过一次谈话，内容是我想创办一家人人都能成为好朋友的公司，即无论公司发生了什么事情但友谊可长存的公司，”西埃尔回忆说：“从某种意义上来说这是非常乌托邦的东西。我们不仅雇用自己的朋友，还招那些我们认为可以成为真正的好朋友的人。”

一句话，一辈子，一生情，一杯酒。大学里的朋友们开启了新的故事：一次创业，一次次成功，一系列传奇。

1998 年 12 月，莱文奇恩和西埃尔将公司更名为 Confinity。1999 年，西埃尔获得来自诺基亚和德意志银行的 450 万美元风险投资。于是，这帮年轻人用这笔资金开始做一个叫 Palm Pilot 的支付软件。

开始时，公司主要的聚焦点是开发基于掌上电脑的移动支付，但 Confinity 的一位员工最终开发出一种通过电子邮件转账的方法。借助这个创意，Confinity 在 1999 年底推出里程碑式产品——贝宝。eBay 用户接受这项服务后，贝宝的客户数量开始急速增长。

随着产品越来越受欢迎，贝宝在 eBay 平台上进行了初步整合。作为当时世界上最大的网络支付公司，贝宝为大约 800 万客户提供服务。当时，贝宝每天新增近 1.5 万个新客户，并为其提供个人对个人（P2P）的支付服务。贝宝用户只需输入其名字、电话号码、家庭住址和电子邮件地址即可完成注册。然后，贝宝会员们通过题为“你有现金到账！”的自动电子邮件，可以将资金汇到其他任何贝宝账户，或者从银行账户中取款。

只要有一个电子邮件地址，付款人就可以注册贝宝账户，通过验证成为其用户。用户提供个人信用卡或银行资料，就可以将一定数额的钱款从开户时登记的账户（如信用卡）转移至贝宝账户。当付款人需要向第三人付款时，必须首先登录贝宝账户，确定汇出金额，并提供收款人的电子邮件账号给贝宝。接着，贝宝向商家或者收款人发出电子邮件，通知其有等待领取的款项。

如果收款人已经是贝宝的用户，那么该笔款项就汇入他拥有的贝宝账户；若收款人没有贝宝账户，网站就会发出一封通知电子邮件，引导收款者到贝宝网站注册一个新的账户。这种“邮件病毒式”的商业拓展方式，使得贝宝很快就占有市场。

莱文奇恩创建贝宝时，就注意到在线支付安全问题以及其对公司前途的潜在危害。他专注于解决安全问题，在刚刚起步的在线支付服务中，始终将安全放在第一位。许多年以后，《忙碌的创业者》一书的作者对此高度赞誉：“仅仅用了两年时间，欺诈活动在贝宝网站受到遏制。”

二、马斯克遭遇“滑铁卢”

如果不能战胜对手，就选择和他做朋友。贝宝的强势崛起让马斯克既赞叹又警惕。马斯克一直认为贝宝极具市场潜力，自己旗下的 X.com 与贝宝强强联合将会大有作为。

2000 年 3 月，Confinity 与马斯克创立的 X.com 合并，新公司仍叫 X.com，由马斯克出任 CEO。大家觉得这个名字更酷，而且长远来看，X.com 比 Confinity 或贝宝更具潜力。

两家在线支付公司合并后，业务开始火箭式攀升。2000 年 4 月，作为全球最大电子邮件支付网络的缔造者，X.com 宣布从新加坡发展银行、德意志银行、高盛集团等投资合作伙伴处获得 1 亿美元的股权融资。

6 月，X.com 将贝宝服务扩展至企业与消费者之间的支付

（B2C）以及那些可以通过手机完成的支付。7 月，X.com 开始在 Evite.com 活动策划网站上提供在线支付服务，美国的 Evite 用户可以在响应在线邀请的同时进行支付。

8 月，X.com 的 P2P 客户超过 300 万。此时，X.com 公司开始专注于企业对企业（B2B）的支付，试图渗透 B2B 和 P2P 市场。为此，X.com 与 BuyLink 公司达成交易。BuyLink 是一家总部位于旧金山的在线交易公司，其用户包含 8300 家零售商和 3000 家制造商。使用贝宝服务，BuyLink 用户之间能够实现即时支付。

10 月，马斯克又对 X.com 公司的战略重新进行了调整——将其变身为一家纯粹提供全球支付功能的公司，不再提供广泛的理财及相关服务。当时，X.com 拥有 400 万 P2P 客户，且大约 50% 的交易是通过拍卖巨头 eBay 完成的——这为 eBay 后续收购该公司打下了业务基础。

为了在 B2C 和 B2B 市场站稳脚跟，X.com 开始推动与保险公司、银行和其他金融机构建立联盟。通过与财捷集团签署一项为期五年的协议，X.com 获得了独一无二的权利，即采用财捷集团的技术，为 300 万小企业客户提供在线支付服务。

人生就像一盒巧克力，你永远也不知道下一个吃到的是什么味道。顺风顺水的马斯克很快就切身体会到这句话所蕴涵的哲理。X.com 和 Confinity 公司合并后业务迅猛发展，掩盖了两个不同团队间的文化不兼容和对未来技术发展趋势理解不同的问题，但危机暗藏已久，裂缝也早已出现。只是危机来得过早了点，让马斯克总有“壮志未酬身先死”的悲愤感。

马斯克当时认为，X.com 旗下所有业务应当进行一次大规模技术升级，淘汰 Unix，全面移植到微软平台。但此决定让 Unix

的狂热支持者莱文奇恩和旗下团队无法接受。两方较量之后，最终马斯克败北。董事会决定解聘他，马斯克被排挤出局。当时他正在前往澳大利亚度假的途中，后来他幽默地说“这就是假期的问题”。

直到现在，马斯克仍然为自己当初被解雇愤愤不平：“西埃尔和我是两种完全不同的人。他的哲学非常奇特，异于常人。从投资的角度来看，他是一个异类，而我是一个正常人。”事实上，贝宝企业文化的反对者并不只有马斯克。

正所谓“道不同，不相为谋”，很多 X.com 的员工在贝宝待的时间都不长。著名网站 Yelp 的首席执行官、曾经在 X.com 担任工程师的杰莱米·斯多普曼就表示，“X.com 和贝宝曾经是竞争对手，这让人感到难堪，而这种难堪最终演化为了冲突。大多数 X.com 员工要么主动离职，要么被扫地出门。”

马斯克虽然离开了公司管理层，但仍手握公司大量股票，这也为后面的故事发展埋下伏笔。

三、全新的贝宝

后马斯克时代，贝宝依旧高速发展。“去马斯克化”的工作首当其冲。

那就先从公司名字开始吧。X.com 这个极具马斯克个人色彩的名字成为热议对象。经过调查表明，大家认为 X.com 这一名称含义模糊，且具有潜在的色情成分，于是消费者倾向于采用简单的名称——贝宝。

接踵而至的是调整公司高层架构。新贝宝公司的高层人员有

6人，分别是联合创始人兼CEO皮特·西埃尔、联合创始人兼CTO马克斯·莱文奇恩、CFO肯尼·豪威尔、高级软件工程师潘宇、高级软件工程师拉塞尔·西蒙斯、营销/战略/商业开发副总裁卢克·诺斯克。

新的团队开启新的征程。2000年年底，贝宝公司开始拓展国际业务，允许美国以外的互联网用户开立贝宝账户。如贝宝和金融服务巨头ING集团开始合作，将电子邮件支付服务扩展至整个欧洲。截至2001年3月，贝宝公司将覆盖范围扩展至26个国家。同月，贝宝整理了一份包含5600家“贝宝店”的清单，它支持消费者轻松锁定接受贝宝付费的商家。2001年6月，贝宝和Providian公司开始提供信用卡服务，即以津贴的形式奖励贝宝会员。

直到现在，贝宝仍然主宰着互联网交易。贝宝关注商户，对其软件在POS机上的使用进行授权，覆盖了100多万家实体零售商。现在贝宝在家得宝、富乐客、玩具反斗城等知名商户都实现了移动支付。

要想了解贝宝的更好体验，可以到美国本土的星巴克店去看一下。星巴克称，将近1000万顾客在结账时使用它的移动支付应用程序（由贝宝和Square提供支持），一周的移动交易量达500万笔。该应用可以让你往自己的星巴克账号里存钱，使用手机支付，并自动收集奖励积分。

用得越多意味着奖励越多——免费食品、免费续杯以及免费的数字音乐。你也可以定位正在营业的店、搜索菜单并向朋友们赠送饮品。尽管不是什么惊天动地的大事，但这款应用提供了更多方便和信息，也为你省下了更多的钱，贝宝希望这足以让你抛弃钱包。

某种意义来说，贝宝无疑是第一轮互联网经济繁荣时期诞生的早慧儿，其团队经营的方式在硅谷前所未见。这也造就了贝宝在全球无与伦比的影响力。目前，贝宝仍是全球覆盖面最大的第三方支付公司。

四、“宝宝”们改变生活

贝宝以其“蛮不讲理”的迅速成功，影响了全世界。正所谓“前人栽树后人乘凉”，马斯克十几年前埋下的创新种子，在今天的中国开出了绚丽之花。地球另一侧，遥远的东方也挖掘出自己的“宝”。

自 1987 年 9 月中国通过互联网向全球发出第一封内容为“Across the Great Wall we can reach every corner in the world.（越过长城，走向世界）”的邮件后，中国人使用互联网的时代正式开启。1994 年接触互联网，1995 年开通“中国黄页”，1999 年创建阿里巴巴网站，马云无疑是中国最早一批通过互联网“睁眼看世界”的人。

在互联网技术高速普及的年代，全球处处都是“透风的墙”，根本毫无秘密可言。源自美国的先进互联网金融理念更是快速传播，处处生根发芽。马云显然也深受启发，看到了互联网金融的巨大商机。

来而不可失者时也，蹈而不可失者机也。马云适时而出，中国“宝宝”生威！

2004 年 12 月，阿里巴巴旗下的淘宝网推出支付宝业务，致力于为用户提供“简单、安全、快速”的支付解决方案。支付宝在短短两年时间内迅速成为中国使用最为广泛的网上安全支付工具，深受用户喜爱，引起业界高度关注。

现今，中国办公室里这样的对话早已经司空见惯：“老板，我去楼下取我的淘宝快递”……“张三，我的余额宝今天又赚了87块”。支付宝、余额宝，“宝宝”们无处不在。

从总体上来说，贝宝在支付流程上比较便利，但是采用先付钱后交货的方式，在中国则容易水土不服；支付宝恰好相反，采用先交货后转账的付款方式，再加上淘宝独有的防范措施，相对来说更加安全。显然，精明的马云更懂得中国市场。总之，两家各有所长，难分伯仲。

十年来，支付宝已成为中国人日常生活必不可少的一部分。一定程度上，马云的淘宝改变了中国人的消费习惯，并在很长时间内独自撑起中国电子消费的天空，而支付宝在其中则功勋卓著。截至2014年第二季度，支付宝已成为当前全球最大的移动支付工具，其用户覆盖了整个C2C、B2C以及B2B领域。支付宝以其在电子商务支付领域的先进技术、风险管理与控制等能力赢得银行等合作伙伴的认同。

支付宝占据中国电子支付主流市场后，马云又腾出手来瞄准下一个“宝”。2013年6月，支付宝为个人用户打造的名为余额宝的余额增值服务面市。余额宝的业务模式在本质上与当年贝宝旗下的货币基金极为相似。

相信大部分读者都已十分熟悉余额宝的种种好处：通过余额宝，用户不仅能够得到收益，还能随时消费支付和转出，像使用支付宝余额一样方便；用户在支付宝网站内就可以直接购买基金等理财产品，同时余额宝内的资金还能随时用于网上购物、支付宝转账等支付功能；转入余额宝的资金在第二个工作日由基金公司进行份额确认，对已确认的份额会开始计算收益。

余额宝在中国金融史上堪称里程碑事件。2013 年也被称为中国互联网金融的元年，以余额宝为代表的各类理财产品，犹如燎原的星星之火，横扫整个中国大陆。

互联网思维对金融业的冲击势不可挡。金融领域“狼来了，狼来了”的呼声此起彼伏，这次来的不是吃不到羊的灰太狼，而是攻击力十足的群狼。不光百度、阿里、腾讯等互联网巨头开始发展互联网金融业务，就连京东等大型电商企业也开始在此领域展开博弈。互联网金融迎来了发展的春天，阿里余额宝、京东小金库等业务已经引起银行的关注，一匹匹“疾风之狼”刮起了中国互联网金融风暴。

其实，所谓互联网金融指的就是以依托于支付、云计算、社交网络以及搜索引擎等互联网工具，实现资金融通、支付和信息中介等业务的一种新兴金融。互联网金融与传统金融的区别不只在于媒介的区别，前者更倡导创新，彰显出“开放、平等、协作、分享”的互联网精神，处处透着开放透明、广泛参与、协作协同的理念。用创新精神和互联网精髓推动传统金融业务向前发展，是马斯克当年创建 X.com 的初衷。十几年后，马斯克早已不在互联网金融的天空飞翔，但痕迹仍在。

回到中国的“宝宝”们，马云率先走出一步，造就了广袤的“阿里帝国”。套用当下流行说法：“宝宝们”打造了网上生活圈，让生活服务触手可及。

第三节
eBay 收购贝宝

随着贝宝业务规模上升，在纽交所上市也被提上了日程。2001年末，贝宝提出首次公开募股（IPO）申请。2002年2月，贝宝成功上市，市值约为12亿美元，成为911事件后第一起大型IPO。据贝宝网站的资料，公司上市首日股价就飙升了54%，报收每股20.09美元。

贝宝整个上市过程可谓水到渠成，完全没有当下阿里赴港上市、赴美上市这般曲折回荡，悬念重生。但上市后的贝宝却精彩至极，这精彩故事的幕后推手正是远离贝宝管理层的马斯克。

公司上市除了能为公司谋得更多发展空间外，对于投资人而言则意味着丰厚的回报。在运筹公司上市期间，马斯克或许早已计划将手中的股权套现，用这笔钱来铸就自己的新梦想。但实现梦想之前，马斯克先华丽丽地做了一回“托儿”。把所有的事情都做到极致，可谓之大牛。马斯克连做“托儿”抬价的手笔都能让人拍案叫绝。

贝宝酝酿上市期间，eBay 就向贝宝公司抛出橄榄枝，尽管公司一度同意了 eBay 收购方案。但手握贝宝公司 11.7% 股份的马斯克却摇起了手指，连连说“NO”。没有人知道马斯克否决收购交易是为了讨价还价，还是另有其他目的。正是得益于马斯克的两次回绝，最终收购价格从 3 亿美元不断上涨到 15 亿美元，是最初 eBay 提出价格的 5 倍，马斯克也赚了个盆满锅盈。

2002 年 7 月，贝宝内部一致同意出售给 eBay。10 月，eBay 以 15 亿美元的价格将拥有 1.1 亿用户的贝宝公司直接收购，这个价格在当时相当于 eBay 总市值的 8%，而事实证明，这单生意十分成功，马斯克则收获 3.28 亿美元现金，也让他成为硅谷明星级创业者。

eBay 在前行的路上备尝艰辛，而贝宝始终是个令之振奋的亮点，不仅给母公司带来了持续增长的利润，有时还成为母公司用于说服投资者的杀手锏。

贝宝为零售商和消费者提供了一个迅捷的资金结算平台。令人赞叹的是，贝宝由一家仅仅提供在线划款服务的公司成长为数字货币巨人，不仅能与零售商达成交易，还能提供移动支付服务，完全靠的是自力更生，只给 eBay 带来过巨大收益，却从未带来任何麻烦。

eBay 收购贝宝，是一场多赢的交易。最大的受益者不是 eBay，而是全人类。马斯克有了冒险、探索和创新的资本，新的梦想起航——这梦想事关人类前途，人类前行的脚步再也不会蹒跚。广袤的宇宙里，一个人如蝼蚁渺小，却即将爆发中子星般的烁辉！

第四节
贝宝帮定义成功

读过明史的人往往好奇，洪泽湖以西、汉水以东小小一片淮西地区，为什么就能孕育出李善长、徐达、常遇春、冯胜、胡大海、汤和、沐英等多达20余位彪炳史册的文臣武将，为大明王朝的建国立下赫赫战功？战乱纷飞年代，“淮西集团”的英雄们为什么没有四散分离，反而聚拢在一起？

道理很简单——物以类聚，人以群分。秉持相同信念、气质相投的人总是更容易聚拢，成就一番伟业。类似的例子还有硅谷“贝宝帮”。一群磁场相同的人在贝宝公司相识，又在其后的各自创业中大获成功，成为硅谷最具影响力的团体。本书主人公马斯克正是其中的灵魂人物。

20世纪50年代，美国作家埃里克·霍弗在《狂热分子》一书中提供了一种辨别狂热分子的方法，看其身边最亲近的人如何评价他，毕竟人很难在日常接近的朋友面前永远伪装自己。深入了解一个人的过程，仿佛像是剥洋葱，从周边一层层切入内心，真相便慢慢走入视野。

那么，我们就从马斯克的朋友们身上来还原这个硅谷狂人的特质吧。

一、黑帮？不，我们更酷！

2002 年，eBay 收购贝宝后，贝宝的重要员工陆续离职。不过，创业期间结下的“战斗友谊”使他们私下里仍然保持着密切联系，他们经常组织沙龙聚会，并自诩为“贝宝帮”（Paypal-mafia）。

所谓贝宝帮，就是指被 eBay 收购前的山景城贝宝团队。据西埃尔估计，贝宝帮成员有 220 余人，且都很年轻。正是这个年轻的群体，后来在硅谷大放异彩，将贝宝帮的光芒洒向了全世界。

贝宝帮的主力人员在离开贝宝后无一例外地都获得了成功，堪称创业团体史上的佳话。在硅谷，几乎找不到一家没被“贝宝帮”染指过的初创公司。现如今全球科技行业最富有创新精神的公司几乎都同这个“帮派”有着密切联系，贝宝帮成员幕后的亲密关系更使这些企业血脉相连。

不妨看看这些如日中天的公司吧：SpaceX 估值 100 亿美元（公司股份未公开）；特斯拉市值 323.96 亿美元；SolarCity 市值 66.78 亿美元；领英市值 268.76 亿美元；Palantir 估值 90 亿美元（公司股份未公开）；Yelp 市值 56.11 亿美元；YouTube 收购价 16.5 亿美元；Yammer 收购价 12 亿美元……

很难有公司能够像贝宝这样培养出如此多的投资人和创业人，

考虑到贝宝起家时的规模和迅速扩张历史，这更加难能可贵。美国将估值超过10亿美元的公司称为“独角兽”，贝宝帮已经创造了一大堆“怪兽”级别的公司，但他们似乎并没有停下脚步。

就目前来看，可能很长一段时间内，微软、谷歌、苹果这类超大规模的公司都无法培育出可与贝宝帮抗衡的“微软团”、“谷歌组”、“苹果派”。

贝宝帮是新一代硅谷精神的代表，引领着硅谷乃至全球互联网行业的发展方向，也聚集了新一代的财富和创新力量。一定程度上，贝宝帮之于当下的硅谷，堪比当年的“淮西集团”之于大明王朝。

独一无二的企业文化和人才策略是贝宝帮成员的关系纽带，也是其成功的关键。贝宝成立之初，创始人在招聘员工时就明确提出，贝宝的员工个个都应该是工作狂，但他们不该是MBA、兄弟会成员或者运动员。

他们在努力寻找特定类型的员工，标准是勇于竞争、知识渊博和掌握多种语言，还有更重要的一点是，要精通数学。精通数学意味着思维严密、逻辑清晰、表述精准、勇于挑战，又能豁达淡然。

整个公司上下都透着一股叛逆的味道，他们总会做出异常之举，认为在激烈的辩论中——而不是冗长枯燥的会议中——才会迸出有利于公司发展的“火花”。贝宝将这种看似离经叛道的氛围称为“对抗性”文化。风险投资公司红杉资本执行合伙人、曾担任贝宝首席财务官的罗勒夫·博沙曾表示：“贝宝与谷歌的最大不同在于，谷歌希望招聘博士，而贝宝则更愿意招聘那些放弃博士学位的人。这是两种完全不同的气质。”换句话说，贝宝企业文化的核心就是创新。

这些文化特质在马斯克身上展现无余——做政府的生意赚国家的钱，和整个空军打官司，想去火星上转一圈……

特立独行的贝宝帮，不走寻常路的马斯克，相映成趣。

二、一群特立独行的“主儿”

“一路货色！”

这是贝宝前首席运营官萨克斯对贝宝帮成员的戏谑。实际上，这帮人对彼此的定位很独特：朋友，而不是同事。这种融洽的氛围在贝宝公司成立时就根深蒂固，大多数早期的贝宝员工都是通过一个朋友圈而非猎头招来的。西埃尔回忆道：“我们最初主要招聘自己圈子里面的人。我招聘来自斯坦福大学的好友，而莱文奇恩则招聘来自伊利诺斯大学的好友。”虽然贝宝已易主，但这些因贝宝而聚集的人们在现实里继续着“朋友一生一起走”的故事，毫无“那些日子不再有”的惆怅。

贝宝帮，既是权倾硅谷的实力派，又是励志动人的偶像派。在不息的时间洪流中，他们随着雄心壮志翩翩起舞……

来让我们看看贝宝帮的核心成员吧。

贝宝帮“帮主”马斯克：贝宝前身 X.com 公司创始人，曾任贝宝首席执行官，帮派核心人物，贝宝帮精神奠基者和团队缔造者之一，贝宝帮精神代言人。现为SpaceX创始人、特斯拉汽车CEO、SolarCity投资人，有人称其为“超越乔布斯的男人”、“最接近神的人”。男一号，其精彩事迹将在本书完美呈现。

贝宝帮“左护法”西埃尔：贝宝前身Confinity公司联合创始人、帮派核心人物，贝宝帮精神奠基者和团队缔造者之一。西埃尔5岁时就记得世界上所有国家的名字，少年时国际象棋全美排名第七。离开贝宝公司后，他创办了Clarium对冲基金和Founders Fund风险投资公司。西埃尔是Facebook第一个外部投资人，当年以50万美元获得10%的股份，如今这些股份的价值有望达30亿美元，投资回报逾6000倍。

贝宝帮“右护法”莱文奇恩：贝宝前身Confinity公司联合创始人，帮派核心人物，贝宝帮精神奠基者和团队缔造者之一。莱文奇恩于2004年创办了社交游戏公司Slide并以1.82亿美元的价格将其出售给谷歌，随后，他受命成为知识挖掘平台Kaggle的董事会主席，该平台是一个连接全世界17000多名顶尖科学家的网络，旨在解决那些最深奥的问题。

硅谷“人脉之王”雷德·霍夫曼：贝宝董事会成员，曾任贝宝执行副总裁。离开贝宝公司后，霍夫曼创建了领英。现在他是硅谷最成功的天使投资人之一，投资的公司包括社交游戏公司Zynga、Last.fm和社交网站Tagged，也是硅谷出了名的大忙人。

贝宝不仅给予了这些年轻人最宝贵的创业经历和人生第一桶金，还赐予了他们志同道合、情深谊厚的“小伙伴”，甚至将会影响到他们的一生。马斯克在回忆时大有感触：

“一个人要么就是加入一个精英汇聚又尊重人才的公司，要么就是跟一群乌合之众在一起碌碌无为。企业成功大部分都是因为一群优秀的人汇聚到一起做成了一个伟大的产品。不论这群人多么才华横溢，他们必须同心协力才能造就巨大的成功。”

显然，贝宝帮就是如此。

历史在一页页向前翻，银河中群星仍在闪烁。贝宝帮，这一帮特立独行的“主儿”，其光芒将会继续照亮科技前行的路。

三、“帮规”就是要创新

谈完了友谊，不妨再看看贝宝帮奉为“帮规”的信念——创新。创新是所有贝宝帮成员共同的信仰，他们带着创新创意离开贝宝，在不同领域遍地开花。在贝宝帮硕果累累的花圃中，“马斯克之花”开得最为绽放。创新仿佛钢铁侠的核动力模块，让马斯克飞得更高更远。

“帮规”，经过了时间和实践检验。

创新的结果是一连串耳熟能详的名字：SpaceX、Tesla、SolarCity、LinkedIn、YouTube、Yammer、Yelp、Facebook、Zynga、Palantir。这些初创公司处处可见贝宝帮成员忙碌的身影；航天、汽车、新能源、互联网等不同领域均有贝宝帮的技术和资金。试想，如果没有这些视创新如命门的公司，人们的生活将会多么枯燥。

创新是敢于挑战传统的勇气。贝宝创立时，互联网在线支付服务仍面临巨大挑战，当时很多商家拒绝使用这一陌生的金融工具。

但贝宝利用不断完善的用户体验和持续升级的安全技术，最终打破了信用卡联盟的“围追堵截”。如今，即使贝宝的发展速度已高位放缓，但其在线支付行业先驱的地位不会改变。贝宝的出现，为今天网络支付、互联网金融的火爆奠定了基础。

创新是不断追求第一的脚步。现在许多常见的技术工具、业务模式都是由贝宝帮初创的：

> 首家采用病毒式营销的公司，首家采用平台战略的公司，首家提供嵌入式微件的公司，首家依赖互动式产品策略的公司，而贝宝本身还是在线支付理念的首创者和推动者。

科技是第一生产力，创新驱动发展。正得益于一个又一个第一，贝宝帮才能在一个又一个领域完美呈现。

贝宝帮成员在大获成功后，仿佛有意要将“世俗”、“束缚”等看似保守落后的词汇从词典中“抹除”，不断挑战守旧者底线，频频推出看似“疯癫”的神来之笔。贝宝帮的西埃尔近年向青年发起了名为“20Under20”的奖金项目——请注意是奖金不是奖“学”金。此活动将选出20位20岁以下的优秀学子，每人颁发10万美元创业金。他不是要鼓励学生读书，而是希望学生专注于创业，将理想直接付诸实践。

“20Under20”项目重点资助那些富有生命力、创造力和远大前景的项目。或许是因为西埃尔投资了马斯克的全部产业，他对电动车和太空项目极为感兴趣。受资助者之一丹尼尔高中时曾把破旧的保时捷跑车改装成电动车，展现出过人的动手能力。如今，他决定接受西埃尔的资助，全心投入电动车研究，“电动车产业正快速发展，如果错过了这个浪潮，可能就是另一番光景了。”另一位受资助者，18 岁的伯罕则醉心于太空采矿，探索新能源，并进一步研发火箭推进技术。

亘古而常青的昨天永远是过去，也永远不会再来。这些年轻的面孔，或许不会成为下一个马斯克，但梦想起航已然就代表了成功。

第五章
特斯拉：改变世界的汽车

“汽车业太久没有革命性的变化，现在是时候了。”

——伊隆·马斯克

2014年以来，全球汽车界最引人注目的无疑就是特斯拉——这个号称汽车界“苹果公司”的电动汽车品牌，正在全世界掀起一场汽车革命。从一统美国的豪车江湖，到在欧洲建立超级充电网络，再到中国市场宣布低定价策略，这只来自美国的电动蝴蝶，直接引发了一场新能源飓风。

“特斯拉的影响就是吸引其他的公司和我们一起来生产电动车，最后我们可能只能占市场份额的一小部分，但我们却引领了整个行业。”马斯克在中央电视台《对话》节目中表示，他希望通过产品来推动一个政治家的梦想——让人们选择一个对未来世界富有责任的行为模式。

特斯拉到底有多火呢？网络搜索引擎告诉了我们答案：用百度搜索“特斯拉汽车”，能得到约1120万条结果；用谷歌搜索“Tesla Motors”，能得到约2010万条结果。搜索结果远高于“乌克兰危机”。全球对一辆小小的电动汽车的关注度，已经超过了同期发生的一场局部战争。

第一节
特斯拉风暴

不知有多少人用“下一个苹果”比喻过电动汽车制造商特斯拉，其创始人马斯克更被众多科技爱好者视为“下一个乔布斯”：天生的技术奇才，优秀的商业领袖，对设计和细节敏感且锱铢必较，激情源源不断，极有可能改变世界。

美国汽车业资深评论家、《道路与交通》杂志前主编马特·迪洛伦佐对马斯克及其特斯拉公司高度评价：“在评论马斯克时，我会很容易想到全球首个登上月球的航天员尼尔·阿姆斯特朗的那句名言。他（马斯克）只是迈出了一小步，但对人类来说却是一大步”。

毋庸置疑，特斯拉已经火了，其划时代的理念和设计正成为人们热议追捧的对象。业内人士表示，传统电动汽车的电池已经过时，未来以超级电容器为动力系统的新型汽车将取而代之。这是一款怎样的超级跑车，让它足以吸引谷歌的拉里·佩奇、谢尔盖·布林，eBay的杰夫·斯科尔，以及好莱坞的布拉德·皮特、乔治·克鲁尼和施瓦辛格，组成如此浩大的明星买方阵营？

一、当“马”遇上“车”

21世纪初，顶着硅谷工程师、资深车迷、创业家等头衔的马丁·艾伯哈德在寻找创业项目时发现，美国一些富豪家的停车场里不仅有超级跑车，还会停放丰田混合动力汽车普锐斯。他认为，这些富人肯定不是为了省油钱才买普锐斯，普锐斯只是这群人表达环保理念的方式——他们对全球环境污染问题向来高度关注。就像中国不少名人选择骑自行车上下班一样，他们并不是买不起汽车，只是为了传达绿色出行的理念。于是，艾伯哈德有了将跑车和新能源结合的想法，客户群就是这些有环保意识的高收入人士和社会名流阶层。

2003年7月1日，马丁·艾伯哈德与长期商业伙伴马克·塔彭宁合伙成立特斯拉汽车公司，并将总部设在美国加利福尼亚州帕洛阿尔托市。有些事情开始时便会显示出卓尔不群的特质，特斯拉没有诞生在美国汽车城底特律，而是硅谷的中心地带。实际上，特斯拉的研发中心就位于斯坦福大学后面的小山坡上，互联网DNA和创新血液从一开始便深入其骨髓。

特斯拉公司以交流电、无线电之父尼古拉·特斯拉的名字命名，其目的是“通过各类日益经济实惠的电动汽车加速全世界向电动出行的转变”。以伟大人物的名字命名公司并非是纯粹的个人崇拜，而是这些人对特斯拉创新精神的致敬。特斯拉本人的很多发明发现，重构了整个20世纪的历史进程——这也正是特斯拉公司的诉求，即重构21世纪的历史进程。特斯拉是一个被世界遗忘的伟人，如果不是他放弃了交流电的专利权供世人免费使用，难以想象人类生活是否如今天这般便利。

特斯拉的梦想就是给世界提供用之不竭的能源，
特斯拉汽车的梦想则是充分使用这种能源。

在特斯拉汽车公司初创的2003年，电动汽车还停留在概念层面，性能饱受诟病，无法满足人们的日常生活需要。公司成立后，特斯拉团队开始寻找研发高效电动跑车所需的投资和技术。当时艾伯哈德既没有多少钱，也不懂得制造汽车的技术，只好向AC Propulsion公司求援。2004年2月，当AC Propulsion公司的CEO汤姆·盖奇得知马斯克对电动汽车技术也很感兴趣时，他索性直接将马斯克介绍给了艾伯哈德和特斯拉团队。

“我们可以制造由锂离子电池驱动的跑车，加入我们一起干吧？”艾伯哈德见到马斯克只说了一句话。

手握大笔闲钱的马斯克当即决定向特斯拉投资630万美元，但条件是出任公司董事长、拥有所有事务的最终决定权。艾伯哈德作为特斯拉汽车之父出任公司CEO，公司仍旧沿用原来的名字“特斯拉汽车”。

很久以后，马斯克对此曾说过一段话：

“将公司命名为‘特斯拉’是为了向伟大的科学家
和工程师致敬，这比‘马斯克汽车’的名字酷多了。

我永远也不会拿我的名字命名任何公司。”

马斯克入主特斯拉，当然不是为了钱。他一直做着伟大的梦，当“马”遇上“车”，他终于找到了自己梦想的载具。

马斯克，马丁·艾伯哈德，马克·塔彭宁——三驾“马”车带着绿色的梦想飞奔而来。

二、合伙人，道不同

好景不长。创业艰难百战多，特斯拉很快就遭遇到重大危机。

2004 年到 2006 年，尽管公司人数一路由 20 人增至 150 人，规模不断扩大，但特斯拉首款车型 Roadster 的研发工作却遭遇了大麻烦。特斯拉公司最初设想与英国莲花合作，在艾丽丝成熟的车体结构设计基础上进行改装。艾丽丝是莲花的主打车型，其旗下多个系列都以出色的运动性能著称，体型都十分小巧。该车周身曲线圆润饱满，造型玲珑精巧、凹凸有致，完全符合特斯拉对自身的定位需求。

艾伯哈德提议将电池组装在一辆改装后的艾丽丝汽车底盘上，其余部分保持不变，以便尽快让 Roadster 面世。他的意图很明显，为了迅速占领市场，赢得时机和收回成本，只把发动机改为电动力系统就可以。但这种“换汤不换药”的平庸理念显然与马斯克“要么不做，做就要做到最好”的哲学相悖。马斯克认为，与其毫无特色地改装，不如全面改进以给客户留下深刻印象，从而一炮走红。这次理念冲突，仿佛“萨拉热窝的枪声”，最终引发了马斯克与艾伯哈德之间的“大战”并导致后者“下课”。

2007年，危机集中爆发。马斯克将Roadster定义为超级跑车。一般来说，百公里加速在5秒以内是超级跑车。作为一辆堪比保时捷和法拉利的超级跑车，特斯拉 Roadster对起步加速的要求非常高，普通电动车不配备多级变速箱的情况显然无法满足Roadster的需求，因为异步电机在低转速情况下的功率输出效率偏低，所以引入二级变速箱成为最佳选择。但问题是，如何在高压高功率电控系统和变速箱协调之间做系统性研发，业界还没有先例。

不过这些技术问题和障碍似乎丝毫没有影响大明星们对它的喜爱。2006年8月，当特斯拉的第一代跑车Roadster还不见影子的时候，影星乔治·克鲁尼第一个站出来交了预付款，而他的明星效应立刻让名不见经传的特斯拉受到众多关注。

明星的预定只能为特斯拉汽车赢得眼球，却无法解决公司高层内部的矛盾。2007年9月，原定预售价为11万美元的特斯拉第一代电动车Roadster因为变速箱改进，成本飙升到14万美元，这也意味着汽车还没有开卖就要赔钱。再加上开发周期不断拉长，艾伯哈德与马斯克之间的裂痕终于爆发，达到无可修复的地步。时任CEO艾伯哈德被董事会赶下了台，由齐夫·德罗瑞接任特斯拉CEO职务。德罗瑞是Monolithic内存公司的创始人，在硅谷也是个知名人物，十分精通技术和企业管理。显然，在马斯克看来，互联网领域的同行可能更容易“搭班子”。

新CEO上台之后，特斯拉高层经历了一阵动荡期。德罗瑞将包括创始人艾伯哈德以及其搭档塔彭宁在内的几位关键人物解雇。一位经历过当时“内乱”的前特斯拉员工在接受《中国企业家》采访时曾说，最坏的时候，特斯拉6个月换掉了11个副总裁，换掉过 3 个 CEO。当时，公司人员频繁离职，不少员工第二天上班时盯着身旁空空的桌椅总会感叹“同事都去哪儿了”。

艾伯哈德离职后，特斯拉鸡飞狗跳的乱局并未完全改善，马斯克与艾伯哈德的矛盾也在社会上全面公开，成为美国科技圈热议的花边八卦。2009 年 5 月，艾伯哈德将马斯克告上法庭，指控马斯克以欺诈为名对其进行诽谤，以及侵占特斯拉公司资产。马斯克对法院传票不以为然，他反驳道：“如果艾伯哈德稍微头脑冷静一些的话，我当时肯定会原谅他的错误。”

每临大事有静气，不信今时无古贤。技术瓶颈、动荡纷扰、资金不足并没有影响到马斯克“勇敢的心”。他执着、坚定地带着特斯拉公司步步前行，克服技术难题，疏通管理障碍。艰难之后，终见曙光；暗黑之时，必将破晓。正如特斯拉员工说的一样，“马斯克这个人不错，他个性很强，虽然有时像个‘暴君’一样，但是认准的事情他一定干”。

2008 年 2 月，特斯拉开始交付第一辆 Roadster，该车一经推出就大放异彩，完全具备了超级跑车的一切要素：俊美的外观设计、高性能的高速动力以及名人的追捧。在解决了高容量电池和高性能电机以及变速箱等关键技术问题后，Roadster 百公里加速只需 3.7 秒，完全将保时捷的传奇车型“保时捷 911”甩在身后。要知道，“保时捷 911”想达到同样速度需耗时 4.4 秒。

在续航能力方面，Roadster 单次充电可行驶接近四百公里路程，让当时的电动车同行们望尘莫及。最初的 7 辆 Roadster 车作为“创始人系列”提供给了马斯克和其他出资人，这份名单里有谷歌创始人拉里·佩奇和谢尔盖·布林，eBay 创始人杰夫·斯科尔等，当然也包括已离开公司的艾伯哈德。

2008 年 10 月，第一批特斯拉 Roadster 下线并开始交付。不过，由于成本严重超过预算，原计划售价 10 万美元的 Roadster 实际成本已超过 12 万美元，马斯克不得不将售价提升至 11 万美元。这一举动引来交付预订金的客户们极大不满，在洛杉矶举行的客户见面会上，愤怒的购买者围攻马斯克，使他差点晕倒。不过，即使将售价提高 1 万美元，特斯拉依旧要面临赔钱卖车的窘境。

眼看就要面对资金链断裂的尴尬，但“苦心人，天不负”，马斯克使出浑身解数，最终得到了德国戴姆勒公司 5000 万美元的投资和日本丰田公司的电池组和电动发动机订单。当时为了维持现金流，马斯克甚至把自己仅存的 6000 万美元都投了进去，用于生产和工程的流动资金。在很多人看来，马斯克疯了，他们完全不明白为什么马斯克要把他的全部家当去赌一个完全不成熟的行业。“我们几乎没有外部资金来源，当时我的唯一选择就是把我所有的钱投进去。否则特斯拉就死了。”马斯克这样说。

最终，特斯拉挺过了最艰难的时刻，一场由马斯克导演的特斯拉风暴即将席卷全球。而合伙人之争也有了圆满结局，马斯克与艾伯哈德在庭外达成和解。马斯克发表声明认可艾伯哈德的功劳：“没有艾伯哈德不可或缺的努力，特斯拉走不到今天。”

三、新款车型大获成功

特斯拉公司首款汽车 Roadster 只是小试牛刀，其随后推出的 Model S 电动汽车才是引爆新一代潮流的导火索。该车刚一问世，便迅速成为车迷的新宠，登上美国最畅销豪华车榜单，还被评为美国最安全汽车。

新车型的推出颇像一场好莱坞名流聚会。2009年3月，马斯克举行了一场由500名客人出席的盛大鸡尾酒会。伴随电子合成音乐的轰鸣，他揭开了Model S电动车的面纱，这是继Roadster电动车之后的改进车型。

随着音乐晃动的人群中，名流云集，大腕一个都不能少。20辆Roadster在草地上并成一排，豪华的车前标牌汇成了环保的主题：

“EV2、交流电源、与欧佩克说再见。”

环保理念永远是特斯拉的主题，名流们也喜欢以此标榜自身的时尚观。至少当时，Model S就获得了不少订单和订购意向。

当马斯克揭开Model S的丝质面纱时，见惯了大场面的明星们不由得发出“噢，上帝”的赞叹声。伴随着手机、照相机的闪光，人群开始骚动。马斯克向大家夸耀道，“这辆车的装载能力会让你惊讶至极。你可以同时装进一个冲浪板、一台50英寸的电视和一辆山地车。”话音未落，欢呼声和口哨声便四处响起。“最酷的事莫过于制造热门时尚产品，这些产品将拯救世界，”他停顿下来等待掌声，“当然我们同样会赚钱。”在称赞Model S外形的平滑时，他的手沿着车体流线外形轻抚滑动，嘴里吹嘘道：“你需要一把抹刀才能抹这么平。”

好莱坞著名影星、时任加州州长阿诺德·施瓦辛格也出席了当天的发布会。马斯克借机向他详细介绍了电动车的每个细节，包括电池安放在底盘的位置、面向后方的儿童座椅、电子切断系统可以将速度限制在每小时 210 公里以下。

对于施瓦辛格的光临，马斯克后来有些失望地表示："他对技术不是太理解，但并没有影响他成为一个前卫的环保主义者，他已经是我们 Model S 电动车的预定客户。"与好莱坞明星大谈技术细节，也只有马斯克这种物理至上的技术痴迷者才能干得出来。此举就算不是对牛弹琴，也无异于"夜伴红袖却读书"，浪费了大好风情。

2009 年 4 月，马斯克又带着他的 Model S 汽车参加了脱口秀节目。在纽约 CBS 电视台《大卫深夜秀》上，马斯克穿着半高黑色长筒靴、灰色骑士夹克亮相。超短发型、发亮的蓝绿色眼睛，加上一副拯救世界的"拽酷"表情，这种恨不得把自己打扮成"钢铁侠"的出格举动，分明是有意显得与众不同。在一番赞誉后，Model S 电动车随着观众的呼唤声终于亮相。马斯克在宣布 Model S 成本仅 49 900 美元（扣除美国政府 7500 美元的补贴）时，自己率先鼓掌以带动观众的情绪。

当主持人作秀般地坐进汽车时，一旁的马斯克连续两次说道："请大家注意，电动车跟传统车相比的一大优势就是远期成本很低，通过充电运行。按每升汽油 12 美分折算，Model S 的实际成本只有 35 000 美元，当然，前提是各位分期付款的期限要超过 7 年。"算完这笔账后，他吹了声口哨，"那么，在这款车和福特 Taurus 之间选择，你还会犹豫么？"

Model S 拥有独一无二的底盘、车身、发动机以及电力储备系统，产品外形炫酷，科技感十足，行驶加速性能高、充电时间短、续航里程长，而且关键是售价适中。相较特斯拉首款车型 Roadster，Model S 这款价位偏低的普及型产品，受众更加广泛。

有传言，Model S 的底盘设计仍然沿用了英国莲花汽车的底盘技术，采用前双叉臂、后多连杆的悬挂方式。这能确保 Model S 在操控和舒适感方面做到极致。事实上，宝马 7 系、英菲尼迪、凌志等中高档车均采用这种悬挂方式。Model S 汽车最重的不是车身或电机，而是接近 7000 块由松下量产型 18650 规格的锂离子电池构成的电池组，因此 Model S 的核心技术是电池管理系统。

在 Model S 研制过程中，马斯克互联网出身的背景发挥了巨大作用。采用软硬件结合的理念设计电池管理系统，将电池分组保护，实时监控能够将潜在隐患减到最少。特斯拉将 7000 块电池划分成块、层、片三个层级进行管理，69 个 18650 电池并联成一块，9 个电池块串联成一个层，而 11 层再串联成整个电池片。电池单元和每个电池层上都设置了保险装置，一旦检测到这些电池的温度过高或电流过大，则立即断开输出，这种电池管理技术极大地提高了安全性。

Model S 汽车最终大获成功，得到业界和车迷的一致认可。2013 年第一季度，Model S 共售出 4750 台，力压奔驰 S、宝马 7 系、凌志 LS 和奥迪 A8，成为 2013 年北美第一季度豪车（7 万美元以上）销售冠军。而 2013 年全年，Model S 车的销售总量超过了 22 000 辆。

著名的《汽车潮流》杂志在评选 2013 年度汽车时，11 位评委一致将票投向了 Model S 汽车，这成为史无前例的里程碑事件。要知道，在这个奖项 65 年的历史上，这还是第一次给内燃车以外的汽车颁奖。正如他们的评语："Model S 不仅仅是一辆伟大的电动车，它本身就是一台伟大的汽车"。美国权威的汽车评论杂志《消费者报告》在经过长期测评之后也给了 Model S 历史最高分 99 分，评语是“几乎完美的汽车”。这款车不仅大包大揽不少知名媒体的“年度车型”大奖，而且在特斯拉扭亏为盈的征战中起到举足轻重的作用。

四、走向不断创造新奇迹的坦途

马斯克肯定偷看了上帝对他的命运安排计划，否则他怎能一次又一次完美华丽地成功呢？！

这一次，马斯克又成功了，成功地刮起了特斯拉风暴！一个成功之后，会是更多的成功：成功上市，成功拓展市场……

2009 年，美国总统奥巴马和时任能源部长朱棣文参观特斯拉工厂，特斯拉成功获得美国能源部 4.65 亿美元的低息贷款。获得政府资金支持后，故事便朝着简单化的方向发展。2009 年 7 月，为了丰富产品线，特斯拉电动车公司推出动力性能以及内饰造型有所提升的新款 Roadster 车型，更重要的是，随着产量的提升，制造成本也开始逐渐降低。10 月份，新款 Roadster 把自己创造的单次充电行驶纪录刷新到 501 公里——相当于一次充电可以从法国巴黎开到荷兰阿姆斯特丹。

2010 年 6 月 29 日，特斯拉成功完成 IPO，净募集资金约 1.84 亿美元。公司股票在纳斯达克证券市场挂牌交易，这不仅是 1956 年福特汽车 IPO 以来第一家上市的美国汽车制造商，也是目前唯一一家在美国上市的纯电动汽车独立制造商。同年，特斯拉公司与丰田、松下等公司建立了战略合作关系，共同推动电动车革命。也是在这一年，特斯拉电动汽车卖到了 30 多个国家。

2013 年 5 月，特斯拉提前 9 年还完美国政府的低息贷款。

2014 年 2 月 19 日，特斯拉汽车发布 2013 年的致股东邮件。邮件显示，2013 年第四季度，特斯拉取得了创纪录的汽车销量，年营收超过 20 亿美元。也是在 2013 年，美国底特律以 170 亿美元的负债宣告破产，“汽车城”颓然轰塌。

“2014 年的任务是什么？增长、增长、增长，”特斯拉公司负责销售的副总裁杰罗姆 · 吉伦在北美国际汽车展上说道：“就是永不停止增长——这才是我们的速度。”

特斯拉如愿以偿，马斯克如愿以偿。2014 年 6 月，马斯克在特斯拉公司股东大会上宣布，特斯拉掌握的现金流已高达 7.6 亿美元。手握大笔现金让马斯克信心十足，“即便遇到天灾人祸，比如加州发生地震，或者供应商破产，这笔钱都足够让特斯拉渡过难关”。

马斯克肯定倾听到了来自遥远的太平洋另一侧国家的呼唤，因为中国富豪和车迷们自特斯拉面市起就翘首期盼着它的到来。特斯拉终于如期而至。

在特斯拉公司全球战略中，中国市场是重要的一个版图。2014 年 1 月 24 日，特斯拉公布其旗舰车型 Model S 的中国市场零售价为人民币 73.4 万元，远低于市场普遍预期的 200 万元。在视特斯拉足以媲美法拉利的拥趸们看来，这一亲民价格即便不是“白菜价”，也足以堪称“业界良心价”。难怪一位汽车业咨询人士称，特斯拉报价发布后，“周边一阵欢呼声，好惊讶！”

尽管低定价并不代表特斯拉就是汽车圈专打“高价怪兽”的“奥特曼”，所谓白菜价捡辆豪车也只是中国车迷的一厢情愿，平价策略不过是特斯拉占领中国市场的一种手段而已。但是，此举确实颠覆了进口车在中国大陆暴利定价的惯例。2014 年 8 月 6 日，中国国家发改委召开新闻发布会，对外宣布已完成对克莱斯勒、奥迪、宝马等国际知名汽车品牌的在华垄断调查，此次调查主要针对这些品牌整车、零部件和售后服务的高定价展开。中国消费者对此次调查一片叫好。两相对比，特斯拉显然更胜一筹——不以垄断优势制定畸高价格，也不轻易大打价格战。

任尔东西南北风，我自岿然不动。以给客户带来极致体验为服务宗旨，特斯拉将互联网思维发挥到极致，这是创新的源泉，也是成功的关键。

第二节
汽车业的“iPhone”

作为一款欲撼动世界的纯电动汽车，目前特斯拉潮正席卷全球，特斯拉将给汽车行业带来颠覆性的改变。可以想象在不久的将来，特斯拉会起到火车头作用，成为引领汽车技术发展的旗手！特斯拉之于汽车，就像苹果之于手机，并被市场形象地称之为“电动车中的苹果”。

乔布斯曾对他的员工说，你得把 APP 图标做得漂亮到让我想把它吃下去。苹果成功的秘诀在于设计与工程的完美结合，特斯拉也将二者做到了极致。设计上，马斯克聘请了世界一流的设计师为其所用；工程上，马斯克大玩先进 IT 技术，特斯拉以智能为核心，开辟了智能技术新的应用领域，也带给人们新的启迪——未来世界的一切都将智能化。特斯拉的出现，让汽车突破了公路网的束缚，开始在互联网中驰骋。

马斯克，这个电动汽车界的天才令旗一指，特斯拉便“开进”了互联网。

一、“跟我去改变世界”

一个篱笆三个桩，一个好汉三个帮。现代社会，单枪匹马更难成就伟业。乔布斯如此，马斯克也不例外。

当年，乔布斯为了吸引约翰·斯卡利入伙，说出了那句让人至今津津乐道的话：“你愿意卖一辈子糖水，还是跟我去改变世界？”如今，马斯克也已经有足够的底气跟任何一个人来说这句话，而且他幸运地找到了属于他的帮手。

马斯克和特斯拉的成功，离不开其天才的灵魂设计人物：领导设计了特斯拉 Model S 的弗朗茨·冯·霍兹豪森。

霍兹豪森的设计学习生涯在帕萨迪纳艺术中心完成。期间，他有相当长一段时间在瑞典度过，“那是我完整接触欧洲文化的一段时间，或多或少改变了我的设计理念，融合进更多欧洲审美观。”回忆起学生时代，他感受颇多。

霍兹豪森职业生涯的开端是大众汽车公司助理首席设计师，参与设计了新甲壳虫汽车等众多项目。在大众工作 8 年后，霍兹豪森加入通用汽车，庞蒂亚克和土星都是他在通用期间的杰作。随后，霍兹豪森成为马自达的首席设计师。他在 2006 年发表的 Nagare 概念车、2008 年发表的 Furai 概念车，使其成为汽车设计领域的领先者。

霍兹豪森加盟特斯拉时，公司已发布第一款车型 Roadster，它几乎完全采用英国汽车品牌莲花的设计。马斯克表示，希望特斯拉的日后设计“全部由自己人完成”。这副重担理所当然落在了霍兹豪森的肩上。

霍兹豪森秉持的设计理念是将汽车设计比喻为“鲜活的雕塑流动体”。这在设计 Model S 时发挥到了极致——花大量时间不断在黏土模型上做尝试，测量表面、压力和重量平衡，雕琢外观以获得更好性能。灵感转化是霍兹豪森最享受的工作过程。“我们的总体目标，是将传统轿跑的设计，调试为特斯拉所具有的独一无二。”这位设计总监如此总结 Model S 的设计心得。

那么，如何理解霍兹豪森字典里的独一无二？事实上，这也正是让他最兴奋的一点——在他接手 Model S 时，恰是特斯拉快速成长时期，设计语言尚未定义。留给霍兹豪森的，是一个等待被创造性开发的处女地。如他所言：“最大的自由也是最大的挑战，让人无比兴奋。”

定义“独一无二”的设计语言时，霍兹豪森找到的着力点是结构：Model S 是一款颠覆性的车型，不仅采用电力动力系统，更在于工程和设计的完美同步。

贯穿始终的，是其设计团队和工程团队的密切沟通。据说，这部车的每一毫米，都历经设计团队和工程团队的严密核对。从侧面对比 Model S 成车与其设计原型，二者中线（从发动机罩到尾部）完全一致。

“这种团队合作是特斯拉独有的。”霍兹豪森说。惟其如此，才能让用户首肯其惊艳外观之余，也能对其性能赞不绝口。在某种程度上这种理念，反映出霍兹豪森的设计观——形式从属于功能。与动力工程团队密切合作，使设计不至喧宾夺主，背离初衷。这一原则，已成为特斯拉设计的核心理念。“这样的设计才是有意义的，可惜大部分好看的产品却并非如此。”他说道。

潜台词很直白，跟其他炒作概念的电动车不同，特斯拉不是花瓶，而是大户人家精心养成的内外兼修的“大小姐”——好看，而且内秀。特斯拉不仅是一件值得珍藏的艺术品，更是一辆实用的电动跑车。

此外，在霍兹豪森看来，设计与工程的密切合作，也是特斯拉作为电动车，要定义自身“绿色汽车设计语言”的某种必须：“我们想要设计的是有吸引力的一款炫酷车型，它只不过恰好是电动的而已。”如此，才能吸引每一个人。霍兹豪森认为，时刻提醒用户“看，我是电动车！”，反而容易招致反感。

在谈到自己的老板时，霍兹豪森说，他甚至知道整部车的“每一个螺栓”，且“随时愿意讨论整车设计中的任何一个部分”，这让霍兹豪森很是兴奋。他与马斯克的默契，让人不禁想起乔布斯和乔纳森的组合：

> 用户体验至上，对好设计有充分共鸣，且都是精确追求细节的完美主义者。这些共性让霍兹豪森成为马斯克不可或缺的臂膀。

事实证明，马斯克选人、用人的眼光堪称一流，霍兹豪森没有辜负马斯克的厚望。2012 年 6 月开始发售的特斯拉 Model S，几乎是霍兹豪森加入特斯拉以来的一份完美成绩单。这款完全自主研发车身的四门轿车，总长 4.976 米，乍看好似玛莎拉蒂 GT，线条动感，使人过目不忘。前脸造型则采用了自己的设计语言，而镀铬门把手在触摸之后可自动弹出，科技感十足。Model S 凭借其俊美的外形，一举拿下多个专业权威媒体评选的年度大奖。

Model S 之后，特斯拉推出了全新车型 Model X。这款大型 7 座 SUV 汽车搭载两部发动机，提供容量为 60 千瓦时和 85 千瓦时的电池组。由于与传统动力汽车的发动机和变速箱完全不同，Model X 内部空间十分宽敞，除三排座椅和后备箱外，原本安装发动机的位置也成为新的储物空间。而外观上的最大亮点则是类似奔驰车的鸥翼式车门。“Model X 将是 Model S 的延续。”霍兹豪森说，“我们会重视它的所有细节，因为确有所需。”

马斯克是个顾家的男人，老婆加上 5 个儿子，新款 7 座 SUV 正好解决了周末家庭出游的难题。

马斯克又是个有魅力的男人，对工程和技术的极致追求，能让杰出的设计师和工程师跟他“去改变世界”。

这个“改变世界”的队伍名单很长，名字很炫——苹果 Mac 系列硬件工程前副总裁道格·菲尔德，前苹果及 GAP 执行官乔治·布兰肯希普，恩智浦半导体前首席采购官彼得·卡尔松……

二、会“思考”的汽车

酷热的夏天，钻进汽车的一瞬间，你是否被车内的闷热憋得头昏脑涨？

严寒的冬季，打开车门坐上驾驶位，你是否被车内几乎冰冷到凝固的空气所慑服？

能否有一款车，在打开车门前五分钟就自动开启空调去热驱寒，省去严寒酷暑之苦？

能否有一款车，在坐上驾驶位的一刻，便已经将所要去地方的最佳路线选择好并呈现在眼前，免去手动设置之劳？

特斯拉能满足你一切要求，提供私人订制般的细致入微服务。

就仿佛一个蹒跚学步的婴孩终于能迈出第一步，马斯克决定做“与众不同”的汽车那一刻起，事情便与众不同。互联网汽车，就如同会“思考”一般，总能带给人更多惊喜。

那一刻，马斯克或许是这样想的——我的特斯拉应该是一个披着汽车外形的智能移动终端，或者直接把这个智能移动终端设计成汽车形状吧。

乔布斯用科技重新定义了智能手机，从而开创了一个时代。汽车和手机都是工业产品，只是功能不同，跳开以往的一切，在满足基本功能和安全的前提下，也可以赋予汽车更多的功能和更高的科技含量。如果仅仅是做一款电动力能源的汽车，马斯克怎么会被称为当代“钢铁侠”？

托尼·斯塔克在沙漠里造出的第一代“钢铁衣”仅仅是一副具有飞行能力的“盔甲”，但大玩科技的他很快就造出了更智能的第二代、第三代“钢铁衣”，加入了人工智能、超级计算机、图像识别、语音识别、GPS 定位、纳米技术等等一大堆超酷的“新奇玩意”。

当代“钢铁侠”马斯克也要做自己的酷炫“战衣”。从 Roadster 到 Model S，就像从只会飞行的冰冷钢铁到人工智能管理一切的活力铠甲，马斯克要做“独一无二”的电动车。

在马斯克及其工程师们看来，他们理想的 Model S 应该是一款“机械运动员”，而不仅仅是堆砌在一起的、外表华丽的钢铁。传统汽车负责“机械运动”，而 Model S 还承载了“员”的职能。所谓“员”，就是智能化，就要跟人员一样会思考。霍兹豪森在解析 Model S 集外形、性能、智能操控于一体的整体设计时，将自己的设计目标比喻为“打造一款机械运动员”，“做完美运转、为特定目标而生的高效代言”。

也正因此，Model S 整部车最让马斯克自豪的设计部分并非曼妙至极的外观，而是它的智能化远远超出人们对汽车的想象。特斯拉是一个拥有汽车外形的智能硬件。当所有人对车的概念都被禁锢于现有汽车模型上时，马斯克创造了全新的汽车驱动系统和控制系统。与其他所谓增加了智能元素的汽车不同，特斯拉视智能硬件为其心脏。也就是说，在其他品牌看来，智能硬件只是增加汽车卖点的元素，而在特斯拉看来，即便不把汽车当做智能硬件的附属品，也至少应当把智能硬件与汽车对等看待。

全新的人机交互体验是关键。驾驶特斯拉的感觉就像开玩具赛车，这得益于马斯克对用户体验的极致追求，他几乎去掉了传统汽车上所有影响驾驶体验的部分。特斯拉杀死了“按键”，本身就是一部加强版的智能手机——它有着一块让人过目不忘的触摸式液晶屏，比 iPad 大了近 2 倍。浓烈的科幻气息为特斯拉电动汽车的高端定位又增加了许多筹码。就像所有 IT 产品应具备用户友好性、可扩展性一样，这个触摸屏可与用户友好交互，系统可持续升级，因而具有较长生命力。

特斯拉搭载了自己的智能车载系统，集成了车辆行驶模式调节、灯光、用电状况、导航、音乐、电话等功能于一体，还可实现分屏显示——马斯克将之形容为“我们自己的 iPhone”。它通过免费的 3G 模块实时连接互联网，而它背后更是一个开放的 Linux 平台，地图、语音识别和音乐等优秀的应用已经构建在这个平台上。就像苹果 APP 商店那样，没有想不到，也没有做不到，只有层出不穷的无限创意不断带来全新的体验和惊奇！也难怪会有媒体将特斯拉看做“汽车工业的苹果”，认为它代表着汽车业发展的光明未来。

云服务是特斯拉被称为“iPhone”的另一个原因。关于特斯拉汽车的云服务，有这样一个经典故事。2013 年 2 月 8 日，《纽约时报》汽车专栏的一位记者对特斯拉做了一次测试，然后写了一篇几乎想把特斯拉置于死地的文章。文章的核心观点是：特斯拉的续航时间没有宣传中说得那样长，而且在低温条件下表现非常差。这位记者说他的特斯拉在跑到没电后，被迫叫来卡车来拖走，他声称马斯克的电动车只是有钱人的玩意，还要申请联邦贷款，完全无视民生。

报道出来后的第二天，马斯克就在推特上表示自己稍后将会写文章来进行回应。过了两天，他写了一篇长博客来驳斥《纽约时报》的报道。马斯克引用了大量的行车数据，来证明那位记者说了谎。原来，特斯拉汽车的云服务中心会记录每一位司机的一举一动。对比这些数据，那位记者的行车测试几乎漏洞百出。

事情最后以《纽约时报》公开道歉收场，而马斯克则逮着机会就和媒体记者说“那人是个笨蛋”。这个故事说明，马斯克在跨界创业时并没有忘记自己出身于硅谷，没有抛下互联网技术。如同使用 iPhone 手机，可以随处登录苹果云端服务一样。将汽车行驶数据自动同步到云端，利用云服务来改善用户体验，就能使到处奔跑的特斯拉汽车始终与智能“大脑”相连。

其实，云服务的核心就是可以随时随地访问。马斯克将云服务应用于特斯拉汽车，就如同我们的手机、笔记本和 iPad 一样，使其真正成为互联网世界的一个节点。用户可以在任意地方，利用手机登录云服务中心，查看自己特斯拉汽车的状态，电量是否充足，车门是否锁好等等。当然，用户也可以在远程通过手机操控特斯拉车载系统，打开空调，通风换气。

无数人在看着特斯拉成长，期待它在未来带给世界一个又一个的惊喜。它必将用自己未来极其辉煌的事实，来证明自己，创造一个又一个的人类奇迹，攀上一个又一个的新高峰！

想象一下，也许下一次马斯克推出的新款特斯拉就能跟你聊天。又或者，随着无人驾驶技术的飞跃发展，马斯克的特斯拉或许真的会成为实实在在的佣人——自动识别出正在走近的“主人”，从停车位自动驶出来，停在路边，为主人自动打开车门……更甚至，你的下一辆特斯拉会跟“擎天柱”、“大黄蜂”们一样威武。

马斯克可是个敢想就要去做的家伙！智能化电动汽车，不是马斯克给特斯拉穿上的互联网营销马甲，而是给电动汽车市场服下的定心丸。

第三节
革命性的创举

善弈者，谋势；不善弈者，谋子。

马斯克可能并不知晓中国围棋，但他绝对是一个把握局势、预见趋势的高手。尽管马斯克最初设想特斯拉成功的最终可能性“低于 50%”，他还是对特斯拉充满信心。因为他知道，没有人会怀疑清洁的电力是未来的发展方向，但最大的不确定性在于历史进程的时刻表，即这种转变发生的时间与速度。马斯克要做的，只是在“落子”时略施良策，扭转乾坤，改变人们对电动车落后、低性能的传统思维。

有人说，特斯拉是一部具备颠覆意义的伟大汽车。它已经颠覆了人们百年来对于汽车的观念，颠覆了汽车，很多创意都让人惊叹不已。特斯拉具备历史颠覆性的方面体现在用户体验、动力、专利、营销模式等多个方面。

一、用“硅谷模式”来造车

汽车行业已经很久没有大的变革了，现在就是时机。“从福特发明汽车以后，这一百年汽车基本上没有改变。”回顾汽车行业发展历史，除了外观设计更好看，质量更耐用，功能更强劲之外，再也没有真正意义上的改变。

虽然电动车这种新能源汽车一度被认为是汽车工业的未来趋势，但在实际研发过程中，存在许多问题，所以许多传统汽车厂商并不看好。在马斯克接手特斯拉后，他提出“硅谷颠覆底特律汽车中心”口号，这让那些传统汽车巨头们嗤之以鼻。特斯拉的思想是以“硅谷模式”而非“底特律模式”来制造汽车。

马斯克不仅是个营销高手，善于制造噱头，他还是一个执行力超强的实践者。极简主义、用户定位、多终端的连接，通过整合众多 IT 及汽车制造技术，马斯克给汽车换上互联网“内核”，玩得不亦乐乎。

事实上，特斯拉的风行代表了一种趋势，那就是科技与传统行业融合创新的潮流。

就像我们很难说清楚苹果手机的核心竞争力在哪里一样，特斯拉的优点也不能简单用时尚、环保或者技术先进来概括。通用汽车公司前 CEO 丹尼尔·埃克森对特斯拉很是警惕，他说：

“我们要注意特斯拉的颠覆，历史的垃圾箱里堆满了忽视颠覆者的教训。”

特斯拉在用不一样的互联网思维做汽车。它在很多地方做出了颠覆，包括强实用性、极致的细节以及营销方式的独辟蹊径。一旦确立好这些点之后，它的所有技术都围绕这个方向组织。等传统汽车厂商反应过来时，已经来不及了。它的卖点，是新颖的外形和先进的车载系统，或者换句话说，它有点像用互联网思维重铸了人车交互界面以及绿色环保的理念。

“特斯拉是一个非常重要的信号，汽车要与互联网相连，这个产品本身会发生质变，发生质变之后，这个产业将有一个大的洗牌。”

这种洗牌可能强烈刺激宝马等汽车巨头，并在这种压力下引发改变整个汽车行业的集体变革。

一辆互联网思维做出来的汽车，兴冲冲地奔驰而来。我们关注它，是因为我们关注科技、梦想还有未来，或许还有其他。至少此时，特斯拉不再是一辆汽车，而是对平庸现实的完美跨越，是映照未来的明镜，是将一切不可能切换而成的可能。

在很多汽车巨头眼里，马斯克还是一个跳梁小丑。对于众多的质疑，马斯克一笑而过。在他看来，具有硅谷基因的特斯拉和这些传统汽车厂商并不具备可比性。

尽管丰田、福特等众多厂商已经开始亦步亦趋，试图想要追上电动汽车的潮流，很显然他们并不会在短期内达到特斯拉的高度，因为他们缺少创新基因，不懂互联网思维。马斯克曾用刻薄言辞对比特斯拉与底特律的传统汽车工业：

> 如果底特律能够推倒重来的话，特斯拉就是它的终极梦想——更酷，更绿色，总部设在一个更适合居住的城市。

特斯拉蕴藏着人们对自由、现代、速度和舒适的一切向往。对“极客”而言，它不仅仅代表了一种舒适、环保的生活方式，更代表了一种颠覆的态度。如果你崇尚环保主义、又难忍其他纯电动车蜗牛般的提速；如果你欣赏极简低调的酷炫设计，又爱追逐最新的电子玩具，那么特斯拉就是你的完美车型，即便它的软件还不够成熟，即便它的服务还有些不如意。

如果说2007年苹果公司发布iPhone手机时改变了整个手机行业，那么特斯拉公司目前的主打车型Model S则颠覆了整个电动汽车行业，直接将电动汽车从低端和玩具印象的泥淖中拯救出来。

顶着互联网的光环，特斯拉来了，电动汽车的春天还会远么?

二、不花钱才是最好的营销

“广告是要花钱的，不花钱的才是营销。”互联网出身的马斯克深知口碑对产品营销的重要，更明白如何制造舆论占据报纸“上头条”，免费为自己的产品创造关注度。毕竟，眼球经济和粉丝经济堪称互联网时代的大杀器。有了眼球关注，就有了粉丝追随，也就有了发展活力和潜在市场。

拥有“狗一般灵敏的商业嗅觉”的马斯克对特斯拉的商业定位是：先笼络富人，然后在他们的言传身教下，逐步让普通民众接受电动车。

潮流往往是富豪带动起来的，时尚也总先发迹于贵妇圈。

马斯克认为，新产品不一定非要大众化，100 多年前汽车刚生产出来时也只是属于少数人。这并非是说要剥夺大众的使用权利，而是作为一件新的工业产品，应有一个逐渐发展和普及的过程，如果过早考虑普及成本，发展会遇到非常大的阻碍。为了增加粉丝关注度，马斯克甚至动用了好友圈的广泛影响力。

2008 年，第一款特斯拉全球量产版电动敞篷跑车 Roadster 发售，好莱坞明星汤姆·汉克斯、乔治·克鲁尼、施瓦辛格纷纷买入，硅谷大佬如拉里·佩奇、谢尔盖·布林也鼎力相助。马斯克调动一切力量，把特斯拉推到大众的视线里。来自硅谷的技术大咖和好莱坞引潮流之先的娱乐明星们不约而同地选择特斯拉，正是对其最佳的赞誉——互联网时代的时尚美，总要充满科技乃至科幻味道才过瘾！

大量明星客户不但为特斯拉建立了优质的车主群体，还提供了资本的来源。从目前来看，他的这一策略出奇制胜。特斯拉的首批试用者都具有相当的影响力，他们在社交媒体上的传播为特斯拉带来了超强人气和口碑。

但粉丝经济是把双刃剑，用好了伤人，用错了伤身。并不是说有了粉丝就有了市场，高水准的产品才是让粉丝买账的关键，才是将潜在市场化为购买力的根源。粉丝经济在中国早已落地生根。2013 年，湖南台推出系列真人亲子秀节目《爸爸去哪儿》，瞬间红遍大江南北，最高收视率高达 5.3%，吸引了大批粉丝和拥趸。湖南台审时而动，以极低投入在几个月内完成并推出《爸爸去哪儿大电影》。这部衍生自综艺节目的大电影在银幕上大获成功，狂揽7亿元票房。究其成功原因，粉丝买账是其一，另一个重要原因则是电影版《爸爸去哪儿》延续了电视版一贯精良的制作风格和水准。

马斯克颠覆营销模式的另一个手段是在传统媒体上广告投入几乎为零。特斯拉不做任何电视广告，也不做任何平面媒体广告，更没有花钱找任何明星做代言。可以说，马斯克自己就是特斯拉最好的代言人，他那些具有传奇色彩的过去，以及如科幻小说般描绘的未来梦想，传播甚广。

在特斯拉的品牌传播上，马斯克充分展现了他的营销天赋。他亲自为特斯拉站台，投资并客串好莱坞电影拍摄；他常常在媒体上谈论他的过去和特斯拉的未来。在特斯拉电动车的创业故事里，马斯克扮演的也更像乔布斯在苹果扮演的角色：一个布道者。他不断向媒体、向大众阐释特斯拉的理念和精神，不断说服人们相信电动车是不远的未来，并不断回击媒体对特斯拉的攻击。

2014年7月11日，马斯克确定捐资100万美元用于建造尼古拉·特斯拉博物馆。该博物馆由创作互联网漫画《Oatmeal》的艺术家马修·英曼发起。出于对尼古拉·特斯拉的热爱，英曼买下了这位发明家生前用过的实验室，并准备将之打造为一个博物馆。但英曼在筹集资金时遇到了困难，于是他向特斯拉公司发出请求。马斯克慷慨解囊，答应捐资100万美元，唯一的条件是要在博物馆停车场建造一个特斯拉超级充电站。

互联网营销，马斯克玩绝了！

三、开放技术，拥抱未来

我们常说一句话：最一流的企业做的是平台，做的是生态系统，他们可以创造一整个产业。当马斯克决定开放所有专利技术的时候，他已经成为电动汽车平台的首创者和推动者，特斯拉也就拥有了更光明的未来。

实际上，以“硅谷模式”打造汽车的马斯克要做的不是汽车制造企业，而是制定标准、注重体验，然后邀请全世界参与其中。据统计，特斯拉汽车的生产有来自日本、美国、法国、瑞士、瑞典、韩国等地的 14 家企业参与零部件供应，包括横滨轮胎、松下电器、瞻博网络、直觉软件、达索系统、博格华纳、伟世通等，这些供应商涵盖了包括轮胎、锂电池、软件开发和汽车变速器供应等多个领域。也正是这种全球供应链的模式，使得特斯拉敢于开放自己的专利技术。

2014 年 6 月 12 日，马斯克用一个文艺范的开头——我们的所有专利都归你了，向全世界宣布特斯拉将开放自己的专利，以推动电动汽车技术的进步。马斯克认为，开放专利只会增强而不会削弱特斯拉的地位。他说，技术领导地位不取决于专利，而取决于一个公司吸引和调动人才的能力。

“如果我们的目标是创造令人惊艳的电动车，而我们的知识产权仅仅被用来抑制后来人，那我们的行为则是在违反我们的初衷。”

如此高见当然应该点赞，毕竟仅靠专利就横扫天下绝非易事。而且，技术的封闭容易使人沉睡在功劳簿上，最终阻滞技术的进步。

不同电动汽车生产商和不同国家对充电桩技术采用的不同标准，使本来就小众的各种电动汽车不能共享充电设备。至今，特斯拉在中国也只能在北上广等极少数一线城市充电，极大影响了用户的兴趣。特斯拉开放技术的意图是从两个方面打破充电的僵局。首先，充电技术开放可以强烈地刺激充电桩产品的标准化，通用充电桩可以使电动汽车行业原本割裂的充电设备资源整合为所有用户所共享的通用资源。其次，电池技术的开放使电动汽车制造总体成本降低，成本和售价降低引起的用户群体增大，会反过来刺激更多的资金涌入充电行业，使电动汽车和充电桩的增长互相促进、形成良性循环。

有多少充电桩就有多少特斯拉。如果靠特斯拉自己建桩，也许500年才能建成汽车加油站那样的规模。开放技术让全世界企业都加入，统一标准的充电站可能很快遍地开花。当你在高速公路上发现连串的充电桩，当你面对价格不贵、性能还更好的电动汽车，你还会不买呢？开放的平台，低准入门槛，只用标准的协议规范接口等，这完全就是在用做安卓的思路搭建做电动汽车的生态。

开放技术，特斯拉已经将未来拥入怀中。马斯克的话里已经透着玄机：

> “我们本着开源精神开放了我们的专利，目的是推动电动汽车技术的进步。”

第四节
移动的绿色未来

中国黑豹乐队有一首摇滚名曲《绿色劫难》，唱出了能源危机下人类黑暗的未来："贪婪席卷了所有，使一切凄凉，我们记忆中，只剩下昨日美丽的衣裳；风暴撕碎了所有，我那绿色的梦想，请快快住手，在这世界尽头"。

绿色环保才是人类的未来。全球开采石油是十分危险的，人类只有一个大气层，只有一个地球，不应该和大气层玩俄罗斯轮盘游戏。

由于全球石油危机和日渐严重的大气污染，燃油汽车的未来似乎跟有限的石油资源一样必将走向没落。而新兴的清洁能源汽车，越来越受到政府的支持和环保主义者的重视，很多嗅觉敏感的汽车商家也在加紧研发更加绿色的电动汽车。

一、“电”“油”大战百余年

人们熟知的是，历史上第一台内燃车是由德国工程师卡尔·奔驰于 1885 年在曼海姆发明的。人们不知道的是，电动汽车的诞生时间比内燃车还要早得多。苏格兰人罗伯特·安德森早在 1832 年到 1839 年之间就发明了使用一次性电池的汽车。

1888 年电动汽车和内燃汽车两者几乎同时进入商业化进程，“油”“电”第一次战争正式开始。最初的一段时间里，尽管最高速度稍慢一些，但电动汽车由于具有无需换挡，直接启动等先天性优势，发展居于领先地位。

1912 年，电动汽车卖 1750 美元（相当于现在的 42000 美元），而内燃汽车只需要 650 美元（相当于现在的 15000 美元），但当时汽油相当昂贵，总体成本相差并不大。1911 年的《纽约时报》曾写道，“与燃油的内燃汽车相比，电动汽车无疑是理想的交通工具，它既清洁又安静，关键的是还可以省不少钱。”所以，尽管电动汽车的价格较贵，电动汽车的销量还是在 1912 年达到顶峰，当年美国和欧洲电动汽车的保有量大约 5 万辆，占了整个汽车数量的 40%，而内燃汽车只有不到 22% 左右的市场份额。

到了 20 世纪 20 年代，随着遍布全球的石油大发现，汽油的价格很快降到大众可以负担的水平。新的道路、加油站等基础设施如雨后春笋般冒出来。配套辅助设施更完备让内燃汽车可以跑得更快更远，火花塞、消音器的发明也让内燃汽车驾乘变得更为简单舒适。电动汽车开始走下坡路，又过了 10 年，电动汽车产业事实上已经在全球完全消失。

随后，在漫长的岁月里，由于石油危机和污染问题，催生了一些电动汽车需求，但新的电动汽车续航能力不足和价格昂贵这两大顽疾，令电动汽车无力向内燃汽车的地位发起挑战。不过，经过一个世纪的发展，相对于内燃发动机而言，电动汽车在某些方面也拥有了一些比较优势，采用电动机驱动的汽车在同等功率下动力输出更加强劲，能源效率更高。另外，电动汽车的结构简单，无需传统意义上的变速箱、传动系统、离合器，也不用机油，从而故障率也大大降低，减少了保养维修的成本。但是，1990 年至今的复兴进程，仍然没有一款电动汽车获得主流大众市场的认可，究其原因，电池和充电基础设施建设的滞后拖了电动汽车发展的后腿。

2014 年，电动汽车 175 岁，内燃汽车 129 岁。在过去的百余年里，“电”“油”之战从未停息。“油”车赢了市场，人类却有可能输掉未来。谁能拯救地球，谁能抚慰伤痕累累的大气层？人们翘盼着英雄驾七彩祥云而来。

二、特斯拉的绿色未来梦

那个大英雄如期而至，不同的是，它脚下踏着的是“绿色祥云”。

如今，特斯拉汽车带着特立独行的性格，以入侵者的姿态颠覆了传统汽车制造业，带给人们全新的驾驶理念，更带来了人类绿色的未来。

驾驶内燃汽车是活在过去，驾驶特斯拉才是未来。特斯拉重新定义了人们对于一辆电动车甚至一辆汽车的认识，其意义如同

iPhone 上市对摩托罗拉和诺基亚手机的影响一样。十年后，也许特斯拉会改变大家对主流汽车的认知。特斯拉已经给我们做出了榜样，单次充电可驾驶近 400 公里，45 分钟快速充电，同时他们还在研究一种 5 分钟快速充电技术，自建充电站为客户提供能源续航保障等。

特斯拉成立之初，马斯克就制定了未来的发展规划。首先，特斯拉会小批量制造高价跑车，来证明电动车的可行性，并且逐步打开这个市场，第一代跑车 Roadster 肩负着这一使命。第二阶段，特斯拉要把消费群体扩大，造出性价比更高的车，并逐步实现盈利，这是 Model S 和 Model X 的任务。第三阶段，特斯拉将通过规模效益把成本压缩到 3 万美元以下，从而全面取代汽油车。

如今特斯拉正走在自己发展规划的第二阶段，其营销的进展也基本上符合预期，特斯拉的粉丝群体正在从最初的明星达人慢慢切入到主流市场。到 2020 年，按照计划，特斯拉的超级电池工厂将年产 50 万个锂离子电池。这比 2013 年全世界汽车供应商所生产的锂离子电池总和还要多。

马斯克认为，一直以来，有限的电池供应阻碍了电动汽车快速扩张的脚步。特斯拉想通过自己生产电池这一举措，掌控命运。如果一切顺利，马斯克离他的终极目标就不再遥远。

当有限的石油资源最终枯竭的那一天，当大气污染令无数生命逝去的那一天，人们才会猛然醒悟绿色的电动车取代内燃汽车的重要性，马斯克也表达了他的愿望：

> “在我们看到所有路上的车都是用电驱动之前，我们不会停止努力。”

第六章
SolarCity：光伏界的“特斯拉”

“未来看太阳。”

——伊隆·马斯克

当特斯拉在全球掀起一波投资狂潮之时，马斯克旗下的另一家光伏公司 SolarCity 也引起了市场的强烈关注。上市仅仅一年多的时间，SolarCity 的股价从 8 美元一路上涨至近 80 美元，风头不输特斯拉。

作为一家集太阳能发电系统设计、融资、安装和监控服务为一体的提供商，SolarCity 主要通过与终端消费者签订能源采购合约（PPA）收取租赁费。它还与投资方共同享受政府的返现、税收补贴等。同时，住户以支付月费的方式租赁太阳能电池板，省去了购买设备和安装的大笔开支。凭借该模式，SolarCity 逐渐发展成备受外界看好的“光伏界特斯拉”。

随着特斯拉汽车的超级充电桩建设如火如荼地展开，作为其最重要的能源供应商，SolarCity 正要再度上演特斯拉奇迹。

第一节
最炫太阳风

在马斯克进入之前，不仅是电动汽车，饱受行业周期之苦的还有太阳能。这个脱胎于半导体行业的新兴产业，所经历的波动比汽车行业更为猛烈。

近年来，全球光伏产业一片哀鸣，曾经红极一时的明星级光伏企业纷纷倒闭和破产。在全球太阳能行业的愁云惨雾中，以往名不见经传的 SolarCity 却一枝独秀，迅速崛起，成为与特斯拉电动汽车公司并驾齐驱的另一个“反周期公司”代表。这家位于加州的公司，不仅将业务延展到美国东部马萨诸塞、纽约等地区，并且说服了谷歌等互联网大公司与其联合成立清洁能源基金。更酷的是，这家公司还与美国军方有业务合作。

SolarCity 是一家轻资产运营的公司，没有固定产业，办公室全部租赁，只有 570 辆工作车，公司 10 位高管大多是高科技公司出身，只有两位来自于光伏行业。它的发展速度让人称奇，目前已成为美国最大的分布式光伏供应商，2012 年营收超过 1.5 亿美元，并通过 23 个投资基金共融资 15.7 亿美元，目前手中还有 6.48 亿美元未花，政府各类补贴已累计 2 亿美元。

2004 年，时年 27 岁的林登·赖夫正哼着歌曲，开着一辆房车前往内华达州的黑岩沙漠狂欢节。当时的他已经是硅谷 IT 公司 Everdream 的联合创始人和首席执行官。这家公司向小企业出售桌面管理服务，企业经营得很不错，但赖夫心理始终有一个空没有填满。就仿佛悬空的石头，惴惴不安却又无处安放。

常理看，27 岁的青年，事业有成，正该是及时享乐、潇洒人生的时刻。但“少年负壮气，奋烈自有时”，总有人生来就是要做一番事业的。赖夫所忧心的是自己还能干点什么？

“除了这个互联网公司，我还能不能在别处找到自己的存在感？”赖夫问坐在副驾驶位置上的表哥。此时他表哥给了他五字箴言：“未来看太阳。”这五个字的建议在数年后创造了一家价值 66 亿多美元的公司，平均算下来，每个字都价值连城。目前，这家公司正在重塑美国人获取电力的方式。

九年后，赖夫仍旧清晰地记得那次旅行途中发生的全部细节。“就好像有个 Bug 要修复一样，这个 Bug 就是我们必须改变通过化石燃料获取能源的方式。”2013 年夏天他在曼哈顿喝咖啡时说。“我们就是需要。”他说得很坚决。

赖夫的表哥就是马斯克。一直以来，赖夫十分崇拜他的表哥。不像马斯克的经历那般丰富传奇，赖夫不是个发明家，也不是技术天才。他没上过大学，在南非时差点被所在的高中开除。甚至他都不是通过技术实力获得美国签证，而是通过自己的水下曲棍球技术，这是项很少人知道的运动。

但是，赖夫一直对非传统商业机会感兴趣，与马斯克一样，喜欢面对一些看起来不可能的挑战。所以当马斯克提到太阳能时，赖夫对这个建议很认真，尽管他对太阳能市场所知甚少。

2006年，在马斯克巨额投资的帮助下，林登·赖夫和哥哥皮特·赖夫一起创立了一家专门发展家用光伏发电项目的公司——SolarCity，总部位于加州福斯特城。马斯克是公司的最大股东，担任董事会主席；林登·赖夫担任CEO，负责提供理念；皮特·赖夫担任COO兼CTO，负责提供技术。

与所有初创公司一样，SolarCity公司的业务模式也在不断演变。马斯克发现人们对于突然要为自己已经拥有的服务投入大笔资金感到不舒服，于是推出了一个新的服务模式。SolarCity不卖太阳能电池板，而是免费为人们安装到屋顶，然后以具有竞争力的价格每月把电力卖给用户，这样用户原有的生活保持不变，但使用的能源却变成了太阳能，而SolarCity也实现了安装量。

这一举措不仅使热爱分期付款的美国消费者可以大大减少首次支出比例，还会使SolarCity达到盈利的“细水长流”。随后几年间，它还加入了其他方案，包括与汽车公司的类似租赁协议。很多情况下，特别是像加州这样阳光充足的地方，用户最终付出的费用甚至比没有装太阳能的时候还要低。

SolarCity上市时，投资者对其前景存有争议。有人评价SolarCity是个“主攻提供租赁和筹措资金业务的银行”。不过，用户却爱上了这个善于在屋顶上打租赁战的“轻骑兵”。SolarCity发现，近两年超过90%的新客户选择了光伏租赁，而不是选择用现金一次性购买太阳能系统。

目前，SolarCity 公司在加州、亚利桑那州和俄勒冈州等 14 个州的 500 个社区提供服务，并积累了 3.2 万家客户。他们为住宅提供电费更便宜的太阳能电池板，这样 SolarCity 迅速成为美国最大的住宅太阳能安装者。SolarCity 已经控制了美国 25% 的住宅太阳能安装市场，并瞄准在 2018 年发展 100 万客户的长远计划。

为了适应不断增长的业务需求，SolarCity 甚至每天都要新雇佣 10 个人。自 2012 年上市以来，它的市值已经翻了数番，使其成为特斯拉之后最热的清洁能源股。

近些年，有一些初创企业采用了类似 SolarCity 的商业模式，包括 SunRun、Sungevity 和 SunPower，不过 SolarCity 拥有的市场份额最大，现在它雇佣自己的员工来安装并维护太阳能电池板。这种模式的负面之处在于它的发展需要巨额资本，好处是可以建立完整的服务品牌，用户可以识别并信任该品牌，就像既有硬件又有软件的苹果，或是特斯拉。

SolarCity 品牌已经得到认可。其实，自打成立之初，“华尔街就没有把它当做一家光伏企业看”。因为 SolarCity 本质上并非光伏企业，它只是以太阳能用户为终端市场，这也是它能做到逆势上市的根本原因。2013 年 5 月 17 日，高盛集团宣布将为 SolarCity 提供 5 亿美元太阳能工程融资，成为公司有史以来最大一笔融资，高盛的背书使得公司股价再涨 11%。

如果继续以现在每年 40% 的速度增长，美国太阳能产业将产生数十亿美元的价值。当问及 SolarCity 最终会做到何种程度时，马斯克没有犹豫。“我认为它会成为美国最大的电力公司，”他说，“要努力跟上国家对清洁电力逐渐增长的需求。”

第二节
租个屋顶来发电

一、不走寻常路

当大多数新能源企业无法避免商业和经济周期的影响，在集体下行的轨道上挣扎时，SolarCity公司是如何做到独善其身？为何在一些光伏企业纷纷破产、一片颓废低迷之势下，它能成功登陆纳斯达克，成为太阳能“新贵”？

在被视为前景广阔的清洁能源领域，马斯克再一次将创新发挥到极致。在一些太阳能行业人士看来，SolarCity的亮点就是其新颖的商业模式。与一般意义上的制造商不同的是，SolarCity将注意力放在应用端，从而避免了产能过剩的制造环节里的激烈竞争。

SolarCity仿佛是一个崛起的太阳能城市。太阳能以其资源丰富、可再生、无污染、装配方便、无需操作等特点，具备有成为未来主流电力的潜力和优势。但一般的光伏制造业，却始终逃脱不了“成本与价格赛跑”的厄运，稍有不慎就伤筋动骨。相反，光伏制造业的诅咒却是光伏发电业的福音，快速下跌的组件成本逐渐让光伏发电具备和传统能源发电分庭抗礼的能力。

显然，光靠安装太阳能设备，SolarCity比拼不过那些传统行业的竞争对手。SolarCity正在以清洁电力直销，从美国传统发电、传统电网、传统加油站等数个年产值近万亿美元的广阔市场中抢夺份额，进而使得整个美国能源结构正在悄然生变。

SolarCity让人兴奋的不仅是它能提供更低的价格、更清洁的能源，还在于它的商业模式。SolarCity的运作模式类似于房地产业，甚至一度被称为“屋顶开发商”。实际上，SolarCity独特的商业模式是其得以在一片“红海”的太阳能市场中显眼的原因。当决定避开太阳能生产设备的残酷竞争，在光伏租赁上寻找蓝海时，SolarCity至少已经成功了一半。

用赖夫的话说：

> “在历史上，太阳能行业曾被分为生产端、安装端或是收费端。这些都是垂直业务。不过大部分上市公司都在生产端，但生意艰难。现在产业之间的分界线不是那么清楚了。我们做的是能源提供商，只是在你需要使用的时候提供服务。”

《孙子·军争》曰：“故善用兵者，避其锐气，击其惰归，此治气者也。”SolarCity初入光伏行业，便认清了自己的实力所在，不去光伏制造业的战场断杀，选择在能源提供领域寻找战机，所以它能成功。

二、我的模式我做主

由于光伏系统价格不菲，很多用户不愿意一上来就支付巨额的购买费，因此，SolarCity 的主要业务是向太阳能光伏系统生产商购买光伏系统，然后转租给个人或企业用户并提供安装等周边服务，通过周边服务的附加值将产品提价并从用户手里赚取差价。

作为系统集成商，SolarCity 的业务主要由三部分组成：一是光伏系统安装及销售，二是光伏租赁和 PPA（电力购买协议），三是能效提升（节能）服务。第一类业务是过往的主要收入来源；第三类业务占比微小，但有潜力；重点是第二类业务，也是 SolarCity 商业模式的核心，目前的收益已占 SolarCity 总收益的 50% 以上，新增客户中有 90% 选择了该模式。

通俗地说，SolarCity 第一类业务模式类似于“万科模式”，追求的是“货如轮转”，随着光伏组件成本的不断降低，作为系统集成商，更容易获取较高的毛利率；第二类业务模式类似于“万达模式”，追求的是建立起能带来稳定现金流的资产池和可供后续开发的客户池（涉及第三类业务）。光伏租赁和 PPA 业务需要沉淀大量的资金，来抢建光伏系统和抢占市场份额，以培养出能带来稳定现金流的资产池，并期待一个价值反转。

光伏租赁业务是 SolarCity 的独创业务，主要是针对居民项目。在光伏租赁模式下，SolarCity 与居民用户签订 20 年协议，为居民用户建设及维护屋顶光伏系统和提供发电服务，房主以 55 美元的固定月租费租赁太阳能光伏系统。

SolarCity 对发电量做出保证，若未达到发电量，SolarCity 需补偿。电表采用净计量电表，居民用户只需支付用电量的电费。用电量超过发电量时，居民用户向电力公司购买相应电力；发电量超过用电量时，居民用户则会得到一个基于零售价格的信用额度（可在下期使用）。

在使用 SolarCity 的光伏系统后，居民用户大幅节省电费，并从每月节省下来的电费拿出一部分支付给 SolarCity 作为光伏租赁费（租赁费率根据是否提交少量安装费而定）。使用这类光伏系统的多为拥有别墅的中产阶级，每月提交的电费减少了，又能用上绿色电力，何乐而不为？

PPA 主要应用在 SolarCity 的商业项目中，实质上也是通过提供低价绿色电力来吸引商业客户。这种模式由银行融资或合资，SolarCity 建设、运营电站，从而将自己从简单的安装者变成了太阳能“包租婆”。而终端用户——如沃尔玛商场或者家庭，只需要为使用的电量付费即可（通常要低于当地电价）。

由于美国加州等地区工商业或居民用电比较贵，在系统成本较低的今天，SolarCity 等公司通常可以提供给 PPA 客户很有吸引力的电价。对于客户来说，实际上只是出让了屋顶的位置，便会有价格便宜的绿色电力使用，可以省下不少电费。

另一方面，对于银行等融资方来说，PPA 相当于一个固定收益产品——PPA 合同长达 10~20 年，电是必须消费的能源，系统本身既有保险又有美国能源部的背书，因而几乎不存在违约风险。

自 2008 年独创租赁模式后，表现平平的 SolarCity 摇身变成高富帅。利用租赁模式实现资金周转与房地产商如出一辙。该商业模式的逻辑是通过政府光伏补贴吸引消费者，将购电合同的未来收益通过投资基金货币化，以货币化回收的资金再投资，达到滚动规模化发展。

对于居民而言，只要开放你的屋顶，便会有价格便宜的绿色电力使用。针对租赁业务，SolarCity 还研发了一套名为 PowerGuide 的家庭能源监测系统，客户可以实时查看净发电量和二氧化碳排放量。

不过，发展此类业务也有个必要条件，就是必须拥有能迅速评估出屋顶项目价值的软件系统。有了这类评估软件，消费者和 SolarCity 之间可以免去许多交易成本，消费者可以到网站上填写资料，评估系统马上给出评估结果。对自家屋顶有想法？动动手指上网就能知道结果。这样的便利性是 SolarCity 得以顺利推行屋顶生意的有利因素之一。

SolarCity 的未来发展战略，主要包括拓展客户、提供价格更低的光伏能源、提供增值服务和拓展地域等方面。在拓展客户方面，SolarCity 招聘更多的销售、营销和运营员工，在更多地区建办公室，获得银行新的资金支持以及与军队的 SolarStrong 计划或者其他合作，来不断拓展业务和客户。

在提供价格更低的光伏能源方面，SolarCity 通过三大途径来降低成本从而获得更大的业务量和客户，即面对供应商时提高自己的购买能力、开发专有软件提高团队运营效率，以及与基金投资者合作开发有创意的融资方法从而减少资本成本。

在提供增值服务方面，SolarCity 计划持续投资和发展更多的补充性增值能源产品和服务，包括能源存储和管理技术等。同时计划将节能服务拓展到商业客户。在拓展地域方面，SolarCity 计划拓展到光伏源能较普通能源更有性价比优势的新区域。

第三节
当好特斯拉的“桩家”

网络世界流传着一个故事。马斯克问道于牧师：“我已经很有钱了，可还是想把电动汽车做好，哪怕不赚钱也行，我应该怎么做呢？”牧师拿出一个袋子让马斯克把屋子里的垃圾装进去，马斯克很快就装满了，牧师又拿出一个袋子说：“装，你继续装！”马斯克沉思半天，恍然大悟道：“原来关键是‘桩’呀！”

调侃的背后，道出了电动汽车发展的关键：便捷快速、无处不在的充电网络。汽车是交通工具，不能充电的电动汽车不是好汽车，没有实际意义。

一、欧美“绿色”大动脉

车是铁，电是钢，没有电的特斯拉会心慌。充电桩的数量决定

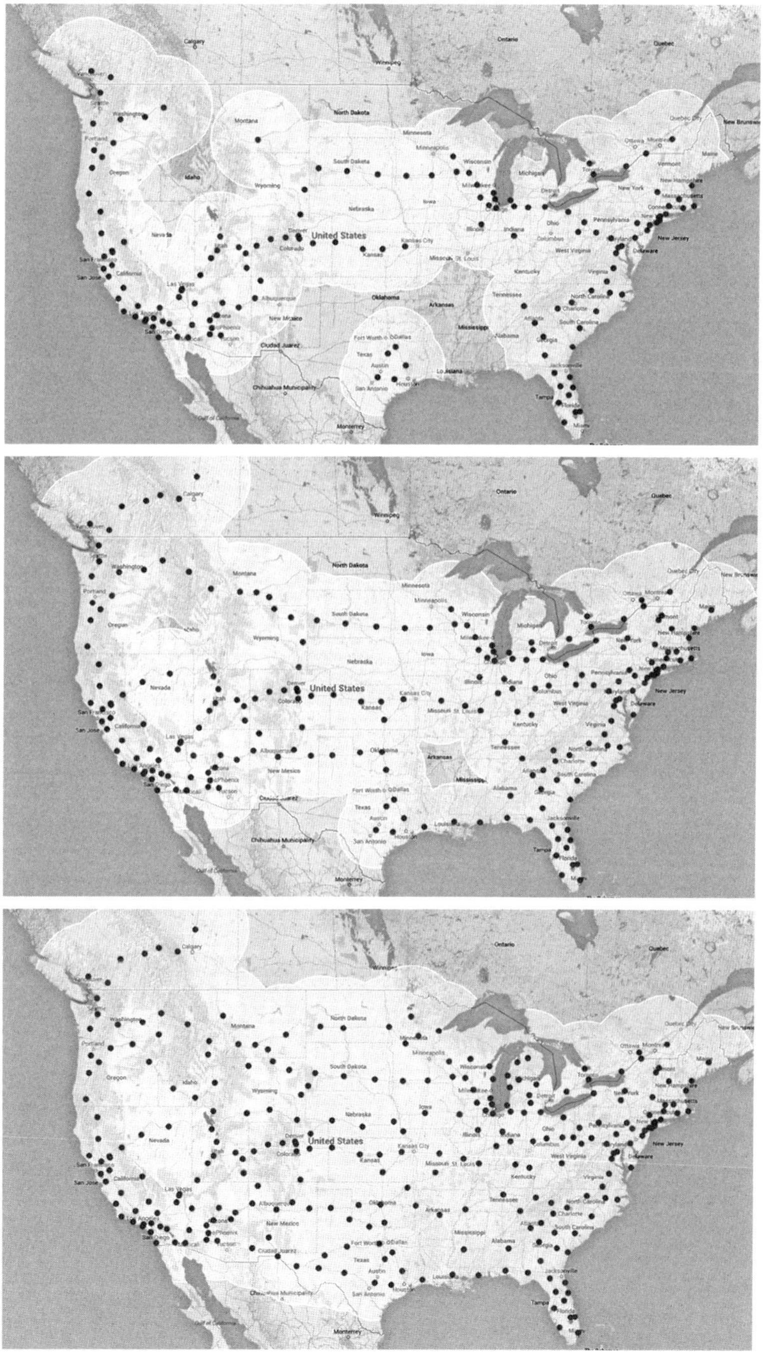

美国充电网络：目前建好（上）、即将应用（中）、2015预计（下）

了电动汽车的使用范围，从而在根本上影响愿意购买电动汽车的用户数量。如果在充电桩布局上遇到困难，无疑会成为特斯拉面临的最严重挑战之一。

虽然特斯拉的充电技术可以使汽车在20分钟快速充电后就能行使300公里，远远优于竞争品牌充电所需的1小时时间和150公里续航里程，但300公里以后又该如何呢？总不能带着充电器，在电力耗尽后随机敲开路边一户人家，一脸真诚地对好奇的主人开口借电吧："您好，我车没电了，找您借点儿。"

有多少充电桩就会有多少特斯拉，SolarCity则是特斯拉最好的"桩"。同属传奇人物马斯克旗下公司，提到SolarCity的同时，几乎所有人都会自然而然地联想到特斯拉。在马斯克的宏图规划中，这两家公司可谓"打仗亲兄弟，上阵父子兵"。

SolarCity日前开始采用特斯拉蓄电池技术进行24小时不间断的屋顶供电，特斯拉则选用SolarCity作为充电桩建设的重要能源供应者，可以说二者已经很难明确分清是谁在帮助谁，谁在取用谁的技术。

只羡鸳鸯不羡仙，多少家电动汽车公司对特斯拉能有SolarCity这样一个"亲兄弟"而垂涎三尺。

2009年，SolarCity公司建造的电动车充电通道在旧金山至洛杉矶之间的101高速公路上投入使用。往返于这两个城市之间的特斯拉汽车用户可以通过设在充电通道里的充电设施进行免费充电。

当时，SolarCity公司在101高速公路上共建造了5个充电站。每个充电站能够提供240伏、70安培的快速充电服务，能够在3个半小时内为纯电动汽车特斯拉 Roadster 充满电。建设之初，该充电通道仅能兼容Roadster车型所使用充电器。但是SolarCity

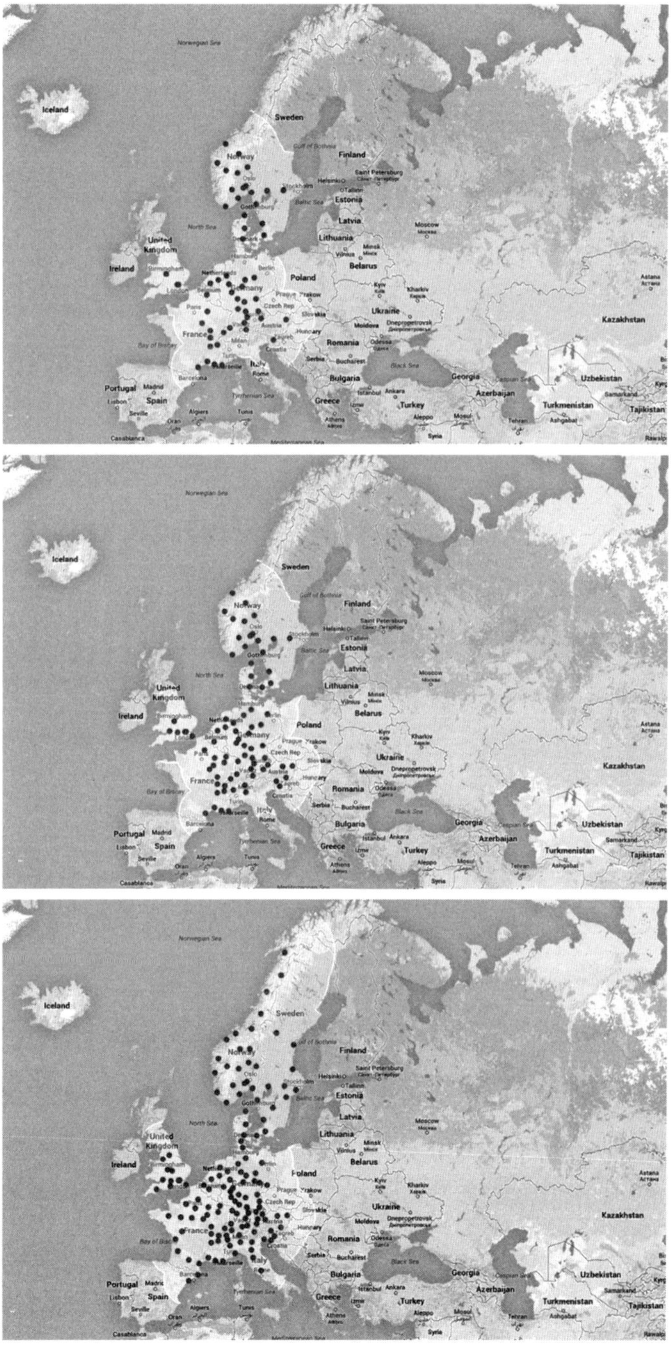

欧洲充电网络：目前建好（上）、即将应用（中）、2015预计（下）

公司表示，一旦通用充电器投入使用，他们将立即把充电站的充电器更新为通用型。

2012年，特斯拉揭幕了一直在秘密建设之中的“超级充电网络”的前6个电站，使拥有特斯拉的用户在加州、内华达州，以及华盛顿特区和波士顿间的东海岸沿线部分畅通无阻。超级充电站是一种快速充电站，可以在约20分钟时间内为Model S充满最多一半电量，充电速度约是大多数公共充电站的10倍。这样一来，Model S车主就完全没有了出行的后顾之忧。他们可以连续驱车3小时，用20~30分钟的午餐或咖啡时间充电，吃完回来时又可以继续上路。

2013年，特斯拉扩大了“超级充电网络”，计划在全北美的各个角落，从温哥华到墨西哥，从纽约到迈阿密全安装这些电站，同时也将在欧洲和亚洲开始布局。马斯克构建全球电网帝国的魄力跃然纸上。届时，特斯拉用户将不花一分钱就能开遍全世界！超级充电网络的电力也是来自SolarCity。采用太阳能电力，使得这套系统在安装之后的能源成本几乎为零。由于它们产生的能量多过用户驾驶所需，这个“超级电网”在供给汽车电力的同时甚至还可以发电。

2014年1月26日，马斯克在推特上透露，特斯拉要举办一项横跨美国大陆的电动汽车竞速赛，1月31日从洛杉矶出发，2月2日到达纽约，全程近6000公里。特斯拉派出两支车队参与这项赛事。同时，马斯克还将利用假期，亲自与家人一起完成了一次由洛杉矶到纽约的公路旅行。

通过赛事或旅行，马斯克最想彰显的是其刚建成的横跨美国东西海岸的“充电走廊”。截至2014年8月，特斯拉已经在北美建立了109个超级充电站，已覆盖美国80%的人口居住地区，这一进度比原计划提前一年。而在不久的将来，这个数量会更多——马斯克宣称，到2015年，超级充电桩在美国和加拿大的覆盖率将达到98%。

客观地说，这个超级充电网络体系比目前世界上已有的任何一个充电系统都更加强大，它的功率可达到120千瓦，并且在半个小时的充电之后就能让车辆继续以96公里的时速开3个小时。利用SolarCity提供的“超级充电网”，特斯拉汽车可以让用户走到任何地方。

马斯克憧憬说：

> “特斯拉的超级充电站网络将会是一个永远的改变电动车产业的平台。我们将把驾驶特斯拉的长距离旅行变得和所有开常规汽车的旅行一样方便。而且，在我们的平台上，你从美国东岸一路开到西岸不用花一分钱，而这对任何其他的汽车都是完全不可能的。”

在美国建设汽车充电网络的同时，马斯克并未停止发展的脚步。2014年1月21日，特斯拉宣布新建了连接荷兰、德国、瑞士和奥地利的6个新超级充电站，至此，其在欧洲的充电站达到14个。预计到2014年年底，特斯拉超级充电网将覆盖德国100%的人口生活区域。

马斯克这个天使般的奇才，他的魔法棒唤出了“太阳神”，泽洒美利坚，福临欧罗巴。SolarCity成为特斯拉无处不在的后援团，为特斯拉茁壮成长输送“绿色血液”。

二、雾霾“终结者”

相信不少人还记得发生于2013年底的那场大范围、高烈度雾霾。从京津冀到沪宁杭，连成片的雾霾严重影响了人们的生活。据专家分析，那次大范围雾霾的一个突出特点是二次污染占较大比例，其中尤以汽车尾气、燃煤等产生的二氧化硫、氮氧化物为主。

一时间，传统能源汽车成为千夫所指的罪魁祸首，电动汽车则成为国人冲破雾霾的希望所在。从国家到各地政府纷纷将研制清洁能源汽车列为下一步的工作重点。世界知名车企也把电动汽车的“宝”压在了中国市场，预测未来中国市场将有大幅增长。德国大众、日本丰田、日本本田等均计划在两三年内将纯电动汽车或混合动力汽车投放到中国市场。

在这场押宝赌局中，特斯拉以“庄家”的身份掌握了牌局话语权。2013年，特斯拉在中国开设了首个Model S车直销店。更重要的是，截至2014年8月，特斯拉已在中国北京、上海、杭州、广州四个城市建好了超级充电站。这意味着，特斯拉在中国不再是一个昂贵的大玩具，其实用化向前迈出了一大步。

“庄家”坐“桩”。马斯克手握特斯拉和SolarCity两张大“王”，一把好牌打得虎虎生风。有分析人士预测，2014年特斯拉在中国的销量将达到8000辆，占据中国电动汽车四成以上的市场。

2014年4月，马斯克首度造访中国时表示，利用SolarCity技术建设超级充电站可以进行24小时不间断供电，使用太阳能等可持续资源进行充电才是终极解决方案，靠燃煤发电不是电动车的意义所在。随后，特斯拉全球销售与服务副总裁杰洛姆·古里安

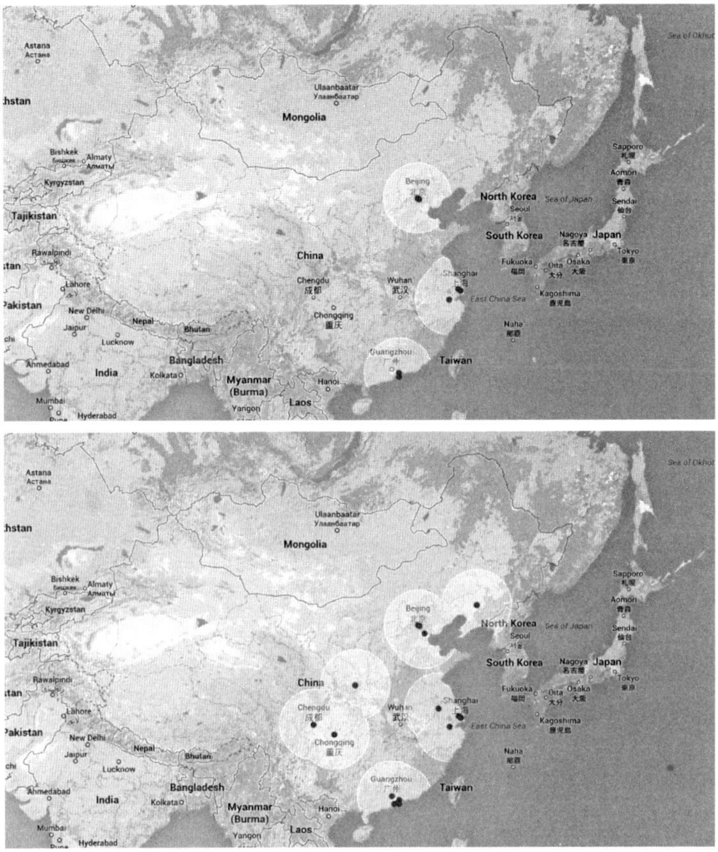

中国充电网络：目前建好（上）、即将应用（下）

在 7 月份访华时再次表示，“我们希望通过不断努力，让更多中国用户可以尽早体验驾驶 Model S 的乐趣，享受绿色出行所带来的效率收益”。

利用太阳能享受绿色出行，这已成为特斯拉在中国不断推广的理念。太阳能源自 SolarCity，绿色出行依靠特斯拉。这种趋势的逐渐普及，将让清洁能源汽车在中国不断推广开来。

2014 年 5 月，一位特斯拉车主驾驶他的 Model S 汽车从北京启程返回广州。由于中国没有美国那种横贯东西的超级“充电走廊”，他决定自己亲自动手，前后购买了20个特斯拉充电桩，并加以改装，使其能同时兼容其他电动车充电。这些普通的充电桩并不是超级充电桩，也就是说其电源不是来自SolarCity技术，而是需要酒店、饭店等场所供电。

这条连接北京到广州的南北充电通道还仅仅是一条“京广羊肠小路”，谈不上什么新的“京广大动脉”。但试想十年以后，中国拥有了更多的超级充电桩，中国的马路上处处可见电动汽车的身影，那蓝天白云还会远么？

SolarCity，特斯拉的福音，绿色环保的天使，大气污染的“清道夫”。

雾霾“终结者”，“光伏”助力！

第七章
SpaceX：疯狂飞天梦

“只要我能够负担，我不会计较这笔钱是否能够回收，因为它非常值得。”

——伊隆·马斯克

自从被全球“极客”、“创客”和科技人士奉为圭臬的乔布斯驾鹤西去后，科技圈仿佛一下子“此地空余黄鹤楼”，似乎没有人能够坐上头把交椅，引领潮流。群雄四起、霸主真空的后乔布斯时代谁能再造辉煌，成为新的“天选之子”？这一疑问并没有持续太久。长江后浪推前浪，马斯克这位集程序员、演员、创业者、投资人于一身的人物，已冲在历史洪流的最前沿，发出耀眼的辉芒。

弄潮儿向涛头立，手把红旗旗不湿。汽车、光伏、太空，这些看似与IT相距甚远的行业，在马斯克手里却产生了千丝万缕的联系。发轫于X.com的特斯拉、SolarCity、SpaceX，互联网思维无处不在，创新精神永续传承。

X寓意着未知、创新、冒险。X.com到SpaceX，是“未知”的循环，是“创新”的继续，是“冒险”的征途，更是马斯克对事业、理想、人生的执着——永远上路，才能永远在路上。

这是一段关于梦想与实现梦想的故事。

你有过梦想吗？你有没有想过这辈子逃出地球，去外太空看一看？也许在普通人看来都是一个梦，但梦或许也有成真的那一刻。

第一节
我的梦想是星辰大海

就像是一个天生赌徒，马斯克梦想远大。长期以来，他对火星上存在生命的可能性十分感兴趣。他认为在天灾和自我毁灭（如核战）的威胁下，移民其他星球是我们人类文明得以延续的唯一方法。而成本和技术限制是人类星际航行的真正障碍。他的目标是将发射费用降低到当时商业航天发射市场的十分之一，并计划在未来研制超巨型火箭用于“火星移民”。

与互联网技术一样，探索外太空也是马斯克在学生时代看好的领域。通常，这样的想法说给任何一个人听，都会被当做是痴人说梦。马斯克也未能例外，但这个念头并未因身边那些不以为然的讥哂而磨灭。直到在他看到贝宝公司几乎叩开纽交所的大门时，他从心底又翻出了这个埋藏已久的念头，这个梦想再一次浮出水面。

那一年是 2001 年，马斯克正值而立。贝宝即将上市前夕的一天，马斯克与他大学的老友阿迪奥·睿西开车从纽约驶向汉普顿。这位老兄也刚在繁荣的互联网经济中捞了一大票，他们开始思考怎样用不同寻常的方式炫炫富。“当我们开始谈到太空时，就像讲了个笑话，这太贵太复杂了。”睿西回忆说。如同所有峰回路转的传奇故事一样，仅仅又开了几公里之后事情便发生了转机，“可能也没那么贵那么复杂吧”，开出纽约时，“我们决定，去全世界转转，看看太空里有没有什么能做的”。

“想”和“做”之间不是只有几公里的距离。对普通人来说，想和做的区别在于大脑思考后，是否会继续发出一个控制肌肉行动的指令信息，而马斯克这种怪咖的不同在于，想和做是一体的。想到的一瞬间，就已经在做了。

马斯克于是打开电脑，登上 NASA 网站，搜索载人火星计划，发现竟然还是一片空白。“我以为它们已经在去火星的路上了，结果什么都没有。”马斯克回忆说。依据早年的估计，载人火星任务需要花费数千亿美元，华盛顿政客们认为批准如此高昂的联邦预算，将会成为政敌攻击自己的靶子，这无异于吞下政治生涯的毒药，埋葬自己的仕途前景。接下来的事情就很显而易见：NASA 没有预算，于是载人火星任务就被迫终止。马斯克对 NASA 的表现异常失望，他把这视作美国已失去探索太空意愿的表现。年轻气盛的马斯克决定凭一己之力成为火星探索的开拓者。

一个月后，正在犹他州的航天顾问吉姆·坎特雷尔接到一个陌生电话，电话中的人“很狂妄”地说自己是一个“互联网亿万富翁”，要跟他谈谈。这事发生在中国的话简直不可想象——陌生电话的另一端是一个陌生的“亿万富翁”，典型的骗局。但成就伟业的大人物们总有其独特之处。坎特雷尔耐心地听完了“亿万富翁”在电话里的畅想，“我要把人类变成跨星际物种”，然后要求“周末见一面”，还表示：“我有私人飞机，可飞去你家。”这个打电话的亿万富翁当然就是马斯克，坎特雷尔的回答也很酷：“不，我们在盐湖城机场见。”

马斯克跟坎特雷尔见了面，发现彼此志趣相投，大有相见恨晚之感，当即便一拍即合，决定组团研究一下去火星要花多少钱。睿西回忆说，当时想的只是“买支火箭，装只老鼠或粮食作物，送上火星，引起公众关注，然后告诉全世界，有两个有钱的家伙能去火星”。也就是说，马斯克当时还只是想着“玩儿”一次火星探索任务。但坊间也有人分析，永远不要低估马斯克。这个发迹于硅谷的家伙，这么做可不是为了“玩儿”那么简单，而是打算用互联网营销的方式来一次赚取眼球赢得关注的机会。深谙互联网之道的马斯克明白，眼球经济、粉丝经济是当下互联网时代的重要内容。赢得了关注，又何愁不会有市场，也无须担心难以获得成功。

马斯克最初的想法被称为“火星绿洲”，一个融技术创造力和创业领悟力于一体的天才创意。他计划将一个载有玻璃温室的小型着陆器发射到火星表面。着陆器触地时，包裹在脱水营养凝胶中的种子将自动活化，随着多叶植物萌芽、生长、繁荣和枯死在火星表面，着陆器会传回全过程图像和数据。这是一项很有趣且值得投入的研究，能够揭示向火星移居生物并维持生命延续的许多高价值信息。

很快，着陆器计划方案就已经敲定，技术挑战已经解决（例如克服植物对低压环境的敏感性等），着陆器成本也已降低到马斯克的预算范围之内。但当马斯克和他的团队想找枚火箭把整件作品发上天的时候，真正的问题来了，发射成本贵得离谱。最便宜的美国运载火箭也要价 6500 万美元，超出可接受的范围。而且万一第一次没成功，第二次尝试就能让马斯克破产。

就好比你打算自己做一顿丰盛晚餐请女朋友吃，已经买好了红酒、蜡烛和食材，却发现家里的厨房不能用，那心情可想而知。不服输的马斯克开始全世界地逛火箭市场，欧洲火箭要价太贵，他们只好转道去俄罗斯试试运气。马斯克得到消息，俄罗斯有一种用洲际弹道导弹改制的火箭，单枚仅要价 700 万美元，马斯克决定掏钱买下 3 枚。“俄国人在每个人面前都摆了两瓶伏特加，每两分钟邀请我们举一次杯，喊着‘为了太空’、‘为了美国’，把我们全放倒了。”坎特雷尔回忆。丘吉尔曾说：“大国和大国之间没有永恒的朋友，只有永恒的利益”，商场亦如是。马斯克这个商业天才，这一次被俄罗斯人涮了个底儿朝天。马斯克前后去了 4 次俄罗斯，最后一次，马斯克带上 2100 万美元现金，俄罗斯人却说：“不，小男孩，我们说的可是 2100 万美元一个，你的钱够吗？”这也不难理解，抛开商业因素不说，美俄几十年的老对手，虽然当时“度尽劫波兄弟在”，正在联手大搞国际空间站，但俄罗斯人私下里难免还是有些“疙瘩”存在的。

自信的马斯克当然不会甘心被人玩弄，他怒气冲冲地返回美国，发誓要自己造出物美价廉的火箭。当时的俄罗斯人并不知道，他们的一时贪利，却激活了马斯克的梦想，给自己埋下了一个未来的强劲对手。

第二节
进军航天

其实，马斯克早已发现运载火箭的秘密，俄罗斯人的临阵变卦只是完成了临门一脚，把马斯克踢进了自己造火箭的大门。

在奔波于美国和俄罗斯、寻找从地球到火星的运载火箭时，马斯克发现了一个惊人的事实：火箭技术自20世纪60年代以来，再无重大改进。更有甚者，那些大公司们依然在使用20世纪60年代生产的火箭发动机。大型航天企业不愿冒险尝试新技术、倾向外包一切以增加利润的种种做法，令火箭成本层层叠高。

“我们需要将火箭技术放置到一条快速推进的畅途上。”

马斯克决定改变这个产业格局。他认为，高效制造火箭似乎毫无障碍，与其花大价钱买别人的过期货，不如革新现有技术使其成为一项事业，把火箭价格降到合理的水平。于是，在飞往伦敦的飞机上，马斯克对坎特雷尔说：“哥们，咱们自己干吧！”这就是创业家的特质，发现了市场就要去抢占，以免“苦恨年年压金线，为他人作嫁衣裳”。

进军航天再度创业，马斯克趁雷欲上九霄，蓄势待发……

依靠敏锐的嗅觉，马斯克在贝宝身上赚了一大笔钱。对于大多数人而言，到了这个份上，尽早退休是不二之选。毕竟“火色上腾虽有数，急流勇退岂无人”，美国谚语也说“Content is better than riches”（知足胜于财富）。但如果每个人都这么想，那世界前进的脚步必将踯躅不前，马斯克显然是那种能拽着世界前进的人。若以财富来衡量一个人的价值，马斯克无疑已经是一个成功者。但是，他并未停下脚步，因为他要开始他的下一次冒险。贝宝让他有足够的资本去造汽车、造火箭——这两者都需要巨额资金，巨大到足以让他倾家荡产。马斯克说：

> **“回头想想，将所有的未来赌在火箭和电动汽车上很冒险。但若我不这么投入，才是最大的冒险，因为成功的希望为零。”**

就在退出贝宝前夕，马斯克已经开始部署自己更具“野心”的太空计划。可以说，在拿到这笔钱之前，他已经想好要怎么花。

2002年1月圣诞节假期，马斯克来到巴西里约热内卢度假。里约的海滩和日光浴令人着迷，耶稣像俯瞰之下，是遍布各处的白色沙滩。阳光总是那么灿烂，细细的沙砾折射出略带慵懒的悠闲气质，还有蔚蓝的大海中散落着点点白帆。

当时，马斯克正躺在里约热内卢的一片海滩上晒太阳。与那些尽情享受这般惬意的人不同，他并没有在沙滩上戏水、打球，或者欣赏亮丽的比基尼风景。他的手边摆着一本严肃得不能再严肃的书——《火箭推进基本原理》。如果你在这样的环境下看到一个这样的人，你会怎么想？不要拿自己在春运回家的火车上翻看《高等数学》以制造与旁座姑娘搭讪机会的行为来类比！在马斯克看来，他翻开的不是身边美女们的好奇心，而是自己的梦想。

马斯克是学物理出身不假，但从来都不是火箭专家。后来曾有人问过他，怎么才能造出火箭？

他的回答简单却信息量极大：“读很多书，见很多人。”

马斯克的书架里几乎全是火箭教材（平时他大多通过iPhone手机来体现对普通阅读的如饥似渴），有介绍发射液体推进剂的，有介绍推进剂成分的，还有一本书名为《结构：为什么东西不会散架》。最终，马斯克读遍了火箭相关的教程，列出了造火箭的计划进度表。这是他与乔布斯的不同之处：苹果公司的技术灵魂是沃兹尼亚克，乔布斯只负责管理和提供灵感，而马斯克本人就是一位天才的、富有创造力的工程师。这就像回到了硅谷起源的半导体原初时代，“创世纪”是由工程师罗伯特·诺伊斯、戈登·摩尔和安迪·葛洛夫开辟的，随后才有大量投资人、金融家涌入。

读过书后，马斯克带着几亿美元去各大航天公司游说，兜售自己的想法，到处挖墙脚。当那些同样怀揣航天梦却因大环境而郁郁寡欢的技术专家见到马斯克时，自然对这样一个性格坚毅、资本雄厚的人丧失免疫能力。当然，也许起初那些技术专家们只是认为马斯克这个“半路出家”的火箭爱好者“人傻钱多”，他们可以借助马斯克的金钱实现自己的航天梦。但初衷已不重要，毕竟后来的事实证明，马斯克是发自内心地热爱航天，那些专家们也确实死心塌地开始佩服他。SpaceX 公司历经九死一生后，成功发射了火箭。不过，这是后话。

在当时，私人搞火箭就仿佛是一场玩笑。全世界只有屈指可数的几个国家掌握了可靠的火箭发射技术，而且都是倾尽举国之力才得以实现。成立私营太空发射公司的举动让马斯克成为旁人眼中的疯子。但马斯克向世人表明，他不是疯了，只是疯狂罢了：造火箭只是他实现火星梦的第一步，下一步他要造飞船。在人类历史上，除他之外，能将宇宙飞船送上天的，只有少数几个国家和组织；而还能成功收回来的，就只剩下美国、俄罗斯和中国。而他，一个只有物理和经济本科学位的人，任凭怎样的天才和富有，似乎都只是天方夜谭。

毕竟，谁见过一只蚂蚁能举起一头大象？

第三节
梦想照进现实

然而，命运又一次青睐于马斯克。中国成语“马到成功”仿佛就是为他准备的——马斯克踏足到的行业都获得了成功，航天也不例外。

不过，伟大的故事总是伴随着曲折，也只有唯其艰难才能衬托大人物的不同凡响。就在SpaceX发展如日中天时，马斯克又遭遇到了新的挑战——不是资金短缺，也不是技术瓶颈，而是来自美国航天英雄对航天技术私营化的反对。人类历史上第一个踏上月球的航天员阿姆斯特朗等美国航天勋臣公开批评由私营企业推进美国航天工作，称此举将危及美国在空间探索领域的主导权。

对此，马斯克回应称，这些老航天员都是自己心目中的英雄，他们的批评让自己颇感难过，他希望阿姆斯特朗等人能够亲自来SpaceX参观，看看SpaceX团队为此付出的努力，相信他们能够改变之前的看法。看来，光环下的马斯克也有着常人难以体会的无奈和伤感。高处不胜寒，以科技力量擎起人类前行的“钢铁侠”也难免孤独。

在马斯克的所有创新中，可重复利用的火箭可能是对传统科技最大的颠覆——让火箭返回地球陆地，而不是像其他火箭那样最终坠毁于海洋或荒原。SpaceX 正在进行中的“蚱蜢”计划是马斯克愿景中的一块重要拼图。它是加装了着陆架、可以垂直起降的猎鹰 9 号火箭第一级，发射到一定高度后，能够横向机动飞回基地，并在此过程中保持竖直姿态，展开着陆架垂直降落。简单来说，以前的火箭在发射后，其第一级只会在惯性作用下落入一个可能的预定区域。而马斯克要做的则是将火箭第一级设计成具有机动能力的飞行体，使其在完成运载任务后，自动飞回指定的固定位置——你可以将其想象成一架飞机！与此并行的还有可回收型猎鹰 9 号垂直起降试验和火箭第一级海面软溅落试验，最后实现全箭的回收和重复使用。许多航天工程师认为火箭的回收再利用不但不会节约成本，反而会增加成本。但马斯克却不这么认为。如果获得成功，火箭就可以像飞机一样重复使用，这听起来才像是真正的太空时代。

除了这些试验遭受质疑，马斯克“在 20 年内移民火星”的言论也颇受非议，甚至连他的崇拜者都觉得太过科幻。马斯克说：

“如果我们可以把一台汽车大小的机器（火星车）送去火星，我们就能够送人上去。……正如当时我们去月球一样，虽然只有极少数人能够登月，但在某种意义上，他们代表了全人类。我希望，我们将来

能够以更好的方式去探索外太空，而不是去破坏它、征服它。”

“这有点像1969年登陆月球，将让所有人，包括没有登陆火星期待和不参与其中的人们，经历一次有趣的伟大探险。”马斯克认为，

移民火星计划若成功，就是给全人类买了“人寿保险”，为全人类提供了二次生命选择的机会。

实际上，做着太空梦的科技亿万富翁有很多，他们形成了一个俱乐部，被称为“太空极客”和“新太空资本家”。他们的童年都热爱科幻和太空探索，少年时代目睹过“阿波罗”登月，他们富可敌国，可以玩卫星和火箭，也有钱雇用顶级的人才。他们坚信“摩尔定律”：技术以幂次方速度更新，价格则快速下降。火箭业也不应该违背定律，但现实是火箭成本越来越昂贵。他们还有社会理想，要让大众享有太空权。当然，这背后意味着巨大的商机。

这些“太空极客”包括微软公司联合创始人之一的保罗·艾伦、亚马逊公司创始人杰夫·贝索斯、谷歌创始人拉里·佩奇和《毁灭战士》游戏的制作者约翰·卡尔玛克等，他们先后涉足商业太空发射领域。这股力量的崛起，吸收了曾经环绕在政府资助的太空探索壮举周围的能量与热情，也让私人资本进入太空从想象开始变得可能。一时间，“闯荡太空”好像成为了富人的潮流。不过，马斯克从不认为他们是对手：“我不认为有什么无聊的竞赛，我们的竞争者不是保罗·艾伦和布兰森，而是波音、洛马和一些

大型航空航天企业。”而对于开始商用发射的维珍银河公司，马斯克的说法颇具外交辞令。“我们不完全处于同一领域。布朗森开发的是一种低轨道飞行系统，只能持续5分钟时间。他希望创造一些有趣的体验，这很好。但我不认为我们是竞争对手。”可以看出，他尽量注意不去贬低维珍银河公司老板理查德·布兰森等人的成就，他觉得客户们可能在尝试了亚轨道飞行后不过瘾，希望利用SpaceX的业务进行地球轨道飞行。

从X.com到SpaceX，马斯克似乎与X杠上了。这一次，他想征服太空，这个“疯子”的野心早已超出了这个星球。着迷于未知世界的他，为新的公司取名SpaceX，依然有个“X”。

人都有梦想，在实现梦想的路上，体会那起起落落的心和不得已的坚强，就算失望也不能绝望。难能可贵的是，马斯克用切实可行的步骤来实现梦想，而不是躺在梦想上面睡大觉。

生命的霞光融化了征途的风霜，马斯克的太空梦想已经起飞。

第八章
“野蛮人”闯进航天工业

“如果有一件事情你认为足够重要，那么就值得尝试，即使最可能的结果是失败。”

——伊隆·马斯克

让时光回到2002年，马斯克还只是个在互联网泡沫破灭前捞到一笔的亿万富翁，顶多算个IT精英。他还没有失败过，也没有尝过濒临破产的滋味，没有经历过大起大落。在此之后，他将经历这一切，也将拥有常人难以企及的成就。他始终不认为自己是商人，甚至说开公司不是为了赚钱而是为了实现他改变世界的梦想，他坚称自己是一个有创新精神的、疯狂的、执着的工程师。曾经有人问过马斯克，你有宗教信仰吗？马斯克毫不犹豫地摇摇头："我只信仰物理学。"

实现梦想的过程一路荆棘。马斯克确实非常适合跟那些根基稳固的老牌航天公司对抗。同他们较量需要有非同寻常的自信心，壮士断腕的意志力和面对强敌的无所畏惧。这些正是后来把马斯克推上巅峰的品质，也是让他成为众矢之的的原因。

第一节
马斯克踏足之前的航天界

“地球是人类的摇篮。人类决不会永远躺在这个摇篮里，而会不断探索新的天体和空间。人类首先将小心翼翼地穿过大气层，然后再去征服太阳系空间。”

人类航天之父、苏联火箭专家齐奥尔科夫斯基这个浪漫的梦想激励着一代又一代人，推动着航天事业向前发展。

在普通大众的脑海中，对于航天和航空的概念区分并不是很清楚，有些新闻媒体也常常把两者搞混。“航天”和“航空”虽一字之差，却分属两大技术门类。1981 年召开的国际宇航联合会第 32 届大会，将陆地、海洋、大气层和外层空间分别定义为人类的第一、第二、第三和第四环境。“航空”是指人在大气层中的飞行活动，包括使用飞机、飞艇、氢气球等各种飞行器，现代飞机的飞行高度一般不会超过 30 公里。“航天”泛指航天器在地球外层空间至太阳系以内的航行活动。陆、海、空、天是人类活动的四大疆域，而第四环境是随着航天技术的诞生而出现的。航天技术亦称空间技术，主要研制人造卫星、载人航天器、运载火箭及导弹武器。

一、世界航天简史

航天思想萌芽于古代人们对太空的向往。纵览中国古代神话史，“女娲补天”、“夸父逐日”、“嫦娥奔月”……中国古人“飞天”的浪漫设想，不绝于耳。战国时期，诗人屈原在《天问》中表明了中华民族对“天”的丰富想象。从公元 4 世纪到 14 世纪，敦煌地区的石窟中保存着的众多飞神形象，将佛教的飞天与道教的飞仙完美融合，堪称世界美术史上的一个奇迹。

航天离不开火箭。火箭是现代发射人造卫星和宇宙飞船的运载工具，现代工业的兴起使人类遨游太空的想法得以从幻想转向科学探索。然而，火箭最早却是我们祖先发明的，像“神火飞鸦”、“飞空砂筒”、“震天雷”等都是古人运用火箭的实例。

美国航空航天博物馆的照壁上有一句醒目的话：最早的飞行器是中国的风筝和火箭。

公元 10 世纪，北宋军官冯继升曾向朝廷献过火箭及火箭制造方法，从而出现了人类历史上最早、最原始的“火药箭”。那时的火箭通常用纸糊成筒，把火药装在筒里压实，绑在细长的箭杆上，靠点燃药筒的引线，用弓发射出去。后来，人们在原始火箭的基础上做了改进，将火箭直接装入杆中间，爆时声响很大，借以恐吓敌人。

第一个想到利用火箭“飞天”的也是聪明的中国人。虽然具体史料已不可考，但我国航天事业的奠基人钱学森先生曾给年轻人口述过“万户飞天”的故事。公元15世纪，明朝士大夫万户熟读诗书，却不爱功名。他最感兴趣的是古人发明的火药和火箭，想利用这两种具有巨大推力的工具，再加上风筝的力量“飞天”。经过充分的准备工作后，万户选择了一个黄道吉日，手持两个大风筝，坐在一辆捆绑着47支火箭的蛇形飞车上。然后，他命令仆人点燃飞车背面的火箭，仆人却说自己害怕。万户笑道:“飞天，乃我中华千年之夙愿。今日，我纵然粉身碎骨，血溅天疆，也要为后世闯出一条探天的道路。你等不必害怕，快来点火！”仆人们只好听命，用火把点燃了火箭。只听“轰”的一声巨响，顷刻间，飞车已经离开地面，徐徐升向半空。正当地面的人群发出欢呼的时候，第二排火箭自行点燃，突然横空一声爆响。只见飞车变成了一团火，万户从燃烧着的飞车上跌落下来，重重地摔在万家山上。万户是世界上第一个利用火箭向太空搏击的英雄，虽然失败了，但他反映了人类的探索精神，被公认为“真正的航天始祖”。为了纪念这位世界先驱，国际天文学联合会将月球上的一座环形火山命名为“万户山”。

19世纪末20世纪初，在一些工业比较发达的国家涌现出许多富于探索精神的航天先驱。他们对航天事业的早期发展作出了重要贡献，影响最大的就是齐奥尔科夫斯基以及罗伯特·戈达德、赫尔曼·奥伯特。他们开始研究和解决航天的科学理论和技术问题，最早的工业研究则始于第二次世界大战末期的德国。

二战结束时，苏联获得了德国研制V-2火箭的硬件设备，而德国火箭专家沃纳·冯·布劳恩则带着一百多名优秀的下属横渡大西洋，后来主导了美国国家空间计划的方向。苏联空间计划的奠基者是谢尔盖·科罗廖夫，此君堪与冯·布劳恩比肩。出于各自的目的，美苏两大巨人开展了历时长久、耗资巨大的“太空竞赛”。V-2火箭这一毁灭性武器，却阴差阳错地成为航天发展的基础。

1957年10月4日，苏联发射了世界第一颗人造卫星，标志航天时代的开始。4年后，苏联航天员尤里·加加林乘坐东方1号飞船进入太空，开启了载人航天的新纪元。苏联在第一轮“太空竞赛”中占据了领先优势。美国亦不甘落后，时任总统约翰·肯尼迪在1961年的国情咨文中宣布美国将实施载人登月计划。在以“阿波罗”计划为题的演讲中，肯尼迪总统这样说道：“我们选择在十年内登陆月球，不因其容易，反而因其相当艰难，因这挑战我们乐于接受，不愿推诿，势在必得。”

随后，美国将大量的科技和工业资源都集中于登月计划，经过几十万人、八年多的努力，在一系列地球轨道试验和载人探月任务后，终于在1969年7月，由航天员阿姆斯特朗和奥尔德林成功实现人类首次登月。这是20世纪轰动世界的历史事件，也是世界航天活动发展迄今的巅峰成就。在这之后的十多年内，空间站和航天飞机相继出现，筑起了航天发展的新的里程碑，也极大增强了人类遨游空间和探索空间的能力。

中国人作为最早的飞天实践者，发展现代航天更有由来已久的愿望。新中国的航天人以自强不息、艰苦创业为开端，在“一穷二白”的困境中起步。20世纪50年代中期，钱学森冲破重重阻力，从美国回到祖国怀抱。钱学森在美国时曾先后就读于麻省理工学院和加州理工学院，被誉为“一人可抵五个师”。回国后，钱学森立即着手组织火箭和导弹的研究工作。时任中国科学院院长郭沫若看到钱学森的规划后挥毫赠诗：

> “大火无心云外流，望楼几见月当头。太平洋上风涛险，西子湖中景色幽。突破藩篱归故国，参加规划献宏猷。从兹十二年间事，跨箭相期天际游。”

1970 年，我国成功发射第一颗人造卫星，至今研制并发射了数量庞大、种类繁多、体系完备的各类卫星。1999 年成功发射第一艘无人神舟飞船，2003 年我国首位航天员杨利伟乘坐神舟 5 号飞船飞天，此后又接连取得了多人多天飞行、太空行走和空间交会对接等辉煌成就。从 2007 年到 2013 年，又先后发射嫦娥 1 号 ~ 3 号月球探测器，其中，嫦娥 3 号实现了月面软着陆，马斯克也在推特上关注着我们的“玉兔”月球车。

也许你觉得宇宙飞船、航天飞机、载人空间站离你很远，但你可能看过 2013 年席卷全球票房的《地心引力》，片中不乏“中国元素”。电影讲述了两名男航天员和一名女航天员维修哈勃空间望远镜时，遭遇轨道碎片袭击后的故事。失重、失联、缺氧，生死存亡，命悬一线，最终女主角漂移到中国的天宫空间站，驾驶神舟飞船，完成了以重返地球为终极目标的绝境重生。尽管我国在 2011 年发射的天宫 1 号只能算一个“小家伙”，但好莱坞的编剧似乎能预见未来。用不了多久，这个“小家伙”就会被更大规模的多舱段空间站所取代，我们的天宫将在太空中大显身手。

二、美国航天的传统模式

航天集人类科技之大成，是世界上最昂贵的产业，门槛很高，直到今天，全球只有11个国家成为太空俱乐部的成员。

美国航天计划的管理采用政府主导的商业化模式。政府制定规划和计划，组织科研机构和企业竞标，开展研发工作；企业通过与政府签订承包合同的方式，负责设计、试验、生产和发射，为政府和商业用户提供服务。NASA几乎所有的项目都会面向美国各大航天公司公开招标：一般会提前提出项目的基本需求，各公司根据自己的技术能力制作出相应的标书，在NASA评估之后，选出最符合要求的企业，进一步敲定合同细节。

美国虽然有发达的航天工业，但长期以来坐吃政府合同不思进取，外加官僚主义风气盛行，日益暮气沉沉，从火箭、飞船到其组成系统的成本都严重虚高。航天飞机退役就是这种航天机制难以为继的重要标志。联合发射联盟公司独揽美国空军、NASA和其他政府机构的火箭发射项目，实际上垄断了美国大中型载荷发射市场，且单次发射均价超过4亿美元。美国军方和NASA对于联合发射联盟肆意提价的行为很有怨言，但却没有办法，因为很多军事卫星根本不可能交给外国公司发射。垄断的结果就是美国航天发射基本丧失了国际竞争力，导致美国的全球市场占有率逐年下降：30年前起码有80%，如今还不到20%。

积弊已久，需用猛药去疴。

马斯克就像航天领域突然闯进来的野蛮人，他完全不按套路出牌，对约定俗成的商业模式不理不顾，跨界而来的小马哥还改变了这个行业的游戏规则。对于航天工业的垄断者而言，“航天”就是他们的全部；但对于新加入的小伙伴来说，“航天”只是他的一部分，抱着“反正也没什么可失去”的想法，他理所当然比巨头们更敢想敢拼。狭路相逢勇者胜，在那些习惯“吃饱了混天黑”的巨头面前，这个只身建立起“马斯克帝国”的“野蛮人”实在是太可怕的竞争对手。

第二节
火箭和汽车，哪个更难造？

一、“给世界装上星际航行的翅膀”VS“给世界装上轮子”

假如你突然有了两亿美元，你会去干什么？住毗邻迈阿密海滩的豪宅？在摩洛哥海岸驾驶游艇享受地中海的风？买下一群可以冲浪的岛屿？还是流连于巴黎、纽约或米兰的夜店，喝着昂贵名酒，参加名流派对？马斯克简单干脆地说：“没兴趣。”“玩过高科技的人不可能去玩这种低级玩意，除非让我接受大脑前叶白质切除术。”

马斯克追寻“飞天梦”的同时，还踏踏实实地在地面过了把瘾。脚踏实地——他将特斯拉公司推向新的高度，让人们重新认识了电动车；仰望星空——他创立了 SpaceX 公司，一举打破了整个世界航天领域的传统惯性。

自人类进入工业时代以来，另一个与马斯克具有类似宏图梦想的人叫亨利·福特。他不认为汽车只能是富豪炫富的“奢侈品”。通过引入流水线作业等一系列手段，福特最终让乡下农夫也能乐呵呵地开着汽车，加大油门赶超那些行驶在乡间道路上的富豪显贵们。1863 年，当福特出生时，全美国只有五分之一的人住在城市里。而当他 1947 年去世时，这个比例已经提升至五分之四。也正是在 1947 年，美国汽车的产量与出生人口一样多，美国七分之一的工业在为汽车行业服务。人类终于从“铃儿响叮当”的缓慢马车时代全面进入了高速奔驰的汽车时代，福特也实现了其“为世界装上轮子”的梦想。

那么，在外太空，福特的梦想成功之路能否在马斯克身上继续复制？造火箭会像造汽车一样容易么？“给世界装上星际航行的翅膀”VS“给世界装上轮子”，哪个更具难度？马斯克能否把火箭从“高大上”的位置上拉下来，让其成为触手可及的“消费品”呢？“旧时王谢堂前燕”能否“飞入寻常百姓家”？

二、火箭和汽车的“高精尖”论辩

马斯克想左拥火箭右抱电动车，他能成功玩好跨界吗？毕竟在他之前，进军航天制造火箭的道路上，有一大串儿耀眼的名字要么倒下了，要么还在徘徊不前……

火箭和汽车谁更“高精尖”？如果你把这个问题抛给别人，对方肯定认为不是你傻了就是他听错了。在大众的传统思维里，这是一个很不屑回答的“弱智”问题。对普通人而言，火箭只是在电视新闻里每年能看到几十回，而汽车早已经成为生活的一部分。上下班途中堵车时，那一望无际的汽车长龙怎么会有“高精尖”的神秘感！而火箭却能让阿姆斯特朗踏足“月宫”，能让“好奇号”在火星上惬意畅游。更何况，火箭技术和航天技术的发展，早已为人类生活的方方面面，包括汽车行业带来了无穷尽的福祉。两相对比孰优孰劣，又何须回答？！

等一等，似乎有什么不对的地方。既然火箭才是“高精尖”技术，那为什么俄罗斯、印度等国家能成功把火箭送入太空，却造不出世界知名的汽车呢？这场事关火箭与汽车的哲学思辨，对普通人来说定是百思无解。而在爱好哲学的马斯克看来，这似乎不是什么问题。

这个在玩游戏时都能发出类似“……黑格尔的辩证法决定了历史的进程。可以说他们是相互冲突的哲学或者相互竞争的文化基因组……”等“变态级”思考的达人，一只手画方的同时又轻而易举地用另一只手画了个标准的圆。作为全球最热门航天公司SpaceX和全球最耀眼汽车公司特斯拉的双料掌门人，马斯克在世人费解的“哲学难题”面前，用实际行动写出了他自己的答案：火箭和汽车都是高精尖，火箭和汽车都不难造。

所谓“都是高精尖”，是指火箭和汽车构成要素众多，经费投入高，都要有巨大车间、现代生产线、团队维持以及各种零部件采办，最重要的是要承担一切失败的成本（前几次无法达到预期目的简直是必然！）；火箭点火控制、燃料贮存等技术出问题必然影响发射成功率（好火箭可以简单定义为发射出问题最少的火箭），汽车车身工艺加工、发动机节油技术掌握不到位则必然影响消费者购买欲望（好汽车可以简单定义为销量高的汽车）。

所谓“都不难造”，是指火箭和汽车基本技术原理都已经极为成熟，不是保密技术，爱好者可以从图书馆、网络找到大量可参阅信息，从事相关领域技术研究的专家人才也比比皆是。

高精尖，不难造——马斯克用自己魔力般的努力造就了这看似对立又实际统一的奇功伟绩。他自认为，也被朋友们普遍认为是一个“具有创新精神的工程师”。马斯克坚定地信仰物理，痴迷技术，是典型的“工科男”。

工科男的眼睛里只有科学（Science）、技术（Technology）、工程（Engineering）和数学（Mathematics）（简称为STEM），并把世上一切都用公式表达：

> 汽车＝发动机＋轮子＋车体＋其他零部件；火箭＝发动机＋箭体＋控制＋其他；市场＝需求（驱动）＋货品供应＋其他……

是的，真正的“工科男”都可以称为“技术恐怖主义者”，他们坚信技术可以改变世界，坚信技术无往不利、无坚不摧。马斯克曾说过，“从所有实际角度来讲，工程学就是魔法，而谁又不想成为魔法师呢？”

自大学时代，马斯克就把互联网、外星生活和永续能源视作对人类未来影响最大的三大技术。现在，他用“工科男”独有的“市场”思维从事“外星生活”和“永续能源”研究，把“火箭”和“汽车”有机地结合起来。在马斯克眼中，火箭和汽车通联的领域不胜枚举：

比如都是由“发动机＋其他”构成，只要解决了发动机问题，其他问题都迎刃而解；

比如各领域均缺乏技术创新活力，火箭用传统技术，汽车还局限于燃烧汽油（少数的电动汽车存在诸多问题）；

比如火箭还是精英俱乐部，成本（要价）极其高昂，电动汽车也只是“玩具”阶段，无法吸引消费市场的眼光……

马斯克不仅是个称职的工科男，还是个敢于冒险、善于思考的硅谷商人。他用“工科男”的视角看透了火箭和汽车的拓扑结构，又用硅谷商人的犀利洞悉了现有市场的不足——聪明人看到的不足都意味着巨大潜力。于是，在世俗大众仍旧执迷于分析火箭和汽车哪个更加“高精尖”时，马斯克已经成功了：猎鹰火箭成功发射，特斯拉汽车批量上市。

话又说回来，火箭之所以被贴上“高精尖”的标签，主要原因在于其军事用途和远离普通大众所带来的神秘感。其实，火箭自发展之初就不以追求最先进的技术为目的，而是更重视最可靠的技术。汽车则是另一种状态。作为消费品，汽车造得不够好则无法吸引消费者，造价不够低也无法吸引大众。所以，同样掌握了发动机技术，你或许能造出可以飞天的火箭，却未必能造出有市场的汽车。

还在纠结火箭和汽车谁更高精尖么?

三、关于火箭你所不知道的事

人们所谓的运载火箭到底是什么？它与导弹的不同之处是什么？运载火箭都由哪些部分构成？各部分又有什么作用？相信航天领域之外的人在提到运载火箭时，上述一连串的问号就会塞满脑袋。其实，这些问题也没那么复杂。

运载火箭是由多级火箭组成的航天运输工具，用途是把人造地球卫星、载人飞船、空间探测器等航天器送到预定轨道。简单地说，运载火箭就是一种交通工具，只不过其乘客不是地球人而是航天器，其目的地也不是具体的城市、港口或者机场，而是外太空。运载火箭是在导弹的基础上发展起来的，把运载火箭上的航天器换成战斗部（即弹头），便形成了导弹。

一句话说明两者的区别：火箭是把人送上天的，导弹是把人送上西天的。

延伸阅读

运载火箭的分类和组成

运载火箭可以按照火箭级数和推进剂种类等不同方式分类。世界各国的运载火箭，多数是二级或三级的，少数为四级。火箭采用多级设计，如同接力赛跑，通过逐级加速将航天器送入地球轨道。在火箭的最下面一级称为第一级，依次向上，分别称为第二级和第三级。通常，火箭的第一级会捆绑一种提供附加推力的助推器。

按推进剂来分，运载火箭可分为固体火箭、液体火箭和固液混合型火箭三种类型。如我国的长征 3 号运载火箭是一种三级液体火箭；长征 1 号运载火箭是一种固液混合型的三级火箭，其第一级、第二级是液体火箭，第三级是固体火箭；美国的“飞马座”运载火箭是一种三级固体火箭。

运载火箭主要由结构系统（又称为箭体结构）、推进系统和控制系统构成。这三大系统是运载火箭的主系统，其可靠与否将直接影响运载火箭飞行的成败！此外，火箭上还装有遥测系统和安全控制系统等。

箭体是运载火箭的主体和基体，它把运载火箭的各系统组合在一起形成一个完整的整体。从电视中观看发射时，首先映入我们眼帘的便是火箭箭体。人们常常提及的火箭整流罩就是箭体的主要组件。运载火箭在大气层中穿行的时候，就像鸟儿在天空飞翔，不仅需要羽翼的动力，还要有鸟儿那样流畅的线型，以保持气动外形，穿云破雾。但作为运载火箭乘客的航天器的外形却不具备这样的特点，于是航天专家给航天器穿上了一件巨大的人工“羽衣”，这就是火箭的整流罩。

整流罩由高强度、轻质、耐高温材料制成，位于运载火箭的顶部，在保持火箭气动外形的同时，能给航天器披上坚固的铠甲。火箭升空前，整流罩在地面保护航天器对温度、湿度、洁净度的要求。火箭穿过大气层时，整流罩可以使航天器免受气动力和气动热影响以防受损。运载火箭飞出大气层后，整流罩将沿箭体纵向分成两瓣并被抛开，完成它的使命。

推进系统是推动运载火箭飞行并获得一定速度的装置，可类比为汽车的动力系统。控制系统是用来控制运载火箭沿预定轨道正常飞行的部分。类似优秀的驾驶员可以确保汽车在马路上安全行驶，不会越线，只有精密的控制系统才能保证火箭安全顺利地到达预定轨道。

四、火箭和汽车的“心”

火箭和汽车都有一颗“高”（技术）“贵”（成本）的“心”，发动机就是火箭和汽车都需要的“心”。解决了“心病”，火箭才能高飞，汽车方可远行。而在解决“心病”之前，有必要首先弄清楚火箭飞行原理和汽车行驶原理。

牛顿告诉我们，两个物体之间的作用力与反作用力，大小相等，方向相反。火箭向前飞行是反作用运动的结果。在飞行过程中，火箭受到地球引力、空气动力、火箭发动机推力和控制力等的作用。火箭发动机点火工作后，将携带的燃料和氧化剂在发动机燃烧室燃烧，产生大量高压气体，高压气体从发动机喷管不断向后高速喷射，产生作用于火箭上的反作用力，也就是推力，推动火箭向前飞行。汽车行驶则依靠汽车发动机驱动。汽车发动机是一个能量转换机构，通过在密封气缸内燃烧汽油（柴油）或天然气，使气体膨胀并推动活塞做功，从而使热能转变为机械能驱动汽车前进。

可见，火箭和汽车的核心都是发动机，其基本原理一样，都是通过化学反应产生热能并转化成动能，实现火箭飞行 / 汽车运动。我们都知道，燃烧的必要条件包括燃烧剂和氧化剂。因此火箭和汽车的发动机的不同之处在于，由于火箭不仅要在大气层内飞行，还要飞出地球大气层，大气层外没有氧气，必须携带燃烧剂和氧化剂。而汽车只需要燃料即可，其燃烧所需要的氧气由大气中获得。因此，火箭发动机一般要包括燃料贮箱和氧化剂贮箱，而汽车有一个油箱就行。

第三节
SpaceX 横空出世

2002年6月，马斯克拿出几乎全部身家，义无反顾地创立了SpaceX，旨在降低火箭成本和发展星际航行技术。这个仅仅有物理学学士学位、胆大包天的门外汉，决意要研究出便宜又可靠的火箭。回到洛杉矶，马斯克开始向家人、杂志记者、好莱坞明星和他身边所有的富人朋友宣布去火星的想法。他高调地把自己变成了一个公众人物。

一、一切就这么开始

灵光乍现的那一瞬间，马斯克把握住了时代脉搏。最令人匪夷所思的是，当那个俄罗斯航天大佬眼里的“小男孩”决定自己造火箭的时候，竟然有人相信他并给了近3亿美金的风险投资。5

个月后，马斯克个人出资1亿美元，两年半里，再追加5000万美元。2008年，又从“创业家基金”获得2000万美元投资。

2012年初，公司约三分之二的股份归马斯克所有，他手上的7000万股股本在私人市场上估值为8.75亿美元，也就是说SpaceX公司在2012年2月的估值约为13亿美元。2012年5月，该公司的“龙”飞船成功与国际空间站对接，私募股本估值几乎翻番，达到24亿美元。SpaceX的市值一直呈几何级数增长，截至2014年8月，公司估值接近100亿美元。坊间曾传言他的公司将于2013年底首次公开募股，但马斯克很快站出来澄清，“在实现火星移民之前，SpaceX永不上市”。

创业之初，SpaceX并不被外界看好。有不少分析人士认为马斯克疯了，因为这一领域向来都是国家级科研项目，一般的公司和政府部门根本无力承担巨额的研发经费。毕竟，航天探索不同于汽车制造，更与网络营销有着天壤之别，倾举国之力也未必能成功。SpaceX与竞争对手完全不在一个重量级上，所拥有的财力和投入研发的资金相距甚远。马斯克的一个好友还特意收集了无数火箭爆炸的视频，逼着他看，希望他别把钱都赔光。

> “这就像是未来版本的《罗马帝国衰亡史》。打个比方说，你现在已经站在了罗马帝国之巅，那么你会采取怎样的行动来避免自己的衰落呢？”

马斯克反问道，但并不期待别人的回答，他对这个问题的答案显然已思虑良久：“历史的经验告诉我们，人类文明总是循环往复——古巴比伦、古苏美尔，甚至古埃及、古罗马、古中国，莫不如是……

我们正处于人类文明的上升阶段，并希望能一直保持这一态势。但事情的发展也有可能同我们想象中的不同，因为许多事件都可能导致科技发展的停滞。”

如何摆脱衰落的命运，是他一直在思考的事，也是写在基因里的使命。

硅谷文化欣赏这种极致和疯癫，社会舆论也充满着对革新者、颠覆者的包容：“如果他成功，人类便成功；他不仅是在为他自己奋斗，而是为我们所有人。”

虽然不算白手起家，但人才真是得从头积累。他到各大院校、波音公司等大企业甚至NASA去挖墙脚，组建起SpaceX“杂牌军”。一位叫汤姆·穆勒的火箭工程师接到了马斯克的电话，他当时是美国最大的发动机制造商TRW的液体推进系统专家，制造过世界上最大的液体火箭发动机。马斯克询问了火箭的造价，把穆勒招至麾下，主管推进系统。同样接到电话的还有在波音公司当了15年“德尔他”火箭测试主管的蒂姆·布萨，他的任务是主管发射和测试。现任公司总裁兼首席运营官的格温·肖特韦尔女士是公司第7名员工。此后，马斯克从“死对头”联合发射联盟公司、劳拉空间系统公司和宝马公司等大企业里挖来了很多经验丰富的员工。

在这些人看来，马斯克的卖点是“做实际工作的自由——造火箭”，而不是“成天开会，设备批条一等数月，搞办公室政治”。一位曾在TRW工作的工程师说，他曾经“消耗在明知没有前途的项目上，精神都被拖垮，现在终于摆脱了无聊”。一位NASA出来的工程师则回忆：在NASA，几年时间耗在一个小研究上，却根本不知道火箭造到了哪一步；而在SpaceX，马斯克每周五向大家汇报火箭进度，“感到在参与人类的历史进程”。

SpaceX总部选址在比弗利山庄的另一端，与特斯拉研发中心比邻而建。当波音公司削减747机型的产量并离开这个地方后，马斯克将它租了下来。马斯克参与设计了SpaceX总部，亲自挑选建筑颜色和家具，甚至包括形似宇宙飞船的垃圾桶。他特意将SpaceX的总部打造出硅谷的风格，办公楼左边是厂房，右边是大片办公室，每个办公室都以一位知名科学家的名字命名。正前方是透明玻璃的总控室，却在中央的最佳位置放置了一个冰激凌吧台。

“我喜欢这种凌乱的感觉，”马斯克说。这里的墙壁装饰更加引人注目：一张冯·布劳恩的肖像，他曾倡导NASA实施“阿波罗”登月计划，领导研制了发射登月飞船的土星5号火箭；一幅巨大的火星照片，那是马斯克梦想开拓移民的地方。

SpaceX目前有近4000名员工，明显分成两类：从事技术和测试的是那些穿T恤和牛仔裤的年轻人，比如公司年仅23岁的首席测试工程师；从事管理工作的人则西装革履，这些人大多从大公司挖来，他们年龄较长，态度严谨，经验丰富。尊重个性的管理，让不同类型的员工得以充分发挥，年轻的活力和成熟的稳健结合在一起，推动着公司的发展。

二、重拳出击，直击要害

马斯克认为：

> 正是当今各国空间机构深受官僚主义、繁文缛节的束缚，才造成了航天发射费用居高不下。小型科研团队的工作效率和准确度要比大团队高出很多；以更灵活的商业公司体制开展航天活动，可以大幅度降低航天发射费用。

在他看来，类似波音、洛马这样的大公司，机构冗余、制度死板，受到国防部管制太多，不能实现全面商业化，故而缺乏竞争力。

马斯克的“极客”精神进阶到新的层次。

“我们要与波音和洛马作斗争，还有那些牵制、阻挠我们的人，”马斯克省掉了其他人惯用的“官话”，“所以，你懂的，一旦有了数亿美元的政府合同，以前波音和洛马实质上是准垄断，或者直接垄断发射业务，他们现在就会竭尽所能阻止我们参与竞争。”

“最大的掣肘来自洛马，尤其是洛马。”马斯克说。

工业巨头和新贵之间不止是一场你死我活的战争，波音、洛马与马斯克决一雌雄，结果会急剧改变联邦政府未来的支出格局，尤其是随着象征经费全面削减的“自动减赤”机制迫近国防工业。因此巨头们正全力以赴想保住他们在联邦预算这块大蛋糕上日渐缩减的份额。

“波音和洛马疲于应对伊隆。”一位熟悉马斯克的业内知情人士说，并补充，他曾警告过波音和洛马的高层，如果他们不改革所谓的商业惯例，像 SpaceX 这样的新创小公司最终也会对他们构成威胁，“他的顽固和韧性无懈可击”。

三、受制于人？不可能

美国航天界的人有个通病，就是他们像俄罗斯人。

不是说他们横行霸道，也不是他们用给人灌酒灌到昏迷的方式做生意，而是说他们先诱惑你，一旦你带着钱出现，他们就会要得更多。马斯克不喜欢这个。他不愿意吃亏上当，他尤其不愿意被嘲笑他的人牵着鼻子走。举个例子，一次，他需要一种阀门——“我们手里那种太小了，需要一种大点的。”穆勒说。于是，他联系了一家卖主，卖主说要 25 万美元而且得等一年。但我们这个夏天就要用。他们笑着叫我们滚。所以我们决定自己造。这个夏天他们又回来找我们，问：“嘿，阀门怎么样了？”我们回答：“造出来了，完工了，合格了，现在正要用。”

另一次，燃料贮箱上部铝制圆顶的卖主也出了问题，也是因为他们学俄罗斯人。“交付第一组产品后，他们涨价了，”SpaceX 首席结构工程师马克·扬科萨说，“这就像一个油漆匠喷涂你房子前说好了价格，然后喷到一半时却要三倍的价格。这让马斯克非常不爽。他这样想：‘行啊，小子，敲我竹杠……’”

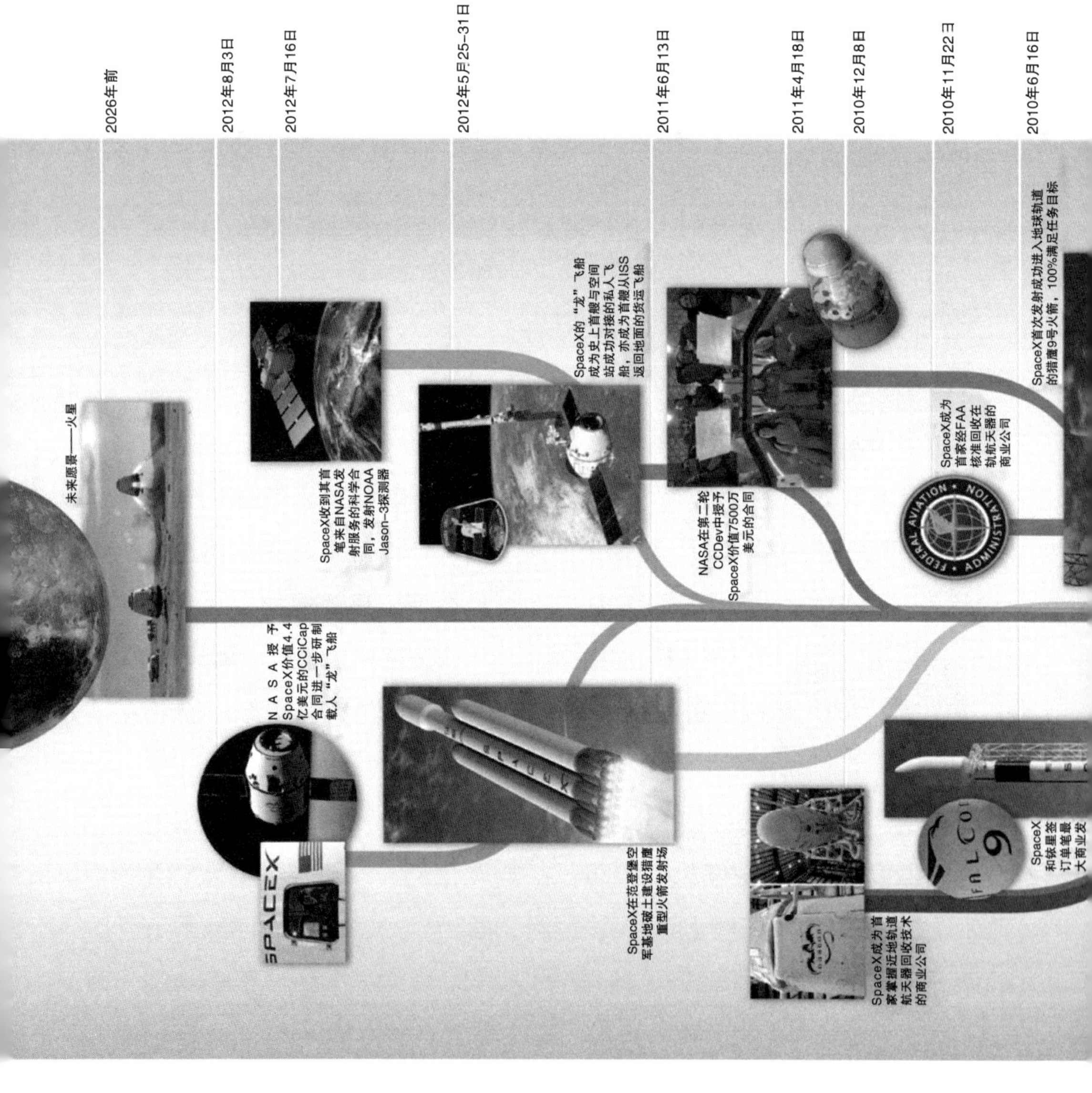
2026年前
未来愿景——火星
2012年8月3日
NASA授予SpaceX价值4.4亿美元的CCiCap合同进一步研制载人"龙"飞船
2012年7月16日
SpaceX收到其首笔来自NASA发射服务的科学合同，发射NOAA Jason-3探测器
2012年5月25–31日
SpaceX的"龙"飞船成为史上首艘与空间站成功对接的私人飞船，亦成为首艘从ISS返回地面的货运飞船
SpaceX在范登堡空军基地破土建设猎鹰重型火箭发射场
2011年6月13日
NASA在第二轮CCDev中授予SpaceX价值7500万美元的合同
2011年4月18日
2010年12月8日
SpaceX成为首家掌握近地轨道航天器回收技术的商业公司
2010年11月22日
SpaceX成为首家经FAA核准回收在轨航天器的商业公司
FEDERAL AVIATION ADMINISTRATION
2010年6月16日
SpaceX首次发射成功进入地球轨道的猎鹰9号火箭，100%满足任务目标
SpaceX和铱星签订单笔最大商业发
SPACEX
FALCON 9

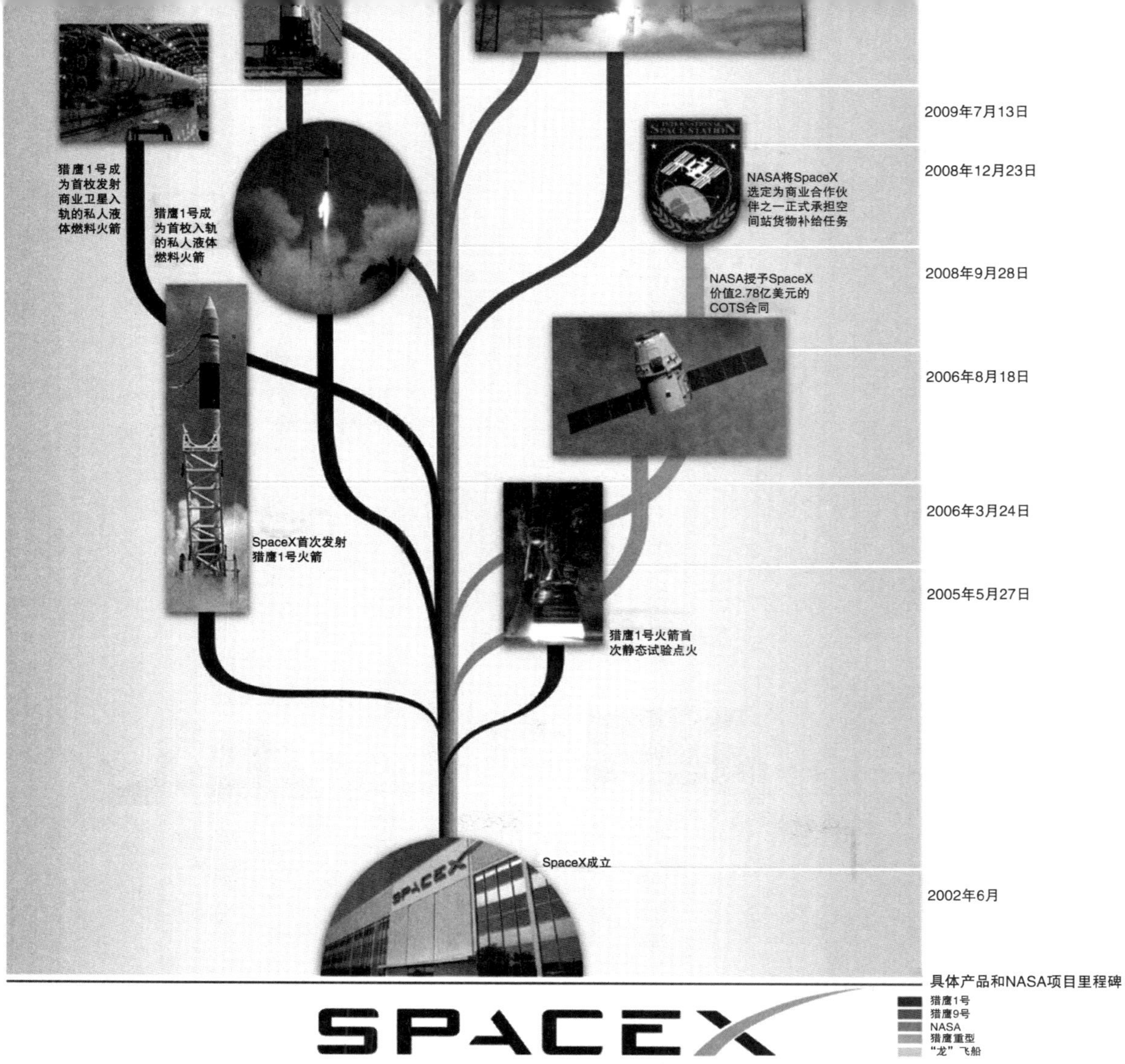
2009年7月13日
2008年12月23日
2008年9月28日
2006年8月18日
2006年3月24日
2005年5月27日
2002年6月
猎鹰1号成为首枚发射商业卫星入轨的私人液体燃料火箭
猎鹰1号成为首枚入轨的私人液体燃料火箭
NASA将SpaceX选定为商业合作伙伴之一正式承担空间站货物补给任务
NASA授予SpaceX价值2.78亿美元的COTS合同
SpaceX首次发射猎鹰1号火箭
猎鹰1号火箭首次静态试验点火
SpaceX成立
具体产品和NASA项目里程碑
猎鹰1号
猎鹰9号
NASA
猎鹰重型
"龙"飞船

SpaceX 现在自己造圆顶，工厂后边就是一台圆顶制造设备。这是一件大事：马斯克不只在装配火箭，而是实实在在地制造火箭上七成的部件。但这并不意味着那些卖主不再勒索他。一天晚上，扬科萨走进来告诉他，美国铝业公司也打算学俄罗斯人。圆顶是由铝制成的，而唯独美国铝业公司有专门的机器，能造出 SpaceX 需要的铝。

马斯克听扬科萨说完后告诉他已经有了办法，“可能有吧，”马斯克说：“但美国铝业这家破公司的运营原则似乎是‘可以勒索客户的程度就是价格的底线’。他们也在欺骗特斯拉，这真的让我很恼火。”马斯克告诉扬科萨，真正的问题是“他们真能造出铝来”。“他们当然不是好摆布的。”扬科萨说。马斯克笑了。他的笑容很微妙，孩子气又顽皮，但也有点暗暗苦笑的意味——他习惯于对世界的荒谬一笑置之，也以此自嘲。“我都想开一家铝公司了，”马斯克说，“肯定很赚钱。”

在一次采访中，马斯克特地澄清他做 SpaceX 的初衷，并不是某些人想当然的童年情结，也不是因为它投资回报率高，而是因为对于人类的未来深有裨益。他在上大学的时候就常常思考，这个世界面临的真正问题是什么，哪些会影响到人类的未来。与赚钱相比，他更倾向于在人类历史进程中扮演重要角色，科技创新、开发新能源、探索外太空，都是通往未来之路。马斯克之所以成为马斯克，就在于他是一个绝不空想的实践者。他依次进入了这三个领域，并先后投下贝宝、特斯拉和 SpaceX 三颗重磅炸弹。

没有毫无准备的横空出世。

1 特斯拉Model S汽车行驶在公路上

2 “龙”货运飞船与国际空间站成功对接

1 SpaceX公司“龙”飞船在太空飞行效果图

2 SpaceX公司“猎鹰”火箭腾空而起，飞向云霄

3 SpaceX公司猎鹰9号火箭运往发射架途中

4 SpaceX公司位于美国卡纳维拉尔角空军基地的航天发射场

4

SPACEX

1 “猎鹰”火箭飞向火星效果图

2 “猎鹰”火箭和载人“龙”飞船飞抵火星效果图

3 载人“龙”飞船着陆火星效果图

4 火星移民设想图

5 火星基地和太阳能发电设想图

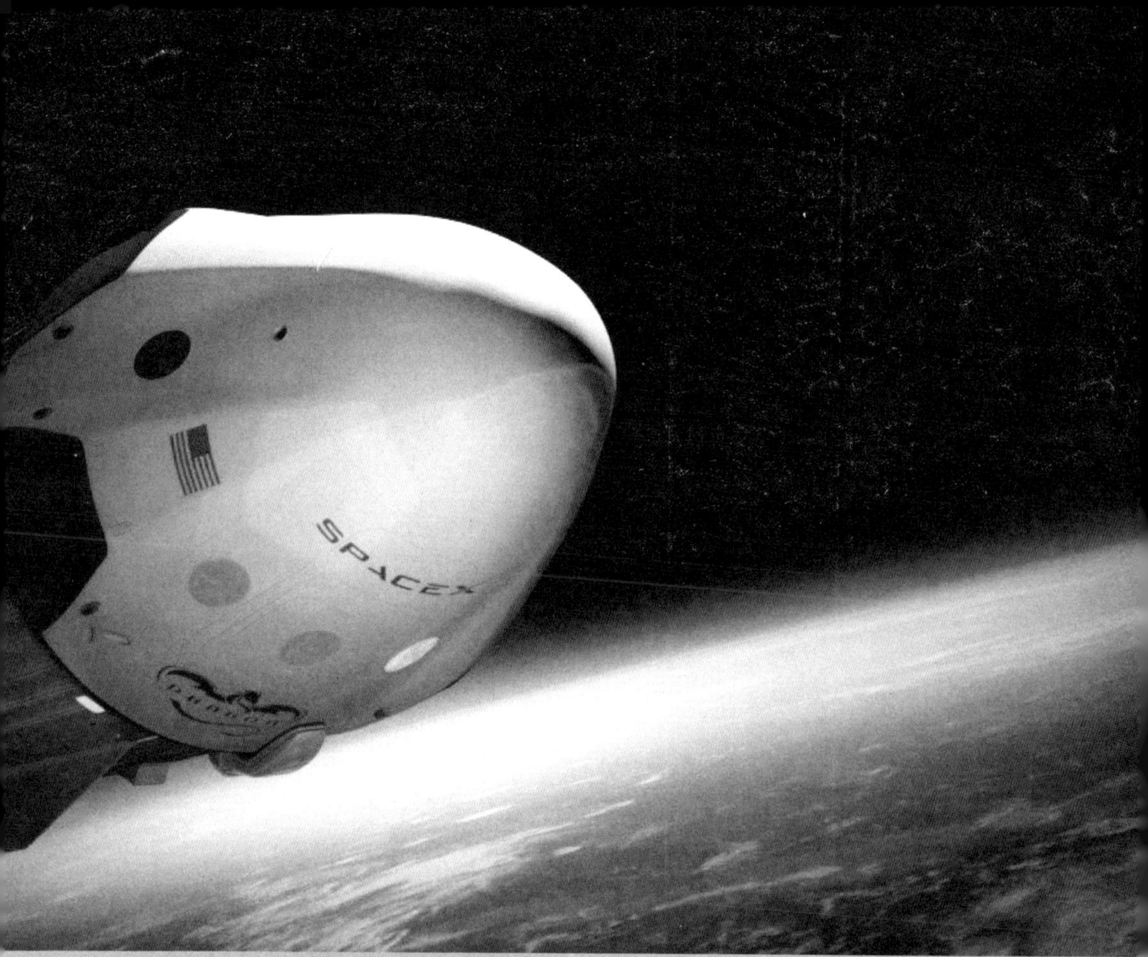

第九章
开创世界航天新时代

“45 亿年以来，这是人类生命首次有可能离开地球的束缚。因此当窗口打开时，我们应当采取聪明的做法，而不是期待窗口会长时间打开。”

——伊隆·马斯克

2012年5月，猎鹰9号火箭发射升空，将一艘名为“龙”的货运飞船送入轨道，与已在轨10多年的“国际空间站”成功对接，整个航天界为之震动。美国总统奥巴马的首席科学顾问霍德林在飞船发射后说，“每一次航天发射都令人兴奋，但这一次尤其激动人心，因为它可能代表美国航天进入一个新时代”。这次任务具有里程碑式的意义：第一艘私人公司所有的商业飞船首次与一直由国家和国际空间机构运营的“国际空间站”对接。这家公司是美国太空探索技术公司（Space Exploration Technologies，SpaceX），创始人和首席执行官正是伊隆·马斯克。

假如人的品格是一系列连续不断的成功姿态，那么马斯克身上就有一种瑰丽的异彩。他对于人生的希望具有高度的敏感，如同一台能够记录千里之外的地震的精密仪器。

第一节
鹰击长空的“猎鹰”火箭

马斯克曾透露自己从小就爱制造炸药和火箭：“有好多好多东西会爆炸，我的十根手指头居然都还健在，真的很幸运。”只是那时他还没有意识到，这个当时看似“小小的爱好”却会成为他日后“大大的梦想”。

SpaceX 主要研发猎鹰 1 号、猎鹰 9 号和猎鹰重型等三个火箭型号。火箭之名，取自电影《星球大战》中汉·索洛的飞船“千年猎鹰”。“千年猎鹰”也叫“千岁隼”，堪称好莱坞最著名的宇宙飞船，除了在《星球大战》经典三部曲中具有举足轻重的地位外，在为数众多的相关小说及游戏等作品中也处处可见它的行踪。

无疑，马斯克也想造全宇宙最著名的火箭，他不仅给第一个火箭系列起了如此霸气之名，连所有发动机的名字也都是同样的风格——灰背隼（Merlin），茶隼（Kestrel），乃至猛禽（Raptor）。

“猎鹰”也没有辜负马斯克的期望，虽然初期经历了一些波折，但后来发展极为迅猛，目前的猎鹰 9 号已助推 SpaceX 跻身世界航天发射精英之列。

一、十年磨一“箭”

SpaceX 成立时，马斯克投资 1 亿美元建造“灰背隼”发动机和单发动机的猎鹰 1 号火箭。随后，他四处游说，招揽生意。

有一天，铱星公司 CEO 马特·德施接到一个电话，对方说：“嗨，马特，我是伊隆·马斯克。几小时以后我就能到你们隔壁的酒店，能出来喝一杯吗？”

德施有他自己的野心：“我打算发射一群卫星（或者称卫星星座）进入轨道，但那些比较传统的发射公司没把我们放在眼里，他们觉得如果我们用了他们的火箭会被吓趴下。”德施与马斯克见了面，并且这样形容他：“他当年没有现在这么酷。他是一个期待东山再起的企业家，没带随从。我们关于整个流程进行了一次信息量极大的对话。他不只推销火箭，但也没谈到火星。那时如果谈到这个可能会把我吓跑吧。对于他所有的计划，他是一个非常实干的商人，知道如何办公司。”

在第一次试射火箭之前，马斯克已经接到卫星发射订单，也与有意扶持 SpaceX 的 NASA 签订了协议。他只需做一件事：证明他的火箭能飞。NASA 对他鼎力相助，开放了“阿波罗”计划的部分技术，NASA 还允许它使用测试台架，美国空军也为它提供了发射场地。

和当年的土星 5 号火箭相比，SpaceX 新研制的这枚火箭“身高”

只及其五分之一，直径不足两米，空军基地的工作人员私下里称它为“铅笔”。这样一枚小火箭却取名叫“猎鹰”，很多人都觉得这名字有点夸张，“麻雀”或者“杜鹃”更合适。

照常理来讲，这枚小火箭的可靠性应该挺高。它采用数量较少但性能很高的发动机，以减少发动机出现故障的可能性。其次，由于是两级入轨火箭，只有一次级间分离（级间分离螺栓是双重启动，采用这种结构的火箭还未曾出现发射失败），而且没有捆绑式助推器，能进一步保证高可靠性。

此外，它还试用了一种以前极少用于运载火箭的控制系统，即在第一级点火后，火箭不马上升空，而是要等到所有的推进系统及火箭上的其他系统经确认运行正常后才升空。如发现任何异常，火箭发射程序会自动安全中止。相关评估公司基于以上所有事实，对于猎鹰 1 号火箭发射失败率的估计为 2.8%，是美国历史上最低的。

然而，发射却接连失败了。

2006 年 3 月 24 日，历经数月推迟后，猎鹰 1 号运载火箭准备在太平洋马绍尔群岛夸贾林环礁的罗纳德·里根弹道导弹防御试验场进行令人瞩目的首次发射。之所以受人关注，是因为这是世界上第一种由私人出资研制的液体燃料火箭，也是 10 多年来美国第一枚全新的运载火箭。

但这枚猎鹰 1 号火箭点火升空不到一分钟就因燃料管破裂而发射失败，发动机起火，火箭下坠，一切都烧毁了。穆勒回忆，升空时欢呼雀跃，坠毁时极度痛苦。

SpaceX 公司在事后的一份声明中说，虽然发射失败，但包括主发动机、推力矢量控制、结构、航电设备、软件和制导算法等在内的火箭各系统飞行表现都堪称完美。火箭的飞行路线与预定路线的偏差在 0.2° 以内。

面对首次失败，马斯克表示，已取得成功的其他运载火箭制造商也曾经历过失败的打击。他说："我的一位朋友在信中提醒我，'飞马座'火箭前 9 次发射只有 5 次取得了成功，'阿里安'火箭前 5 次发射只有 3 次成功，'联盟'火箭前 21 次发射只有 9 次成功，'质子'火箭前 18 次发射也只有 9 次成功。

我现在亲身体验到了把卫星送入轨道是多么的艰难，因而对那些不屈不挠地制造出今天那些主力运载火箭的人们充满了敬意。"

不登高山，不知天之高。这对一路顺风顺水的马斯克来说未尝不是好事。

2007 年 3 月，猎鹰 1 号再次试射又遭失败。飞行数据分析结果显示，火箭发射过程中出现了 13 次异常情况，而造成火箭未能进入预定轨道的原因是在第一、二级分离期间，液氧推进剂发生晃动，液氧晃动频率与推力矢量控制系统频率发生耦合，造成振动逐步扩大，燃料从贮箱中溅出，致使发动机提前关机，最终导致飞行失控。

2008 年 8 月，猎鹰 1 号第三次试射。升空仅两分钟后，火箭开始震颤，发出异常声音，未能按计划实现级间分离，来自火箭的实况传输画面就此中断，最终与地面失去联系。SpaceX 公司从沸腾陷入寂静。火箭上搭载着美国国防部和 NASA 的三颗人造卫星，以及 208 名希望撒向太空的死者骨灰（其中有主演《星际迷航》

的詹姆斯·杜汉和阿波罗 7 号航天员戈登·库珀），它们都坠入海洋。这次是新设计的冷却系统出了问题。

三次试射失败后，公司几近山穷水尽，团队所有人都感到绝望，只有马斯克站起来说："我永不放弃！"他说，公司"最近刚刚得到一笔数额庞大的投资"，加上原有资金，"我们的资金基础非常雄厚"，足以继续支持下一阶段的火箭研发工作。"我们有决心，我们有资金，我们有专家"，"将继续进行第四次发射，第五次发射也在筹备，制造第六枚猎鹰 1 号的计划已获批"。舆论对梦想家的失败真的足够宽容，"火箭研发初期接连遭遇失败的先例很多，希望 SpaceX 继续尝试"。但大家心里都清楚，马斯克的钱在火光中快烧没了。

此时此刻，马斯克面临巨大压力：如果第四次还是失败，SpaceX 将无力承担第五次发射。在硅谷文化中，失败是荣耀的资本。马斯克总说：

"如果失败得不够多，说明你不够创新。"

但现实中，巨额赌注的失败，还是让人难以承受之重。曾有许多壮志未酬的私人航天公司随风消逝，SpaceX 很可能步其后尘。

马斯克想造火箭时，睿西就曾告诉他，"结果是二元的，成，或败"，"因为火箭会爆炸。"不光是钱的事，"还有他的信誉。他已经卖出了所有的发射，必须退款"。一切都系于第四次发射，命悬一线，

“要么是史诗般的失败，要么是史诗般的胜利，没有中间项”。

有人质疑他，火箭的本质是物理学，而不是创新的商业模式。他毫不留情地反击，要是听这种人的话，世界永远不会好，不会发生变化。有人问他：“你怎么会这么乐观？”他说：“去那些乐观、悲观，我只想要把事情做成。”还有人问他：“你从发射失败中学到了什么？”他回答：“我学到了发射成功得有点耐心。”他从贝宝老搭档彼得·泰尔的“创业家基金”那儿拿到了一笔投资，继续搞火箭。

大胆行动，全心全意地投入，连上苍也会感动。

2008年9月28日是猎鹰1号第四次发射的时间，这也是马斯克铭记一生的日子。火箭升空，没有爆炸，进入了预定轨道，而他本人正坐在控制台旁。

在那个圣诞节，仿佛有人听到了马斯克的祈祷。NASA打来电话，将继续和SpaceX谈合作意向，这个电话彻底拯救了处于破产边缘的SpaceX和马斯克。接到电话的马斯克激动得不能自已。从那之后，SpaceX不再是朝不保夕的“杂牌军”，摇身一变成为美国航天的中坚力量。

猎鹰1号是两级入轨的小型液体燃料运载火箭，高21.3米，近地轨道运载能力5.7吨，采用液氧和经提纯的航天煤油作为推进剂。它的“灰背隼”主发动机是美国40年来第一种全新研制的烃类燃料火箭发动机，也是美国25年来研制的第二种运载火箭发动机。按SpaceX公司此前的说法，其设计可靠性指标可与美国现役最好的火箭相媲美。

尽管工程设计接近完美，但猎鹰 1 号并不足以完成马斯克的梦想，他的目标是与波音、洛马这些航天巨头竞争。获得 NASA 的资金后，SpaceX 开始研发自己真正的王牌：猎鹰 9 号运载火箭。

猎鹰 9 号是在猎鹰 1 号基础上研制而成的，也是两级入轨的液体燃料运载火箭，有着 3.66 米直径的箭体，近地轨道运载能力 10.45 吨，地球同步转移轨道运载能力 4.54 吨。

目前商业发射市场上，主流商业火箭的近地轨道发射报价约为每千克 1.5 万～ 2 万美元，相比之下，猎鹰 9 号运载火箭的近地轨道发射价格仅为每千克 2400 美元。这无疑将对国际商业发射市场造成不小的冲击，特别对一直表现活跃的俄罗斯和欧洲商业运载火箭带来很大的影响。

用马斯克的话来说，这是美国创新的成功。

二、击败举国体制

2011 年，马斯克在 SpaceX 公司网站发表了一封信件，题为“SpaceX 公司成本的事实”。在信中他一一列举了 SpaceX 公司在成本控制上的突出成绩，这些足以让全世界同行业竞争者为之汗颜。

猎鹰 1 号发射小卫星的最终报价是 590 万美元，猎鹰 9 号火箭的标准发射费用为 5400 万美元。马斯克很自信地认为由于 SpaceX 公司设计生产中进行了高度的垂直集成，随着时间的推移这个价格还将进一步下降。

如果说火箭的发射报价令人很难与其竞争，那么研发费用上 SpaceX 公司更是远远拉开了与其他国家政府空间机构或是商业航天公司的距离。猎鹰 9 号火箭从图纸到首次发射用了四年半时间，研发费用仅略多于 3 亿美元。至于它的竞争对手，美国的“改进型一次性运载火箭”研制花费了 35 亿美元，欧洲阿里安 5 号火箭则更高。

SpaceX 公司为了控制成本别出心裁，效仿了早期的福特公司，通过缩短供应链，尽力做到自行设计、制造火箭和飞船的子系统，从而降低成本。SpaceX 做的并不是基础性的技术创新，采用的大多是成熟技术和设备，创新体现在一个个成本最小化的改进上。

在 SpaceX，任何省钱办法只要有效，都可一试。财务很灵活，只要可能降成本，就批预算、买设备，超过 5000 美元的申请单，拿到马斯克办公室亲自批，说明理由即可。创业企业，每个人都是股东，都想方设法省每一美元。他们没有买新的经纬仪跟踪火箭轨道，而从 eBay 上买了个二手货，省下 2.5 万美元。第一级按设计应可部分回收，雇一个专业的火箭打捞公司要 25 万美元，但也有能处理敏感设备的商业打捞公司，一家公司同意打捞，只要 6 万美元。

SpaceX 公司在成本控制上相当成功，但这并不是使用老旧成熟技术的缘故，他们在技术上同样很出色。猎鹰 9 号火箭的“灰背隼”液氧煤油发动机的推力虽然不高，但在开式循环液氧煤油发动机中是比冲（单位质量的推进剂所能产生的冲量）最高的，尤其是上面级真空运转改进型“灰背隼”的比冲更是达到了空前的 345 秒。在箭体结构和材料上，猎鹰 9 号是世界上第一种全面应用高强度 2195 铝锂合金的火箭，结构质量很低，第二级箭体仅重 3 吨。

在剩余燃料管理上猎鹰 9 号火箭同样出色，这些技术使猎鹰 9

号火箭在使用比冲一般的开式循环液氧煤油发动机的情况下，运载系数和全面使用高压补燃循环液氧煤油发动机的天顶2号火箭不相上下。

1999年5月25日，美国国会发布了由克里斯托弗·考克斯众议员牵头的众议院特别委员会发表的调查报告——《考克斯报告》。该报告诬称中国通过窃取美国军事技术而危害了美国的国家安全。这份长达872页的报告通篇充斥着“似乎”、“可能”、“也许”、“将来或许会”等猜测性语言，完全是一份“空心化”报告。

该报告对中国核武器技术和航天技术进行了大量歪曲性污蔑，大幅渲染1995年和1996年中国两次商业卫星发射故障是在美国专家的指导下完成故障原因判断，诬称中国通过商业发射获取了美国的制导技术并推进了中国的导弹发展。这种罔顾事实、移花接木、欺世惑众、站不住脚的报告，完全是美国部分别有用心的政客出于不可告人的目的而作。

显然，美国就是在利用所谓“调查报告”构筑竞争壁垒，限制中国火箭进入世界航天发射市场。在当时，中国火箭的低价格在一定程度引起美国人的警觉和恐慌，中国火箭的物美价廉优势已经成为美国人的眼中钉心头刺。

而今，这种制造虚假舆论哗众取宠，利用制度壁垒阻碍竞争的伎俩早已过时。SpaceX公司的出现，成为美国航天发射服务市场的一剂强心剂，也改变了现有的航天发射市场格局。世界各国发射服务商纷纷对其展开研究，这正反衬出传统航天“旧势力”对SpaceX的担忧和恐惧。

从一定意义上可以说，SpaceX的成功不仅使美国政府有了对抗国内航天发射巨头垄断的底气，更让美国政府在国际航天舞台上有了长袖起舞的资本，此外，还提振了私营资本参与航天的信心，激起了新一轮私营航天企业发展热潮。

> 章台柳，章台柳。昔日青青今在否？纵使长条似旧垂，也应攀折他人手。昔日航天发射市场中的“章台柳”仍然“今在”“似旧垂”，但其主导权或终将要“攀折”在 SpaceX 手中。

那些传统航天发射商仍在，但白驹过隙的须臾间，“换了人间”。

三、想在军方发射市场分一杯羹

SpaceX 公司的目标是为空间探索提供安全、可靠、性价比高的发射服务，并努力使发射费用降至传统发射成本的十分之一。为了进一步降低成本以及适应未来市场需求，SpaceX 公司秉承“没有什么比将客户的卫星或是其他航天器安全送到预定轨道更为重要”的发展理念，不断对猎鹰 9 号火箭进行改进。这种改进为 SpaceX 公司带来了极大的收益，包括政府合同和商业合同。

在获得美国政府一系列民用航天发射订单后，马斯克将目光瞄准了美国军方发射市场。SpaceX 公司表示，公司十分期待与国际商业公司的合作，但同时表示其未来的主要目标还是回归美国，赢得目前正由联合发射联盟公司承担的“改进型一次性运载火箭”任务。

但美国空军却对马斯克及其领导的 SpaceX 公司说了“不”。空军的拒绝似乎激发了马斯克不服输的斗志，一幕由马斯克和美国空军主演的诉讼大戏就此展开。马斯克将美国空军否定 SpaceX 公司火箭的原因归结为阴谋论，他认为“美国空军是在牺牲纳税人的利益来维护既得利益”。马斯克不断地公开抨击美国空军对运载火箭发射项目的采办方式，这在美国军事航天业界引起了轰动。

马斯克坚称，SpaceX 公司已经在发射领域证明了自己的能力，其火箭有能力将空军的卫星送入预定轨道。如果空军将未来 36 次发射任务交给他，就能为空军每年节省 10 亿美元发射费用。和所有雄心勃勃的创业家一样，马斯克这种反抗传统的行为被媒体界广泛赞扬。显然，对普通大众来说，这种以一己之力改变现实的“美国英雄”式故事，就像“大卫对抗歌利亚”一样，更引人关注。

如果仅仅是“耍嘴皮子”、“打嘴仗”，那马斯克就不会被人们誉为当代“钢铁侠”了。马斯克并没有满足于简单的语言抨击，随后他做出了更让人惊讶的决定——起诉美国空军把价值 110 亿美元的太空发射服务合同交给其唯一认证的联合发射联盟公司。他嘲讽联合发射联盟公司的发射价格“贵得离谱”，并指控这家美国领先的火箭发射服务供应商违反商业道德，雇佣前空军航天部门高官担任公司高管。为了影响美国军方采办运载火箭服务的相关立法，马斯克还耗费巨资在国会山发起游说活动。所有这些行为举措，显然比在媒体上发出批评的声音更有杀伤力。

而实际上，美国军方并未对 SpaceX 公司永远关闭大门。为了提升类似 SpaceX 这种初创商业航天公司的前景，奥巴马政府付出的努力比“太空时代”以来的任何一届政府都要多。美国国防部建立了双轨发展战略，一方面利用长期稳定的大合同夯实现有的航天发射工业基础，另一方面让有资质的新企业能够有机会参与争取军事航天发射任务。2012 年，美国空军就曾宣布，如果

SpaceX 公司火箭获得资质认证，就能够参与竞争军方的发射任务。甚至就在马斯克控告美国空军的同时，五角大楼也正投入约 6000 万美元检验 SpaceX 的卫星发射业务，这是准许 SpaceX 竞逐合同的第一步。

四、扛起新时代航天发射的大旗

尽管与军方始终处于马拉松式的拉锯战中，SpaceX 的名誉并未因此受损，反而增强了潜在商业客户对公司的信心。在 SpaceX 公司发射技术不断成熟后，欧洲以及加拿大、阿根廷、以色列等国家的商业发射合同纷至沓来。

> “我说的是实话，我不知道自己有什么独特之处。你看那些大公司早期的历史，他们也都是一点一点进步，我想这也是给那些创业者的一个建议吧，一般从小规模开始做，逐渐完善自己，逐步进展，这样客户会给你越来越多的信心，你积累越来越多，积小胜为大胜，慢慢积累你的成功，一步一步地做，从小到大，这样你就逐渐成长起来，拿到的合同越来越多，金额越来越大。”

在发射订单持续增长后，马斯克接受媒体采访时说出了上面一段话。这看似低调，又颇具外交辞令的一番言辞背后，确有其深层次内涵。一方面，从细节处入手，逐步完善产品性能，不断提高稳定性，这是成功的必由之路，也是所有成功学都会强调的东西。SpaceX 公司不仅做到了，而且做到了极致。另一方面，SpaceX 公司已经成功跻身世界航天发射精英公司之列。现在，再也没有人对私营航天公司的能力产生怀疑，再也没有人会认为 SpaceX 公司走向世界发射市场并占据一席之地还为时尚早，而马斯克也再一次向世人证明——他又一次在新的领域获得了令人瞩目的成功。

根据 SpaceX 公司官方最新公布的发射清单，公司已签订的发射合同总额达 40 多亿美元，其中 35% 是政府合同，65% 为商业合同。如果上述订单能够顺利执行，SpaceX 公司的年发射任务将可能从 2 次增加至 10 多次。面对如此多的发射任务，SpaceX 公司积极扩大生产规模，目前拥有年产 400 台发动机、可同时总装 40 多个火箭芯级的生产能力。

截至 2014 年 8 月，在 SpaceX 的纯商业发射订单上“未来 4 年内有 20 次任务，除此以外还有美国政府发射、载人‘龙’飞船试飞任务和预期猎鹰重型验证飞行”——2018 年前共 35 次任务。在马斯克领导下，SpaceX 公司早已迈出政府“扶着走路”的“婴儿”时代，开始在全球航天发射市场的商业海洋中弄潮。

“没人明白什么在驱动他，”坎特雷尔说，“目前，他以业界平均效率生产火箭，但他的订单则远高于业界平均数。就像特斯拉一样。他有能用的火箭，但他甚至还没完工，就开始建造下一个了。”

第二节
飞龙在天的“龙”飞船

马斯克用来实现天地往返的航天器名字叫“龙”，也就是“Dragon”。在普遍认知中，“龙”代表东方文化中的祥瑞，而“Dragon”则更多是西方文化中的恶龙。现代汉语里，并没有真正区分“龙”、“Dragon”乃至恐龙。近百年来，不断有文化学者要求给中国的“龙”正名，甚至不惜生造出“Loong”这单词，还有人打算从根本上解决问题，固执地将“Dragon”翻译成“拽蚣”。以上内容很学术。

全球化时代，各民族的神话形象正在杂糅变异。你认为“Dragon”是恶龙，马斯克可不这么想。实际上，他心爱的“龙”飞船因20世纪60年代美国民间乐队创作的歌曲《神龙帕夫》而得名。帕夫是一条魔力无边的神龙，住在海边。小男孩和它一起扬帆出海，乘风破浪。后来小男孩爱上了别的玩具，神龙和男孩的海上神话戛然而止，帕夫伤心地躲进了海边的洞穴里，魔力也离它而去。

对马斯克来说，这首歌可能从小就默然于胸，孤独的童年也许曾幻想过有一条神龙陪伴左右。不过，“A dragon lives forever, but not so little boys”，神龙永生，小男孩却总会长大。小的时候，男孩相信魔法；长大以后，他自己创造魔法。男孩不再幻想孤独，他走出了自我的世界，看到了更辽阔的星空，这一次，他和他的“龙”将飞得更高、更远。

一、航天飞机的光荣与悲怆

2011 年 7 月 8 日，在几十万美国人亲眼见证下，在全球亿万观众的瞩目中，阿特兰蒂斯号航天飞机从肯尼迪航天中心发射。这一天阳光明媚，却带着一丝忧伤的色彩。这是美国航天飞机的第 135 次发射，也是它的谢幕之旅。航天飞机这一曾在欢呼声中诞生的载人航天新标志，承载着美国的光荣与梦想，终于要告别舞台，走进历史。

“阿波罗”登月活动让美国在第二轮“太空竞赛”中占得上风，也刺激了美国的太空探索野心，加大了此后人类进入太空的频率。密集的太空探索计划让 NASA 觉得不够经济，因为用火箭发射载人航天器需要的是大火箭，并且都是一次性的，不可回收重复利用。出于对经费的考虑，制造一种新航天器成为时代的新要求。

延伸阅读

航天飞机与载人飞船的区别

一般而言，载人飞船是指位于火箭顶端，利用火箭推力进入轨道，任务完毕后，只有飞船的返回舱能承受再入大气层的高温，利用降落伞和缓冲火箭降落回地面；其余部分留在轨道上成为太空垃圾。特点是价格相对低廉，一般不可重复使用。

航天飞机则是可重复使用的大型载人航天器，与飞船最大的不同在于它具有飞机形状的机体，即有翼升力体外形。航天飞机在发射时利用火箭推力从发射台垂直升空，着陆时则像普通飞机一样水平降落在机场跑道上。从起飞到返回地面的整个过程中，航天飞机的加速和减速都很缓慢，大大降低了对航天员的身体要求，因此常有稍加训练的科学家、工程师、医生和教师搭乘航天飞机进入太空。

1981 年 4 月，美国第一架航天飞机哥伦比亚号飞上太空，从而步入航天飞机时代。五架航天飞机在 30 年的职业生涯中，共执行 135 次飞行任务（一次发射失败损毁，一次再入失败损毁），飞行总里程近 8700 万公里，把 16 个国家的 355 名航天员送往太空，并运送了 1360 余吨货物。

30 年中，航天飞机完成了涵盖地球、天文、生物、材料科学等学科的 2000 多项科学实验。航天飞机曾为和平号空间站和国际空间站提供服务。航天飞机最突出的成就之一是哈勃空间望远镜的发射及其 5 次在轨维修任务，依靠航天员多次出舱更换故障部件，哈勃空间望远镜迄今成功运行 24 年。

航天飞机在人类太空探索史上留下了浓墨重彩的一笔，其历史功绩不应被忘怀。美国前总统老布什认为，航天飞机“帮助完成的发现、促进的国际合作、获得的知识，通过数不清的重要方式促进了人类的共同进步”。

然而，在每次发射和降落时万众欢呼的场景背后，航天飞机也面临日益增多的隐忧，成就斐然的同时也有巨大代价。

实际运行的航天飞机，没有完全实现设计初衷，反而因为技术复杂、投资巨大，维修准备期长，可靠性随飞行次数的增加而不断降低。每架航天飞机的制造费用为 20 亿美元，每飞行一次费用高达 5 亿美元，返回后还要进行大量费时费力的检修，总成本超过设计预期近百倍，这让 NASA 不堪重负。

挑战者号和哥伦比亚号分别于 1986 年和 2003 年失事，损失的不只是两架航天飞机，还有 14 名航天员的生命。由于航天飞机上没有逃逸装置，航天员无法应对航天飞机发射或返回时突发的危险状况。剩余的三架航天飞机也到了故障多发的暮年。在美国财政赤字严重的大背景下，NASA 还有很多耗资巨大的项目，维持航天飞机飞行，会拖这些项目的“后腿”。连美国人自己都问：航天飞机“我们还玩得起么”？

二、“后航天飞机”时代的艰难转型

到了 2011 年，美国航天界才真正体会到什么叫举步维艰和进退维谷。受航天飞机退役影响最大的莫过于美国对国际空间站的货物补给和乘员轮换，NASA 完全靠支付高额票价购买俄罗斯联盟号飞船的运送服务。

2003年，哥伦比亚号航天飞机和七名航天员的陨落，从根本上动摇了NASA的地位。受此影响，小布什总统在2004年公布了“太空探索远景”政策，随后提出了“星座”计划，强调2020年美国将载人重返月球，建立月球基地，而把技术难度相对较小的近地轨道运输服务交由商业部门。

奥巴马上台后，面对国内严峻的经济和就业形势，对小布什提出的耗资巨大的“太空探索远景”计划进行全面评审。2010年2月，依据评审结果取消了已进入工程建造阶段的“星座”计划。这种戏剧性的变化是由政策的本质所决定的。“星座”计划中的“猎户座”飞船和“阿瑞斯”火箭不再作为近地轨道运输系统，转而全力支持商业运输系统执行空间站任务。由私营公司负责设计、建造并运行到达近地轨道的载人运输系统，而NASA只需要为政府和航天员支付运送价格。这样做的目的是吸引越来越多的私营公司参与其中，开发先进的近地轨道往返运输器，使近地轨道载人探索活动更加便利，成本更低，同时加速技术革新的步伐。新政策强调未来购买的不是商业航天器本身，而是一整套空间运输服务。

美国“后航天飞机”时代的载人航天器回归飞船发展路线。一方面，美国鼓励私营企业研发将航天员送往国际空间站的低成本载人飞船；另一方面，美国政府对太空探索的注意力转向更为纵深的小行星与火星，NASA将继续研发能运送航天员登上小行星、未来登临火星的“猎户座”乘员探索飞行器。随着航天飞机所用技术的转移，这些飞船部分拥有航天飞机的特征，如某些部件可重复使用等。

NASA和政府负责太空商业开发的部门表示，现在正是将太空

舞台从政府专营过渡到政府与私营机构共同参与的时候。“这种过渡是不可避免的，”NASA 官员说，

“它总会在某个时刻发生，即便不在今天或是今天这个任务并未达到预期效果，今后还是要发生。”

载人航天工程费用高、风险大，一般应属国家行为。在此之前，除了政府投资、建造和控制的航天器，还没有任何一艘商业公司的飞船造访过国际空间站。

2006 年 1 月，NASA 终于面对现实，启动了“商业轨道运输服务”计划，允许私营企业承接近地轨道的往返运输业务，鼓励发展商业运输服务和相关市场，NASA 作为用户之一，在市场上购买运输服务；其直接目标是为国际空间站寻求备选货物运输方案。

当进入一段新关系时，马斯克总是知道要做什么——接管，取而代之。他在 2004 年投资特斯拉后就迅速掌控了董事会，并在 2007 年罢免了创始人埃伯哈德。2006 年，当 NASA 打算从一个“探索”太空的机构转变为“投资”太空的机构时，他也知道要做什么。此时，NASA 还没有缓过神来，“对于我们来说这是一个全新的经营方式，”NASA 商业乘员和货物项目经理艾伦·林德茂耶这样说道。NASA 甚至聘请了一个顾问来指导如何做风险投资，并与 SpaceX 这样的“商业航天”公司发展“真正的合作伙伴关系”。

但马斯克知道怎么做。他手里的大部分钱都是在硅谷赚到的，最好的朋友之中也不乏风险资本家。商业轨道运输服务计划意味着 NASA 只和“大玩家”做生意，用火箭将真正的航天器送入地

球轨道甚至更远的地方，真正做大事。马斯克认为他的SpaceX就是真正做大事的公司。

NASA需要马斯克。从一开始，他对于NASA就是不可或缺的。NASA需要一个有远见的梦想家，向全世界展示，以最小投入开展的航天计划也能鼓舞人心，且足以表明国家目标。

然后，马斯克就拿到了钱。2006年，SpaceX公司赢得2.78亿美元的商业轨道运输服务合同，在三次发射机会之内演示验证他造的“龙”飞船进入太空、执行任务的能力。2008年12月，SpaceX公司和轨道科学公司共同获得NASA的合同，这两家公司要在2012 ~ 2016年为国际空间站提供20次货运补给服务。SpaceX公司获得的固定价格合同价值16亿美元，包含12次商业补给服务任务；而轨道科学公司的这一合同价格为19亿美元，包含8次商业补给服务任务，单次任务费用超过2亿美元。

“波音等大公司都放弃了投标，他们等着我失败后，NASA再去找他们，然后提高报价，”马斯克说，正是大公司傲慢的态度，给了自己机会，“我知道波音那些大公司非常恨我，我搅了他们的局。”

对SpaceX来说，竞争压力也是成本控制成功的重要因素。不同于垄断市场的联合发射联盟，SpaceX作为业界几乎规模最小的新创公司，既缺乏人脉关系也没有充足的历史发射业绩，在商业轨道运输服务的竞争中更有历史悠久的轨道科学公司这种对手。商业轨道运输服务的两轮竞争中SpaceX不得不降低成本来尽力加分。

2010年，SpaceX额外收到1.18亿美元，帮助他完成最初的验证协议。然后，马斯克发现自己处于既是合作伙伴又握有主导权的地位。

“NASA 把自己‘嫁’给了伊隆。”坎特雷尔这样说。

2013 年 11 月，商业轨道运输服务计划成功完成了所有货运验证飞行，NASA 在 2014 年发布的《“商业轨道运输服务”最终报告》将这视为一次绝对的成功和未来公私协作的典范。相较于 NASA 以往采用的成本加成合同（如 120 亿美元的“猎户座”飞船合同），商业轨道运输服务计划仅 8 亿美元的投资具有前所未有的实效，造就了“两种新的美国中型运载火箭和两艘自动货运飞船”。

延伸阅读

商业载人

2009 年，NASA 启动“商业乘员开发”计划，目的是支持未来国际空间站的乘员运输。商业乘员开发是一项多阶段空间技术开发计划，由美国政府资助，亦由 NASA 商业乘员和货物项目办公室管理。计划旨在鼓励研制私人运行的近地轨道乘员飞行器。商业乘员开发计划目前进展到第三轮。两三年后，多种载人航天器将应运而生。NASA 已多次表示最终可能只选择一家竞争者向国际空间站运送乘员。

SpaceX 公司研制了原始设计就具备载人能力的“龙”飞船，人人都以为它会在商业载人服务的竞争中占尽先机。

第一轮商业乘员开发计划于 2010 年 2 月启动，目的是完成系统概念、关键技术的研发。NASA 通过“空间行动协议”授予蓝源公司、波音公司、帕拉根太空研发公司、内华达山脉公司和联合发射联盟公司等五家公司共 5000 万美元。值得注意的是，SpaceX 公司并没有获得这一轮的合同。

第二轮商业乘员开发计划于 2010 年 10 月启动，主要开展航天器和运载火箭的设计和成熟度研究，加速“商业乘员运输系统”技术的实现。NASA 向四家公司授出共 3.162 亿美元的合同，其中，SpaceX 获得 7500 万美元。此外，这一轮商业乘员开发计划中还有几个未取得资金的公司，包括阿联特技术系统公司、联合发射联盟公司和埃克斯卡利伯·阿尔马公司。

第三轮商业乘员开发计划于 2012 年 2 月启动，也称为“商业乘员综合能力”计划，完成商业乘员运输系统的综合设计，包括航天器、运载火箭、地面运营和任务控制。SpaceX 公司获得 4.4 亿美元用于继续研制和测试第二代载人“龙”飞船。这一次，马斯克的竞争对手只剩下大集团波音公司和内华达山脉公司。马斯克毫无疑问觉得自己胜券在握，他说：“内华达山脉只不过是一个占位符，波音？呵呵。”

虽然奥巴马任上的 NASA 对马斯克已经足够好，但他仍坚称与白宫没有任何不寻常的纽带。

马斯克说，只有面临两种境况时他才会真的去寻求政府帮助，而在这两种境况中政府也都束手无策。

根据白宫的访问记录，在奥巴马任期内，马斯克只专门去过两次白宫，一次是在2011年为了参见首席总统顾问，另一次是在2012年参见白宫科学与技术政策办公室主任。另有五次是在与白宫相连的行政办公楼里参加会议。马斯克在获得政府合同的效率方面确实引人侧目，他“看到了机遇”。

如果SpaceX继续成功，固定价格合同就会成为规范，波音和洛马的存在方式可能会面临威胁。至少，意味着整个航天界融资方式的巨变。

三、“龙”之腾飞

2010年，美国总统奥巴马在马斯克陪同下参观了SpaceX的发射场。事实上，奥巴马不是冲着SpaceX去的。他原本被安排参观波音—洛马发射场，但特工处担心狙击手能从远处炸毁那儿的氢罐，因此才转移到SpaceX发射场。但无论如何，参观之后奥巴马彻底坚定了扶持商业航天工业的决心。同年，他在肯尼迪航天中心发表重要演讲，重新明确了NASA的使命。在演讲中，奥巴马宣布将更多依靠私人公司，而不是政府去打造美国载人航天事业的未来。虽然这是美国政府的迫不得已之举，但却为航天工业的商业化打开了大门。

为了那一天，SpaceX和马斯克已经等了很多年。

此后的岁月，注定是一段属于他们的航天传奇。

现在，所有的电视节目和杂志文章在介绍马斯克的时候都会这样说：世界上只有四个实体掌握了航天器发射和回收技术——美国、俄罗斯、中国和伊隆·马斯克。说到这里，将SpaceX称作“马斯克帝国”似乎并不为过。

2010年12月8日，猎鹰9号火箭把第一艘“龙”飞船成功送上太空，并在绕地球轨道两圈后安全降落，SpaceX由此成为世界上首个把飞船送入轨道的私人公司。NASA局长查尔斯·博尔登激动地评论称，“龙”飞船的发射成功标志着“美国再次成为太空探索的领头羊”，其重要性“怎么评价都不为过”，并表示“这些开拓者之于航天的意义正如林德伯格之于民用航空的意义”。

查尔斯·林德伯格是全世界第一个独自完成横越大西洋不着陆飞行的人。不可否认，SpaceX公司也将永载人类航天史册。

这艘“龙”飞船完成任务成功着陆后，SpaceX公司打开了其搭载的一个标写着“高度机密”的盒子，里面原来是一大块奶酪。SpaceX声称这是在向美国知名喜剧演员蒙提·派森致敬。然而这又何尝不是SpaceX对抢占新兴的、充满巨大商机的商业航天市场的兴奋与期待?

但故事远没有结束。2012年5月22日，在经历多次延期后，猎鹰9号火箭成功发射升空，把货运“龙”飞船送到预定轨道，飞往国际空间站。25日，“龙”飞船与国际空间站成功对接，成为有史以来首艘造访空间站的商业飞船。虽是首次尝试，但从开始到结束的全过程内几乎毫无瑕疵。

奥巴马总统亲自打来电话，但呼叫者的号码被屏蔽显示，让马斯克以为是一个业务推销员而差点错过关键的通话。这一天距马斯克创立传奇般的SpaceX也不过短短十年。

唐纳德·佩蒂特是第一位进入“龙”飞船搬运货物的航天员，他兴奋地说飞船闻起来像一辆新车，并在飞船内逗留了很久，称感觉很好。5月31日，“龙”飞船返航，在加利福尼亚附近的太平洋海域准确溅落，仅比原计划提前了两分钟。马斯克坐在飞行总控室内的第一排座位上，通过推特宣布："溅落成功！派快艇去迎接飞船。"此次国际空间站验证飞行任务中，"龙"飞船圆满完成了一系列在轨验证任务、交会对接试验和货物补给验证，而这些本应在两次单独任务中实现。

"龙"飞船是世界上第一艘与国际空间站成功对接的商业飞船，创造了商业航天的历史，为商业航天未来的发展奠定了坚实的基础。不仅马斯克很兴奋，NASA 也很高兴，与传统的研制合同相比，此后的任务能以极低的成本完成，对于美国纳税人来说也是一件乐事。

SpaceX 的领先幅度如此巨大，以至于它的竞争对手们的作品才刚刚处于起步阶段。另一家获得这项合同的轨道科学公司，在一年以后才进行了"天鹅座"飞船的首次发射。

2012 年 8 月 23 日，NASA 局长博尔登宣布 SpaceX 公司已经正式进入 NASA 的"商业补给服务"任务阶段。2012 年 10 月 7 日，"龙"飞船由猎鹰 9 号火箭在卡纳维拉尔角空军基地发射升空，执行"国际空间站"首次"商业补给服务"合同任务。10 月 10 日，"龙"飞船与"国际空间站"成功对接。对接后的两周半时间，站上乘员完成飞船货物装卸工作。与首次空间站验证飞行任务不同的是，此次任务装载了用于空间站运营的大批货物，以及用于空间站科学样品的冰箱、站上乘员生活和工作的各种材料等。

这三次发射已经足以永载史册。

2013 年 3 月 1 日，"龙"飞船发射升空，执行其第二次"商业补给服务"合同任务。2014 年 4 月 18 日，"龙"飞船执行第三次"商业补给服务"合同任务。同时，发射"龙"飞船的猎鹰 9 号 v1.1 火箭第一级在关机和级间分离之后还进行了海面软溅落回收验证试验并获得部分成功，成为此次任务的最大亮点。多次任务连续成功表明 SpaceX 的货运飞船及运载火箭技术已稳定成熟。

延伸阅读

什么让“龙”飞船与众不同

除“龙”飞船外，目前为国际空间站提供货物补给的飞船包括俄罗斯进步号飞船、欧洲“自动转移飞行器”、日本“H-Ⅱ转移飞行器”及轨道科学公司的“天鹅座”飞船。与这些飞船不同的是，“龙”飞船带有热防护罩，可在返回时耐受极高温安全降落，而其他飞船不具有热防护罩，只能在再入大气时烧毁。

“龙”飞船从一开始就设计载人，这是其他货运飞船所不能比拟的。为了方便将“龙”飞船从货运构型改造成载人构型，除了乘员逃逸系统、生命保障系统和允许乘员利用飞行计算机控制飞船的船载控制系统外，货运构型和载人构型的结构几乎完全相同。载人型号最初被称为“驭龙者”(DragonRider)，计划承载 7 名航天员或人、货混装；具有完全自主执行交会、对接的能力并由手动备份；采用 NASA 对接系统与国际空间站对接。

在 2012 年 5 月 18 日 NASA 的新闻发布会上，SpaceX 再次确认，载人“龙”飞船的目标发射价格为 1.4 亿美元，合每座位 2000 万美元，前提是满载 7 人且 NASA 每年至少订购 4 艘。这与 2014 年俄罗斯为 NASA 航天员开出的 7600 万美元的联盟号飞船票价形成强烈反差。

NASA 已与 SpaceX 公司签订租借肯尼迪航天中心 39A 发射台的合同。39A 发射台是 1969 年阿波罗 11 号飞船起飞执行首次载人登月任务的发射台，也是发射 1981 年首架次及 2011 年末架次航天飞机任务的发射台。航天飞机退役后几近荒废的 39A 发射台，今后由商业公司继续用于载人发射，这对于 NASA 和 SpaceX 都具有显著的历史意义。

2014 年 5 月 29 日，SpaceX 在总部举行了第二代载人“龙”飞船（Dragon V2）的发布会。“欢迎大家来到霍索恩，太空探索技术公司的总部。”这是马斯克的开场白。第二代载人“龙”飞船仍使用猎鹰 9 号火箭发射，最多可搭载 7 名航天员，亦可人、货混装，可着陆于地球上任意地点，有望于 2017 年前实现载人飞行。SpaceX 公司称此次发布的改进型飞船将成为有史以来最安全、最可靠的载人航天器。

马斯克则说：“作为 21 世纪的现代载人航天器，第二代载人“龙”飞船将彻底变革人类进入太空的方式。”

“最初设计‘龙’飞船时，说实话，根本毫无头绪，我们从来没造过航天器。”马斯克坦言此前缺乏经验。第一代飞船的着陆方式很传统，用降落伞溅落在加州沿海。

“一个重要的改进就是着陆于任意地点，对，在陆地上，推进式的。这是第二代‘龙’飞船能做到的事之一。”

马斯克形容，新飞船的着陆精度可与直升飞机媲美，这是现代飞船应该具备的能力。

又进行了一段简短描述之后，全场伴随灯光倒计时，马斯克做了一个手势，他身后的幕布缓缓飘落，现场掌声、欢呼声和口号声不断，主角终现真容。

随后，现场大屏幕上播放了一段制作非常精良的模拟动画，展现了第二代载人“龙”飞船在轨飞行、再入大气层和着陆的全过程。

播放完毕，马斯克亲自进入到新飞船里展示内部设计。飞船内部一共有7个褐色真皮座椅，上层4个，下层3个。一侧为供乘员进出的舱门，另一侧没有太多装饰物。马斯克坐到操控台前演示了如何操作。

操控台由四块很大的触控屏组成，马斯克说这些设计与特斯拉汽车的内部设计很相似。

如果触控屏出现故障，所有功能都可通过硬件控制来实现。

每当举行这种大规模的发布会时，马斯克似乎就会变得异常紧张，不复往日潇洒，在介绍新飞船时甚至结结巴巴。然而一到回答记者提问时间，他就又是那个应答自如、滔滔不绝的马斯克了，从飞船的原理、构造、工艺，到自己的计划、梦想、使命，无所不及，还被众多粉丝索要了签名。

第二代载人“龙”飞船仍采用圆锥形外观。首创的发射逃逸系统将在航天员从进入飞船到入轨的全过程中提供逃逸能力。该系统还能让飞船在地球或其他行星表面以直升飞机的精度推进式着陆，使星际往返成为可能。推进式着陆不仅便利，还能实现快速重用。此外还为飞船加装了四条可伸缩的冲击减震着陆支架，并保留降落伞备份着陆功能。着陆后，飞船可补加燃料并飞行多次，极大降低了太空飞行的成本。纯液体火箭发动机可根据需要调节流量大小或在紧急情况下直接关机。

第二代载人“龙”飞船将在第一代 Draco 推力器的基础上升级为 SuperDraco 推力器。推力提高 200 倍，并具备深度调节能力，能关小到允许飞船执行高精度机动的程度。SuperDraco 首次完全由 3D 打印机制成，大量使用复合材料，具有高强度和高可靠性。

新飞船发布，来得正是时候。2014 年年初以来，俄乌冲突，招致美国对俄制裁。目前，美俄两国正在进行政治上的互相抨击。美国的制裁措施之一是 NASA 将终止同俄罗斯在航天领域的合作，接着又没底气地补充，“终止一系列合作”中并不涉及国际空间站。俄罗斯主管国防和航天事务的副总理德米特里・罗戈津的反击直中要害：除了空间站，我们跟美国在其他方面也没有航天合作。俄罗斯还不失时机地提醒美国，美国人需要乘坐俄罗斯飞船往返于地面与空间站。罗戈津甚至嘲讽，美国以后最好用蹦床送他们的航天员上空间站。马斯克站了出来，在推特上简短而强硬地回应：“不用蹦床。”

第三节
马斯克的“盗梦空间”

当然，前面所说的一切，都只是马斯克火星梦想的一部分而已。为 NASA 和商业客户提供廉价、可靠的空间运输、卫星发射服务是改进当前技术的途径，而技术发展的最终目标是登陆火星。美国创业环境的成熟与完善让人惊奇，更让追梦者难以停下梦想的脚步。

“阿波罗”在马斯克心中埋下了梦想的种子。今天，这个梦想终于快要开花，在不远的将来也会结果——给世界装上星际航行的翅膀，让人类走向深空，探寻宇宙的瑰丽。

一、价格太贵——那就造可重复使用的火箭

马斯克声称 SpaceX 有全世界最先进的火箭，但到目前为止，

火箭技术进步还只是“渐进”的，因为火箭是一次性使用的，发射就意味着终结。假如无法造出可重复使用和可重新加注燃料的火箭，就几乎不可能实现真正的太空旅行。因为这代表着每一次发射都要建造新火箭，这个成本是令人咋舌的：单次火箭发射的成本动辄上亿美元，然而实际的燃料消耗只有 20 万美元，跟飞机的消耗差不了太多。

“可完全、快速重复使用的火箭才能带来革命性的突破。”

换句话说，如果不在火箭的可重复使用技术上下工夫，星际航行根本就是天方夜谭。SpaceX 一直在为此努力。

为从根本上解决航天发射成本高、效率低的问题，2011 年 SpaceX 公司宣布在现有猎鹰 9 号火箭基础上，分阶段验证可重复使用技术。为此，制定了多元、渐进式发展的技术验证计划，包括以下三种试验：低空（低于 3.5 公里）、低速测试；高空（3.5 ~ 91 公里）、中速测试；高空（91 公里以上）、高速（马赫数 6）的弹道式再入、受控减速和受控降落试验。其中前两种主要通过“蚱蜢”垂直起降技术验证机、可回收型猎鹰 9 号试验机和新型可回收猎鹰 9 号试验机进行验证，而第三种则在“猎鹰”火箭的发射任务中进行。

延伸阅读

“蚱蜢”回收试验

“蚱蜢”高 32 米，贮箱高 26 米，由一个猎鹰 9 号火箭第一级（采用单台灰背隼 -1D 发动机）组成。在“蚱蜢”验证机底部，配有四支液压减震钢制着陆支架和一套钢制支撑结构，完全可重复使用，火箭垂直起飞和依靠火箭动力垂直着陆。“蚱蜢”试验过程中发动机全程保持工作，验证机通过发动机推力矢量控制实现箭体姿态稳定，通过发动机推力大范围调节，实现上升、悬停、减速和着陆。通过其特有的着陆腿，验证机在着陆之前可实现缓冲减速。灰背隼 -1D 发动机是在灰背隼 -1C 基础上改进而来，在性能、可靠性和工艺上都有了很大的提升。

“蚱蜢”回收试验全程可分为三个阶段。第一阶段预定发射高度约为 73 米，第二阶段为 204 米，两个阶段的试验均只持续 45 秒。第三阶段的试验目标是增加高度、加快上升和下降速度。预计试验高度依次为 366 米、762 米、1524 米、2286 米以及 3505 米。2012 年 9 月至 2013 年 10 月成功完成全部 8 次试飞之后，SpaceX 退役了“蚱蜢”验证机，随后开始试飞可回收型猎鹰 9 号试验机。

可回收型猎鹰 9 号试验机垂直起降试验

可回收型猎鹰 9 号试验机以“蚱蜢”垂直起降技术验证机为基础，进一步验证垂直起降可重复使用技术。该试验机由猎鹰 9 号 v1.1 型火箭的第一级、三台灰背隼 -1D 发动机和与猎鹰 9 号 v1.1 火箭相同的四个着陆架构成，高约 42 米、直径 3.66 米，装有冷气反作用控制系统，可在滑行段进行三轴控制，在单台发动机工作阶段进行滚转控制。

2014 年 4 月 17 日，SpaceX 在得克萨斯州的试验基地完成了可回收型猎鹰 9 号试验机的首次垂直起降试验，飞行高度 250 米，时间不到 1 分钟。在此次试飞中，着陆架呈展开状态，起飞时只有一台发动机工作，在着陆前先进行横向机动，而后降落至着陆区。试验录像显示液氧贮箱表面有冷凝水滴部分的长度只有液氧贮箱总长的四分之一。媒体据此推断，可回收型猎鹰 9 号试验机只加注了部分燃料。与之前的“蚱蜢”验证机试验相比，本次试验在着陆前的悬停时间相对较长。

猎鹰 9 号 v1.1 火箭第一级海面软溅落回收试验

2014 年 4 月 18 日，发射“龙”飞船第 3 次“商业补给合同”任务的猎鹰 9 号 v1.1 火箭进行了第一级海面软溅落回收试验。

火箭第一级在点火升空后 2 分 43 秒分离。分离后不久，第一级火箭重新点燃 3 台灰背隼 -1D 发动机，用于减速制动。几分钟后，在距离水面不高的地方，再次点燃一台发动机，使火箭以较慢的速度溅落到大西洋中。

起初，SpaceX 估计第一级完整回收的成功率在 30% ~ 40%，因为第一级着陆尝试主要用于收集数据，为今后任务改进控制程序；另一个造成成功概率微小的因素是当天回收海域天气恶劣，7米的浪高阻止回收船靠近着陆区域，在第一级最后着陆机动过程中也可能会造成一些麻烦。尽管如此 SpaceX 仍设法让火箭第一级直立降落于海面，随后骇浪损毁了箭体。

2014年7月14日，又一枚猎鹰9号 v1.1 火箭在发射6颗第二代轨道通信卫星入轨之后进行了第一级海面软溅落回收试验。与上一次试验过程一致，火箭第一级在接触海面的瞬间将垂直速度降到零，发动机关机后，第一级按预期倾倒。遗憾的是可能由于倾倒时受力，破坏了箭体的完整性，没有打捞出整个箭体。此次试验的目标是数据而非硬件，因为在海面溅落的第一级必然无法重复使用。

这两次试验中，SpaceX 回收了部分碎片，并拍摄了软溅落过程视频。火箭第一级成功着海是一个重要里程碑，标志着 SpaceX 已达成猎鹰9号第一级助推返回能力的又一块基石。

按 SpaceX 公司的说法，推进剂本身成本仅为标准猎鹰9号火箭发射成本的0.3%，如果能重复使用，猎鹰9号的发射价格有可能降到500万至700万美元。根据2014年繁忙的研制计划，马斯克称有望在2014年底或2015年初实现火箭第一级的首次地面软着陆，然后开始着力研发第一级的快速重用。

二、动力先行——那就造更大的火箭

近年，SpaceX 公司对灰背隼-2发动机失去兴趣，转而支持甲烷燃料的“猛禽”发动机。该发动机将用于驱动 SpaceX 公司的“火星移民运输机”，最终实现载人、载货登陆火星。仍在计划中的重型火箭方案还包括猎鹰重型运载火箭。

猎鹰重型运载火箭此前被称为猎鹰9号重型。2011年4月，SpaceX公司对外宣布，将设计建造猎鹰重型运载火箭。同年7月，SpaceX在范登堡空军基地为其正在研制的猎鹰重型运载火箭举行了发射设施动工仪式，这标志着猎鹰重型运载火箭的研制工作正式启动。

猎鹰重型为两级入轨火箭，第一级27台发动机同时启动可产生17.6兆牛推力，足以将1400余吨的箭体及其53吨有效载荷送入近地轨道。这个运载能力远远高于各国现有运载火箭的运力。设计目标是将单位质量有效载荷的发射成本降低一个数量级。猎鹰重型运载火箭的成功发射对SpaceX公司及美国的空间计划至关重要：美国空军已与SpaceX公司签订合同，将于2015年用猎鹰重型火箭发射两颗军用卫星入轨。

“猛禽”发动机最早在2009年提出，最初设计为液氢/液氧低温分级燃烧发动机，采用闭合循环。2012年，“猛禽”研制计划转为甲烷燃料发动机系列，将液氢换成甲烷后，“猛禽”的设计推力大幅增加，可用于驱动重型运载火箭。

猎鹰重型火箭第一级芯级配备9台“猛禽”发动机，发射推力将达到34.2兆牛。火箭第二级可能使用一台或两台优化真空运转的“猛禽”发动机。单芯级火箭近地轨道能力可达100吨，三芯级火箭则可将100吨有效载荷送上火星。SpaceX公司还强调其未来的运载火箭都将设计可重复使用功能，采用和当前猎鹰9号相同的技术。

如今的马斯克身上已经被冠以了太多的光环：投资人、企业家、亿万富翁、太空先驱者、现实版“钢铁侠”。更难能可贵的是，已经成就伟大事业的马斯克依旧没有停下脚步，凭借一己之力改变世界似乎是他一生所追求的极致，而改变世界的路径大半是其他人眼中“不可能的任务”。

每个人面前都有两条路：一条走的人多，但通向平庸；一条人迹罕至，但通向卓越。

美国著名管理学家劳伦斯·米勒说过，卓越并非一种成就，而是一种永不满足的追求出类拔萃的进取精神。

正如中国一句古语：终日乾乾，与时偕行。

第十章
带你去火星

“我的太空梦是让人类成为多星球物种。我们应该在火星上或月球和太阳系的其他地方有个自我维持的文明。”

——伊隆·马斯克

2006年德国世界杯赛场的大屏幕，曾经放过香港演员周星驰自导自演的《少林足球》，里面有一句很有名的台词“地球是很危险的，你快回火星吧”。不知道马斯克有没有看过这部电影，但他要在火星上退休甚至“死在火星上”的愿望大家都知道。

马斯克远不是唯一怀揣“火星梦”的人。众多公立和私立组织都规划了载人探火、登火的蓝图。这颗红色星球的诱惑力在于它超脱于现实世界，历来被认为极有可能存在生命，数百年来让科学家和梦想家魂牵梦萦。

第一节
星旅路迢迢

火星是太阳系八大行星之一，其橘红色外貌是因为地表的赤铁矿（氧化铁）。在西方，火星被称为“战神玛尔斯”；古代的中国叫它“荧惑”，有“荧荧火光、离离乱惑”之意。

与地球相比，火星这颗漂亮的红色星球可谓荒凉世界。但火星是地球轨道外最靠近地球的行星，与地球最为相似，具有明显的四季变化，因此也被称为“地球的一面镜子”，可以让人类了解地球的过去和未来，甚至还有可能发现外星生命。火星自转速度大约也是 24 小时，公转速度是地球的两倍，而火星上的一年相当于地球上的 687 天。

火星探索技术复杂，难度很大，发展道路极不平坦。直到目前，人类也远远无法登陆火星，只是以探测器实现了三种方式的探测：1）掠过火星进行观测；2）环绕火星进行探测；3）在火星着陆进行现场勘测。

现代航天之父冯·布劳恩应该会非常失望，这位生于德国的火箭先驱一生成就极高，但最渴望的事情却始终未能得见：载人登陆火星。他是最早倡导载人火星探索并制定出科学计划的人。在加入 NASA 之前，布劳恩写了唯一一本小说:《火星工程》。他在其中详细解释了轨道力学原理，设想了一项庞大的火星探索计划，包括 10 艘 4000 吨重的太空船，能够搭载 70 人抵达红色星球，在火星赤道上修建大本营和着陆场，为大部队登陆作准备。

一些国会议员对布劳恩的提议说风凉话，问“这有什么用？”布劳恩回答说:“一个初生的婴儿有什么用？”这个话的原创者不是布劳恩本人，他也是引用别人的话。1831 年，搞电学实验的英国人法拉第请时任英国首相狄里烈观看他的实验。首相很不解地问:“这有什么用？”法拉第就回答说:“一个初生的婴儿有什么用？”这句话非常确切，现在我们能离开电吗?

载人登陆火星有多难?

2010 年至 2011 年，6 名来自多国的志愿者（包括一名中国人王跃）在位于莫斯科郊外的一处地面模拟舱中参与了“火星—500”大型试验，模拟载人火星任务从发射到返回地球的全过程。之所以叫“火星—500”，就因为去火星需要 250 天，回到地球需要 240 天，来来回回大概需要 500 天，这次试验设定为 520 天。

试验主要为了探索模拟火星登陆过程中人类所能够耐受的程度，了解长期密闭环境下乘员的健康状态及工作能力状况。520 个莫斯科郊外的晚上，对于机器来说不算什么，对于志愿者就是很大的挑战。日子一天天重复，隔离让人发疯，还有看不见的空间辐射以及不可预知的风险。那这个过程能缩短些吗？答案是：非常难。为了实现太空飞行，人类已经奋斗了这么多年，技术再提高一点都很困难。

无人的火星探测也并不顺遂。

20 世纪 60 年代初，苏联发射了全世界第一枚火星探测器，开始了对火星的无人探索，苏联 / 俄罗斯发射的火星探测任务占全球发射总数的近一半，但大部分都失败了。2011 年 11 月，搭载中国首个火星探测器萤火 1 号的俄罗斯“福布斯—土壤”探测器亦因主发动机故障而无法实现变轨，没能进入奔火轨道。

美国对火星的探索则成功得多，始于执行的“水手”计划和“海盗”计划，1976 ~ 1991 年期间因忙于航天飞机的研制和飞行，有 15 年之久未发射火星探测器，直至 1992 年发射“火星观测者”才恢复了火星探测活动。2003 年的 6 月和 7 月先后发射了两辆“火星探测漫游车”，后通过全国命名征集，命名为“勇气”和“机遇”。

在下一次功勋卓著的“好奇号”任务发射之前，全世界共发射了 39 枚探测器前往火星，只有不到 40% 真正到达。也正因如此，火星被称为“航天器的墓地”。是的，火星如此冷酷无情。

直到 2012 年 8 月 5 日，美国“好奇号”火星车在火星成功着陆，似乎又见到了新的曙光。NASA 局长博尔登说：“今天，好奇号的车轮开始为人类的脚印探索道路。”“好奇号”火星车是一个汽车大小的火星漫游探测器（和汽车一样有轮子），名字是一位 12 岁的华裔小姑娘给取的。大约一万名来自美国各地的小学生参加了 NASA 举办的“为火星车命名”的作文比赛，层层筛选后由 NASA 决定选用“好奇”，这位小姑娘的参赛作文第一句就是

“好奇心是人们心中永不熄灭的火焰”。

至今，“好奇号”在火星上表现出色，已取得多项探索成果。

总而言之，后续火星任务的技术和经济挑战，都不是十年的“阿波罗”式冲刺就能轻易应对的，技术突破与政治勇气缺一不可。唯一的方法是一点一点地解决难题，这也是目前 SpaceX 正在做的事。

第二节
承载宇宙的希望

在布劳恩的小说中，他设想一次火星远征将花费20亿美元——约合今天的180亿美元。在1989年，NASA估算一次这样的火星探索花费约为5000亿美元。

怀疑论者质问："在我们做出如此巨大的冒险之前，难道不应该首先响应民众、父母、学校、公共安全和环境的基本需求吗？难道不应该了解将会花费多少宝贵的国家财富吗？太空探索至今的真正价值到底是什么？"

早在2009年，阿波罗11号航天员奥尔德林就在其回忆录《华丽荒土》中庄严回应这些言论：

"并非我们带回的月岩值钱，也不为了赞美的诗句。这些会很快被遗忘，而人们见证的历史将永存。

探索火星的所得无法用回报来衡量。”

新的知识和机遇来源于超群而无畏地面对前所未有的挑战。只有勇于冒险，我们才能作为一个物种而进化。以上的所有先驱诠释了人类精神。

美国前总统肯尼迪在为“阿波罗”载人登月计划发表演讲时提到的核心观点同样适用于任何火星探索。如果设定与“阿波罗”计划同等的优先级，火星探索将成为驱动全球技术创新的动力和催化剂。“阿波罗”计划二次开发应用带来了巨大的经济效益和社会效益，远远超过计划本身所带来的直接经济与社会效益。为火星任务开发的技术所产生的深远影响至少可与登月相提并论。

那么，如何能够辩驳反对探索火星的论点？考虑到我们面临的社会挑战，很多人问：“在地球上还有这么多麻烦的时候，为什么还要花数百亿美元在太空中？”对于这类两头不讨好的问题，可以用苏格拉底反诘法来回应：

“现在地球上确实有很多亟待解决的问题，但如果没有过去五十年通过航天计划得以发展的能力，我们该如何应付这些问题？”

信息系统、材料技术与其他很多新发展，形成了如今高度依存的世界。如果没有空间技术，人类的生活质量要倒退 30~40 年，因为没有空间技术，就没有气象和对地观测卫星，我们可能还在为气候变化担忧；没有通信卫星和集成电路领域的发展，也就没有我们如今赖以生存的先进通信；甚至没有“阿波罗”计划所需的大量文件复制，我们都不会有复印机。

第三节
他们都想上火星

一、“灵感火星”：载人绕飞火星

2013年2月，美国亿万富翁、世界首位太空游客丹尼斯·蒂托提出实施一项载人探火设想——“灵感火星”，计划于2018年送一对中年夫妇往返火星，两名探索者将体验为期501天的绕飞火星任务，但不会登陆火星。蒂托说：“在人类登月以后的40年，我们还没有载人去过月球之外的星球，与很多同龄人一样，我一直在期盼这一突破，而且现在是到该结束这个缺失的时候了。”此次任务预计花费10～20亿美元，蒂托希望部分资金来自电视转播权及向NASA出售数据的收入。NASA将会为执行该火星任务的飞船提供生命保障系统和热防护系统等技术支持，可能会采用

SpaceX 的猎鹰重型火箭。

二、“火星一号”：自杀式单程旅行

荷兰非营利组织“火星一号”也瞄准了这颗红色星球，他们计划在火星上建立永久性人类定居点。“火星一号”希望在 2023 年运送 4 名人类航天员登陆火星，预计成本为 60 亿美元；此后每两年发射一次。所有登上火星的人不再返回地球，要在火星上过自给自足的生活。作为非营利组织，“火星一号”打算通过出售航天员选拔、发射和在火星上生活期间的转播权，筹得全项目的所需资金。火星移民，有去无回，活脱脱一个“真人秀”节目。

三、NASA 也没放弃

尽管近年来 NASA 载人航天下一步目标摇摆不定，但始终没有放弃载人登火这一远大目标。奥巴马总统上台后提出，将在 2035 年左右实现载人火星轨道飞行，而后载人登陆火星。为实现这一“地平线”目标，好奇号火星车对火星岩石、土壤、大气进行了详细的勘探、研究并取得了卓越的技术成就；“猎户座”飞船和“空间发射系统”的研制稳步推进。未来，美国将继续开展深入的火星探测任务，包括 2016 年“洞察”火星钻岩着陆器和 2020 年新型火星车等火星探测计划。火星探测目标仍将是搜寻火星上过去或现存的生命迹象。

在著名的科技网站《连线》上，不少美国人真真假假报名要求去做火星的志愿者，有个家伙说：“我老了，没有老婆没有孩子，让我去做火星的志愿者吧。”更多的留言看起来似乎不全是玩笑：NASA，别为了省钱做无人计划，直接载人吧，我报名做志愿者，我厌烦了政客。

第四节
忘掉NASA和2035年

“火星是马斯克的内驱力。”已经认识他十多年的航天工程师路易斯·弗里德曼说。

> “从心理学角度分析，如果你被束缚在地球上，人类作为一个物种就存在局限性——而伊隆是不愿意被束缚的那种人。”

在一次罕有的采访中，马斯克的父亲埃罗尔说：“他从贝宝出来的时候也可以干点别的，

> 是‘看看我们能不能发射火箭’推动他走上这条路，汽车和太阳能其实都是细枝末节——尽管很重要！

我毫不怀疑他能在有生之年让人类登上火星。”

马斯克一向敢想敢做，因此当他反复说在 2002 年成立 SpaceX 就是要帮助人类成为“跨星际物种”时也不特别令人惊讶。他计划 10 ~ 12 年内让人类到达火星，并最终在火星建立人类基地。马斯克设想用液氧和甲烷燃料的巨型可重复使用火箭发射乘员，每个座位的票价约为 50 万美元。票价的确不菲，当然 SpaceX 有着非常明确的客户群：这些人肯定都是精英人才，还得有“再不疯狂我们就老了”的激情，而且愿意抛弃自己已经拥有的一切去火星。马斯克说过，实现如此雄心壮志的关键是研制出可完全、快速重复使用的火箭。

尽管马斯克信心满满，但毕竟他还没有公布任何具体计划，甚至他的火箭还从没发射东西上过月球呢！这让专家们质疑 12 年根本不够。据专家介绍，一旦相关技术被充分开发，让人类登上火星将是非常的简单。但难点就是如何解决系统工程、开发、集成和测试以及进入、下降和着陆专门技术等问题。

马斯克认为 SpaceX 的目标对于人类作为一个物种的存续具有至关重要的意义：人类要么挣脱地球束缚成为跨星际物种，要么最终因人为或自然灾难而灭绝。显然，莎士比亚的名句“To be or not to be”（生存还是毁灭）成了马斯克“火星之旅”的座右铭。马斯克说：

> “60 年前地球上还没有核武器，因此不难想象，60 年后我们将有怎样可怕的武器，人类毁灭地球是早晚的事，最佳的解决办法就是在火星上开辟第二生存空间。”

要想在火星上立足，首先要登陆月球这个中转站，另外还有大量的物资需要运送，这样看来，公司的前景似乎一片光明。

马斯克的计划得到了硅谷科技圈其他巨头的响应。谷歌 CEO 拉里·佩奇说："去火星是人类的使命，我愿意把我所有的钱给马斯克用于火星探索。"顺便说一句，马斯克说佩奇在他认识的人里是最聪明的，看佩奇在谷歌所做的一切，就知道这个人实在是聪明绝顶。

马斯克坚信人类应当属于外太空。他说："我头脑中已经设计好了如何让人类到火星上生活。"如此，他设想的火星基地有多大？"一个城市那么大，几百万人。"他的余生可能在那里度过，"在火星上死去是一件非常酷的事情。"他开玩笑说。或许这是想效法当赫尔南多·科尔特斯带领西班牙舰队到达墨西哥海岸的时候，破釜沉舟以表决心，终于征服阿兹特克帝国的事迹。毋庸置疑，所有生命都是一个毁灭的过程。与其无聊地死在养老院里，还不如死在火星上。

太空探索永远伴随着勇气和超越。1919 年，现代火箭技术之父戈达德预言人类可以到达月球时，所有人都在嘲笑他。彼时，戈达德就用那句名言回应：

"很难说有什么办不到的事情，因为昨天的梦想，
可以是今天的希望，而且还可以成为明天的现实。"

现在这句话被刻在以他名字命名的 NASA 戈达德航天中心的一块纪念碑上，永恒不朽。

不可否认的是，航天事业向来充满艰辛，灾难总会发生。人们以为阿波罗 1 号不会爆炸起火，但还没发射就令全体航天员丧命。阿波罗 13 号出现多系统故障的几率只有十亿分之一，但它还是发生了。挑战者号和哥伦比亚号航天飞机失事的画面也犹在眼前。

从某种角度来说，马斯克迟早也会遭遇失败。他现在飞得这么高、这么快，很难不去想，他将在什么时候、以什么样的方式落回“凡间”。但是，以太空探索为毕生事业的人不会独行，即使失败，也会有更多的人站在巨人的肩膀上继续前进。在阿波罗 1 号大火中不幸遇难的航天员之一格斯·葛里索姆留下的“征服太空值得冒生命危险”这句“遗言”，正在激励无数后人继续他未竟的事业。

到目前为止，马斯克还没有跌回地面的迹象。NASA 和其他客户排着队用他的火箭。他经常谈起他每周工作 100 个小时，如同他经常谈起去火星，但他人高马大，浑身散发着健康和力量的气息。他常被人称为仍存理智的“摇滚明星”。他爱讲晦涩的笑话，自己笑点也很低，对于外界的变化则喜怒不形于色，好像只有他能看透隔绝了他与外部世界的那层窗户纸。虽然有点夸大其辞，但不得不说，他身上具有某些外星人的气质，如果某天他撩起上衣说他没有肚脐，也不会让人特别意外。

不求轩不求冕，不为红尘所囚。为了探索遥远的未知世界，马斯克带着信念与执着，走在去火星的路上。这条路很长，他还要走很久。

对马斯克来说，登陆火星还远远不够。他认为，更重要的是在火星上建立自给自足的城市，以便把人类变成跨星球生物。马斯克说，如果人类无法移居其他星球，最终必将在地球上灭绝。

第十一章 天将降大任于“斯”人

“如果凡事顺利成功，那很可能表示创新不足。”

——伊隆·马斯克

在美国流行着一个经典的笑话，说一个人搞航天最后成了千万富翁。这听起来一点也不可笑，因为真正的笑点是这个人原来是亿万富翁。同样，在美国富豪中也有一句类似的话：如果你活腻歪了，想找出什么法子让自己辛辛苦苦赚来的几十亿美元打水漂，顺带毁掉一批耗资甚巨的硬件，甚至搞出点人命，那么再也没有比火箭研发更合适的领域了……这或许可以解释为何当今世界的航天项目一般都是由各国政府来主导。

笑话归笑话，其实在发射服务这个极其小众的市场里，除了马斯克之外美国还有一批与他经历相似的名人都曾先后涉足其中。甚至有段时间，“闯荡太空”都成为了亿万富翁之间攀比炫富的一种时尚。但不幸的是，没过多久绝大部分的公司都关门大吉，马斯克成了为数不多的幸存者。

为什么是“斯”人呢？除了天时地利人和的风云际会之外，马斯克坚持不懈、勇于冒险、独立思考的可贵品质也都是帮助他取得成功的重要砝码。

第一节
成功的背后是面对失败

优酷网的《老友记》栏目曾邀请柳传志为青年人讲述创业故事，节目中他分享了自己在创业过程中经历的挫折和挑战。回过头来看，即使是现在万人敬仰、无限风光的大佬，在通往成功的道路上依然充满了常人难以想象的坎坷。

柳传志出身于军事院校，耳濡目染的英雄主义情节对他的性格产生了深远影响。那时的中国正处在计划经济向市场经济转型的过渡期，得益于柳传志的敢想敢干，联想迅速发展，但随后柳传志又一次“果断”的决定却险些葬送了刚刚起步的联想。

“当时我们实际上在国内买来卖去，利润并不高，我发现在国外直接的代理那订货，把钱交给他们，这个电脑的利润就会很高。但是，你就要把人民币换成外汇，把外汇打给人家，还有进口指标也要打给人家，人家才能来，这个过程以前没做过。在跟 IBM

订货之前，如果能打去 100 万美元，大概折扣就有 40%，那就可以大赚一把。”于是，柳传志找人担保后，从银行借出了 300 万。

柳传志找到了一家进出口公司，借助他们的渠道把钱换汇后打过去。经过一番讨价还价，对方最终答应汇款，于是柳传志给了一半的钱之后就回了北京。为了保险起见，他还留了个同事在那盯着，结果快一个礼拜了一点消息都没有。这可把柳传志急坏了，他不得不再次飞到深圳，到那才发现人没了，柳传志当时就傻了眼，“我带着板砖在他家憋着，最后那个人还是出来了，人家说‘你那钱我给你挪用了。我真没骗你，只不过我觉得这个外汇率涨得很高，就拿钱先挪用了’。砖头也没用着，事情差一点就给耽误了，幸亏我在别的地方弄了点钱才把这个事情做成了。”

柳传志调侃现在仍能清楚地记得自己拿着板砖上门追账的情景，并坦言那段日子真是度日如年，“到夜里头被吓醒，心狂跳不止，天天都这样，真的感到太紧张了，因为压力无穷大。等把钱追回来了，我依然天天夜里头还被吓醒，这个后来给我落了一个病根，我觉得怪冤得慌”。

有人说，创业就是要拿 99% 失败的风险去博那 1% 的可能性。马斯克作为一个“创业控”，几乎一直走在创业的路上，这里面自然少不了成功和失败两种结果。有趣的是，马斯克成功的案例往往被大书特书，却很少有人去统计他到底经历过多少次的失败。如果按照上面的概率去计算，在他诸多成功的背后，也一定经历了常人难以想象的失败。

马斯克在谈到自己的“成功学”时曾表示，成功的背后是面对失败。“很多事情看上去很难，实际比看上去还难。

我小时候就有一个疯狂的想法：地球不应该是人类活动的边界。但要把人类送到外太空，得有运输工具。于是，我就有了航天梦，并在长大后开始倒腾火箭。

结果，第一次，失败；第二次，失败；第三次，还是失败。2008 年左右，猎鹰 1 号运载火箭在经历了 3 次发射失败后几乎把我以前所赚来的钱耗尽。

在我打算消停一会儿时，我发现，原来这些失败的经历并不是没用的，一些材料、能源的应用理念启发了我对电动汽车的新想法。”

“事实上，当我们克服千辛万苦解决了火箭的燃料问题后，最初觉得，事情大概到此结束了，火箭燃料除了推送火箭上天，还能干吗呢？后来一想，纯电动汽车也需要新型燃料，它们不是正好能派上用场吗？”

与马斯克一起创立贝宝的好友马克斯·列夫琴说，马斯克就像一个“在黑暗中乱舞剑的人”。每有疯狂的想法，总想着把它不计成本地做成。他认为历史总是自然地按他的意志前进，现实里，如果碰巧是，那就是传奇；如果碰巧不是，那就是灾难。

2008 年，马斯克陷入了人生的最低谷。SpaceX 三次试射火箭失败，数千万美元的投入化成爆炸后的大火球，公司濒临破产。因为研发成本过高，他的另一家公司——特斯拉电动汽车也接近关门，有一部名为《电动汽车的报复》的纪录片记录了那一年的惨状，他的工厂塞满了存在问题、无法交付的汽车。而他的第一段婚姻也走到尽头。马斯克回忆，2008 年的一个周日，他从床上爬起来，突然感到眼前一片黑暗，“我差点被打垮了，那真是非常非常黑暗的日子”。

同样也是在 2008 年，马斯克的个人意志最终取得胜利——他孤注一掷，第四次发射猎鹰 1 号完美无瑕。用马斯克的话来说，它是黑暗中的一道光。

第二节
特立独行而不盲从潮流

从互联网、航天科技，到电动车和可持续能源，马斯克像魔术师那样一而再、再而三地颠覆着人们对尖端科技的传统认识。相信很多人都会好奇：马斯克为什么会成功？他的思维方式究竟和别人有什么不同？他也曾针对这个问题给出过自己的答案，用他自己的话来讲，他习惯用第一性原理来思考问题。

第一性原理？对非物理专业的人来说，听到这个词的第一反应肯定是两眼一抹黑。其实，这个看似高大上的专业词汇所表达的只是一个简单的道理。

所谓第一性原理是量子力学中的一个术语，意思是从头算起，即不使用任何经验参数，仅以基本数据进行量子计算，得出分子结构和物质的性质。

那为什么使用“第一性原理”这个字眼呢？据说是来源于“第

一推动力”这个宗教词汇。第一推动力是牛顿创立的，因为牛顿第一定律说明了物体在不受外力的作用下将保持静止或匀速直线运动的状态。因此如果宇宙诞生之初万事万物是静止的，后来却都在运动，那么它们是怎么动起来的呢？牛顿自己也无法解释，于是转而求助上帝，认为是上帝推了一把，并且把整个晚年都用于对神学的研究。现代科学认为宇宙起源于一次大爆炸，但是为什么爆炸总得有原因吧，那又是什么呢？至少目前还说不清楚。简单来说，所有这些难以解释的东西都可归结为宇宙“第一推动力”的问题。

科学不相信上帝，搞不清楚“第一推动力”的问题只是因为我们的科学体系尚不完善，有一些规律还未被发现。第一推动一定由某种原理决定，这就可以称为“第一性原理”。爱因斯坦曾致力于“大统一场理论”的研究，也是希望找到统概一切物理定律的“第一性原理”。可惜，这一问题在目前的科技水平下都无法给出答案，更别说当时了。

那么为什么称量子力学计算为第一性原理计算呢？或许是因为这种计算能够从根本上计算出来分子的结构和物质的性质，而这样的理论很接近于反映宇宙本质的原理，因此也就称为第一性原理。

在评价事物时，第一性原理和经验参数是一对矛盾。第一性原理是基于某些公理性规定推演得出的结论，而经验参数则是通过大量实例得出的统计规律。

类比是一种重要的逻辑思维和推理方法，是人们解决未知问题的常用策略。类比思维就是运用已有的知识和经验将陌生的问题与熟悉的问题进行类比，尝试找到解决办法。大多数人在考虑问题时习惯使用类比思维。

在创业领域，国内一些人喜欢的商业路径是 C2C（Copy to China），就是把国外已经成功的产品或模式搬到中国。这是一种典型的类比思维。例如：国外有了商务社交网站领英，国内立马就出现不少模仿者；国外打车软件 Uber 火了，国内的出租车叫车应用也一下子冒了出来……但是类比推理并不是因果逻辑。Uber 在美国的成功和中国打车 APP 的成功之间其实没有什么必然关系。

第一性原理的思维强调少用假设，从问题的本质出发，进行推理思考，用实践去试错验证。17 世纪的时候，研究科学的人都信奉亚里士多德，把这位古希腊哲学家的话当做真理。亚里士多德曾说过：两个铁球从高处落下来，重的一定先着地。然而，年仅 25 岁的伽利略却并不相信，于是就在比萨斜塔上做了一个著名的实验，结论想必我们每个人都知道，最终是两个铁球同时落地。

第一性原理的思维方式强调独立思考，而不是人云亦云。在这一点上马斯克和乔布斯非常相似。Think Different 是乔布斯最喜欢的广告词，一般译为“不同凡响”，也有人说译为“不同凡想”更贴切。Think Different 中的 Different 从语法上看是错误的，正确的用词应该是 Differently。而乔布斯则巧妙地借助这个语法错误，强调自己的标新立异，既然英语语法说是 Think Differently，苹果就要说 Think Different。

创新的第一要求是与众不同、不盲从潮流。如果干什么都和别人一样，就不叫创新！

第一性原理的思维方式强调质疑，不轻易接受现成的答案。马斯克从小就喜欢问为什么，有时甚至会让老师生气。如果别人说某件事不可能做成，马斯克一定会去挑战，尝试一下探个究竟。他相信世界是不断变化的，以前做不成的事，随着条件的成熟就有可能成功。马斯克虽然有很多奇思妙想，但他却稳打稳扎绝不冒进，他的做法是“大胆假设，小心求证”。

马斯克甚至敢在完全没有火箭设计方案的时候就创办SpaceX，他的“第一推动力”就是第一性原理的思维。马斯克不看NASA创造过什么，也不考虑如何改造NASA的产品。他只从物理学定律分析：

> 要将x数量的物质送入太空，就得消费y数量的燃料，还要z数量的原材料。结果让人大跌眼镜，y加z只有NASA每次发射支出的1%。

马斯克认为，巧妙的设计和制造工艺应该可以利用现有的材料生产出一款低成本、高品质的火箭。因此，他在还未找到解决方案时，就愿意将亿万身家押在SpaceX上。

类似的情况还有特斯拉。马斯克并不确定这家公司能否成功，以第一性原理思考后，他相信：

> 我们可以制造出更好的电动汽车；如果人类不希望和大气层玩俄罗斯轮盘游戏，特斯拉的目标产品就会成为必需品；只要电动车可以更快更性感，可以有更多的续航，消费者应该会买单。

带着这样的想法，在2008年一片肃杀的市场环境中，马斯克掷出了个人最后的一笔资金，最终使Model S惊艳问世。

第三节
创业是一场完美的坚持

在日常生活中，我们总能听到一些年轻人信心满满地提出自己的创业梦想。然而，无论你的想法有多么特别，都需要付出足够的努力让它成为现实；这就是创业的核心价值，即执行。“不愿实践的愿景只是幻象。”亨利·福特如是说。创业是一场马拉松，一场持久战。实际情况可能远不如预期，下定决心后就必须保持热情。以两个“人性”的问题为例，看完之后，不知道你还会不会坚持自己远大的抱负。

第一，你真的有耐心吗？

很多人在创业时都豪气万丈地说过：我什么困难都能坚持。可问题是，也许要不了多长时间你的信心就没了，还谈什么坚持？想象一下，你是一个公司的合伙人。假如要开发一款产品，创始人将软件外包给另一个公司。结果搞了几个月，那家公司撂挑子，只交付一个糟糕的半成品。试问，你该怎么做？你可能会觉得创始人办事不给力，而创始人会觉得苦日子何时才到头啊？这时候，你也许会萌生去意，创始人也将热情不再。再假设，你的公司新招来一个小伙伴，他很努力但脑子不灵光，工作好几天也没有上手，你会不会立马把他开掉另觅高明？或者你觉得自己有这份耐性吗？有句话说得好：让人觉得疲累并停下来的，永远不是路途的遥远，而是鞋子里面的一粒沙。还有一句：不忘初心，方得始终。

第二，你真的有定力吗？

外面的世界很精彩，但创业的故事也很无奈。即使你内心强大，但面对接连不断的意外和遥遥无期的盈利，你真的能做到心如止水吗？接踵而来的是各种信息：今天这个公司上市，明天那个企业增发，或者身边的某某公司也一夜暴富。你可能会无动于衷，坚持自己的方向，但你的同事，你的合伙人，可能早就心猿意马。他们会不停地告诉你别的行业“人傻钱多”，这其实就是暗示你：我们还没赚到钱，要不我们也改行？关怀、关心等“善意”的建议扑面而来，你是否抵抗得住诱惑？或者有人离你而去，有人与你意见相左，有人为你流泪，有人和你绝交。在这种情况下，你是否还能坚持到底？

清代书画家郑板桥的《竹石》有云：“咬定青山不放松，立根原在破岩中。千磨万击还坚劲，任尔东西南北风。”说到这不禁想起一个励志故事：在中国最东边有一种毛竹，初长成的前四年，即使每天精心照料，也不过长到 3 厘米。但五年后，它却以每天 30 厘米的速度生长，六周之后就可以长到 15 米。或许看起来仅在六周内，发生了不可思议的变化，但之前的四年间，毛竹将根深深扎入土壤。

> **做人和创业又何尝不是如此，很多人很多企业失败的根本原因就是没能熬过那3厘米。**

2014年，在南加州大学商学院本科生毕业典礼上，当谈到自己的创业起点时，马斯克说道：“当弟弟和我一起创立Zip2时，我们没有购置任何房产作为办公场所，反而在一间又小又普通的办公室里开始我们的事业，当时我们只有一台电脑，白天需要用电脑运营网页，编码只能在晚上进行。我们每周7天每天24个小时几乎都在工作。”在向青年人传授成功秘诀时，马斯克说：

> **“如果你要成立自己的公司并快速获得成功，那么努力工作是必须的。别人每周工作50个小时，那么你每周就要工作100个小时，而且你要能够坚持下去。”**

你可能好奇到底是什么力量支撑着马斯克一路走来？答案可能很多，但其中最重要的无疑是信念。当你对“未来应该是什么样子”持有非常坚定的看法时，你的信念就会产生，对这一未来的期盼越热烈，信念也就越强烈。

马斯克在创业中异乎寻常的执著正是来源于对未来的强烈认识。很多时候，其他人也看到了马斯克所构想的产品，但最后都因各种理由望而却步，正如前面提到的诸多私人航天公司。在连续经历三次发射失败后还能保持高度清晰的愿景与决心，一般人是根本不可能做到的。

马斯克自己也曾坦言，在SpaceX和特斯拉的最初几年里，他完全不确定它们是否会成功。他说："实际上，我认为最可能的结果是失败。"这个说法现在听上去令人震惊，但马斯克坚称，在创业之初，他能知道的全部就是成功是有一定概率的。

坚守最初的希望，是他唯一的疯狂。

第十二章
超越无限的 Xman

“第一步是建立具有可行性的基础，然后，万事皆有可能。”

——伊隆·马斯克

Xman中文译名X战警，同为美国漫威漫画公司的经典作品，由美国漫画界的泰斗级大师杰克·科比和斯坦·李于上世纪六十年代联合创作，是美国人气最高的一支英雄联盟。X战警的所有成员都是所谓的“变种人”，在他们的遗传基因中具有一个能够产生突变的“X基因”，导致他们天生就具有异于常人的特性。

X战警故事背景宏大，剧情元素丰富，时光旅行、平行世界、基因实验都是常见的主题。而且X战警主线人物众多，光是有名有姓的变种人就有几十名之多。特别值得一提的是，由于都是漫威旗下的作品，在“幕后黑手”的推动下，钢铁侠和他的复仇者联盟队员们也在X战警中客串了一把，并在很大程度上推动了主线剧情的发展。钢铁侠制造的机器曾将X战警故事中的凤凰之力打散，最终导致其附身于众多X战警的身上。

X是英文里最具神秘感的一个字母，马斯克对这个字母的喜爱异乎寻常，X几乎贯穿了他整个的创业生涯。“X表示未知、无限，同时还有目标和希望的意思”这是百度给出的解释。是的，“超越无限”一直是马斯克的座右铭，而他的目的就是“改变世界”，如果这个世界真有X战警的话，那么马斯克就是现实版的Xman。

第一节
既是 CEO 又是 CTO

CEO 想必大家都清楚，直译为首席执行官，是企业中负责日常事务的最高行政官员，又称做行政总裁、总经理或最高执行长。CTO 呢？它的英文是 Chief Technology Officer，通常是企业技术领域的最高负责人。熟悉工程的人可能知道，在大型项目的研制过程中也有类似的职位设计，一个是总指挥、一个是总设计师，俗称型号两总或两条指挥线。

从亚当·斯密的《国富论》开始，社会分工成为主流趋势。而在企业中代表技术的 CTO 和代表管理的 CEO 一直被认为是两个极端，是被最先分开的两个工作岗位。在企业中，CTO 的职责是开发企业所需的各项技术并将其整合为成熟可靠的终端产品，而 CEO 的主要工作是通过企业管理最有效地利用企业资源，尽可能地降低产品成本，提升市场竞争力。一般而言，技术和管理之间存在天然的壁垒。搞技术的不懂管理，经常会忽视成本的制约条件，片面追求技术和产品的先进性；搞管理的不懂技术，很难准确把握技术发展潮流，无法科学配置企业资源。要想真正做出低成本和高可靠的产品，就必须是技术和管理的完美结合。

马斯克与其他创业者相比最大的不同，就是他能够同时身兼CEO和CTO两个岗位。目前，马斯克不仅担任SpaceX的CEO和首席设计师，同时还兼任特斯拉公司的CEO和产品架构师，此外，他还曾是电动汽车Roadster的联合设计者之一。换句话说，他一个人干了四个人的工作……

TED是美国一家私有非营利机构，其名称来源于科技（Technology）、娱乐（Entertainment）、设计（Design）三个单词的首字母缩写。该机构以它组织的TED大会著称，这个会议的宗旨是秉承“用思想的力量改变世界”。TED主任克里斯·安德森认为，马斯克与乔布斯真正的共同之处在于他们都具有一种由无拘无束的强大信念所驱动的罕见思维方式——系统性设计思维。

乔布斯和马斯克都不是传统意义上的发明家，他们影响世界的产品都凝聚着无数能工巧匠的智慧和汗水。沃兹尼亚克是第一代苹果机的工程师，而苹果图形操作界面的核心理念则来源于施乐帕洛阿尔托研究中心，乔纳森·伊夫设计了iPhone和iPad。至于特斯拉，它的初版则是在一家叫做AC Propulsion的公司的帮助下才完成的。

对于苹果来说，iPod单打独斗可不算什么颠覆，而一款音乐播放器加上iTunes再加上苹果和诸多音乐发行商签订的协议，就足以改变你在网上购买音乐的流程。同样，SpaceX想要推动在火箭发射领域的革命，需要的是数百个工程的创新，而这大多数都不是马斯克的脑袋想出来的。

> **马斯克要做的就是将他对科技、设计、商业、用户需求等元素的理解同时放在一起，反复地融合、煎熬、打磨，直到最后——“嘭”的一下出现时，人们就会情不自禁地说道：“就是它了！”**

让我们来拿特斯拉的Model S举例。以前，大多数人对于电动车最好的评价也就是其能源的可持续性，但是它本身的前景却由于行驶里程等严重缺陷被看衰。真正的突破点源于锂离子电池技术的出现。众所周知，这种技术起初并非应用于汽车工业，而是用在电脑和手机上。虽然它并不便宜，但却具有比其他电池高得多的能量密度。而且，受益于锂电池的广泛使用，其单位成本所能提供的性能必将大幅提升。如果把足够数量的锂电池组合成单独的一块，就可以为电动车提供足够的行驶里程，并使一度令人苦恼的电动车重新进入人们的视野。

马斯克绝不是第一个这么想的人。他的天才之处在于，能够将这一核心的理念整合进自己的宏观愿景，如何制造和生产这些电动车，如何低成本地推广它们，怎样开拓出巨大的市场。2006年，马斯克发表的一篇文章《特斯拉电动汽车计划的秘密》透露了特斯拉的长远规划：

> **首先推出一款高端跑车，然后是运动型家用轿车，最后才是面向大众市场的车型。**

为了支撑这一规划，马斯克要求特斯拉所有的车型要做到不仅仅是优秀，更要惊艳。现实是最好的见证，

> **当年所有传统汽车制造厂家对特斯拉投来的讥笑和讽刺，如今都被这家电动车厂商放大数倍后，又反射到了他们自己身上。**

接下来我们要思考的是，一个人怎样才能同时在两个维度上进行思考呢？乔布斯将他的成功部分归因于他在里德大学时期的字体课程。这门课程对于乔布斯的影响远远不止于苹果机上精美的字体。

至于马斯克，我们看到他从少年时代开始就花了很多时间来阅读，如饥似渴地汲取科学、历史和漫画里的营养。他同时还获得了物理学和商学的双学位，这是一种罕见的知识结构组合。在打造 Roadster 时，马斯克就亲自操刀担任了汽车物理外形的主设计师，认真琢磨着油泥模型上的每一个细节，寻找着每一个平衡汽车功能、外观和成本的机会。他做出的每一个决定都包含了他对于技术、经济和驾驶体验的理解。

至少从目前来看，一切都在朝着马斯克的构想前进，他移民火星的计划正在从异想天开变得清晰可见。马斯克对人类所做出的贡献总有一天将被这个世界认可。因为他真正的非凡之处在于，无论是征服宇宙的 A 计划，还是固守地球的 B 计划，都是由同一个头脑驱动的。

第二节
冒险家和商业天才

世界著名的管理咨询公司埃森哲，曾与 26 个国家和地区成千上万名的企业管理人员探讨过企业家精神的问题，超过半数的受访者都认为勇于冒险的企业家精神对成功非常重要。企业家这个词，从 16 世纪诞生的那一刻起就被赋予了冒险者的身份。在汉语里，企业家一词的内涵有限，而英文“enterprise”的含义远比中文“企业”要广泛得多，它还可以被理解为“冒险精神”、“进取心”等。美国第一架航天飞机以“Enterprise”命名，华语世界就同时存在“企业号”和“进取号”两个不同的翻译版本。

市场经济中，企业家通常是指这样一群人——他们具有敏锐的眼光，能够及时发现社会需求，甚至创造社会需求；他们具有承担风险的勇气和能力，能够组织资源，在市场前景并不明朗的情况下开发和制造社会所需要的产品和服务；他们以个人的声誉和资产承担失败的后果同时也取得成功的收益。

古时候，由于土地资源的限制和环境气候的影响，西方的农耕水平并不发达，为了养家糊口、繁衍生息，西方人不得不将目光转向大海，向变幻莫测的海洋讨要生存的权利，并逐渐形成了崇尚冒险的海洋文明，同时也因此催生了麦哲伦、哥伦布等一批享誉世界的探险家。

马斯克的老家南非是一个崇尚野性和征服自然的地方，其东、南、西三面被印度洋和大西洋环抱，自古就是航运要冲。好望角航线，更是世界上最繁忙的海上通道之一，有着“西方海上生命线”的说法。马斯克家族本来就有殖民者的开拓基因，他从小还喜欢从祖父那儿去追溯冒险者的本性，另外他在南非度过了童年和少年，这是形成世界观的关键时期，上述原因共同塑造了马斯克执迷冒险的独特性格。他离开母亲独自一人回到父亲身边，以及后来极力劝说父亲移民美国等故事，都展现了马斯克性格中的这一面。

当被媒体问到为什么冒险进入航天领域时，马斯克坦诚将所有的未来赌在火箭上确实很冒险。在被问到自己的动机是否有赌博的性质时，马斯克说：“其实我不赌博，我不喜欢到赌场去赌博。我可以看到它的真实性，我不喜欢真实的赌场。如果你不能做主人的话，你就不想玩。关于在这方面投下赌注，我们可能会遇到这样的情况，可能会失败，但是如果你觉得这个赌注足够大，值得做，即使失败你也会做这件事情。大多数的新兴公司都会破产，如果我们创始一个公司，最大的可能性是可能会失败，最重要的是要做好准备，应对这样的风险。

但是，我还是要试一试，如果失败的话，我们能够学到什么，如何应用到下次未来的尝试当中，这是我所关注的。”

一味冒险可能会被定义为蛮干，但如果能将风险与市场机遇联系在一起，并关注与之匹配的商业模式就不由得让人感到“心惊胆战”。如今马斯克的每个业务都受到了空前的关注和热议，从营销角度来看，他是如何做到这一点的？

为了搞清这个问题，我们也学学马斯克，以“第一性原理”来思考：如何通过营销占据用户的心智？什么东西更容易占据人的心智？很多案例告诉我们，

总是那些新鲜的、看起来有意义的东西才会让人着迷。因为人的头脑喜欢尝鲜、喜欢改变、喜欢卓尔不凡！那些“与众不同”的东西，往往能带给我们超预期的惊喜，同时能带来好奇心和关注度。

以此来看，马斯克可以被称为伟大的商业天才，因为他做的每件事几乎都能完美地符合这些标准。一开始，大家都觉得：“这怎么可能？”“这哥们是不是疯了？”或者“他怎么会有这么宏大的梦想？”其实通过这些宣传，马斯克已经成功抓住了大家的眼球，占据了公众的心智。

不知是否天意使然，马斯克从事的领域都有天然的营销优势。例如，我们拿他“脚踏实地”的一个产品来看：截至目前，特斯拉电动车花在传统营销上的成本还是零，这意味着它一直在享受

着“定位红利”，因为无论是“电动”还是“智能”，特斯拉都足够“卓尔不凡”。当“电动”、“智能”、“汽车”这3个关键词凑在一起时，就足以裂变出一个“黑洞”来占据用户的心智。而且，随着新产品的不断推出，这个“黑洞”的威力会继续扩大，在疯狂卷入用户的同时持续催生新的热门话题！

现在，我们来对“如何走入用户心智”做更深入的探讨。先来认识一下两种风格完全不同的CEO：第一种是那些光芒四射的CEO，如“太阳型”的CEO，他们往往通过输出强力的观点来占据用户心智，像维珍集团董事长理查德·布兰森或者国内的马云基本属于这一类。马斯克则是另外的风格，他主动输出观点很少，但他把卷入用户的社交营销做到极致。这就像“黑洞型”的CEO，扎克伯格或者国内的雷军大抵也属于此列。

回过头，我们再看马斯克的个人营销，他会有意无意地给自己贴上一些“标签”，但方式跟“太阳型”CEO有显著的不同：他习惯于把自己的价值观和信念融合到公司的产品里，靠用户体验来说话。马斯克会讲“手势识别”或者“火箭回收”技术，也会在电影《钢铁侠》里植入自己，但这都是一种“防御型”的营销，其本质并不是要输出观点，也非包装自己，重点仍是基于信念构建出的“黑洞”。

第三节
改变世界的“狂人理想”

当未来的科学家回顾 21 世纪的进程时，他们一定不会漏掉马斯克的卧室。因为在这里，突破性事件每隔几个月都会发生一次，有时是在他冲凉时，有时是在晚上入睡前，而有时甚至是在午夜！

马斯克曾极其兴奋地说道，有一次在凌晨 2 点，他突然想起“就地资源利用”的概念：甲烷 / 液氧火箭发动机能够产生 380 秒以上的比冲，配备这种发动机的火箭足以把人类送到遥远的火星，而且火星上具有大量的二氧化碳和永久冻土（含水），完全可以转化成甲烷和液氧。2012 年，马斯克将“猛禽”发动机由液氢 / 液氧系列转为甲烷 / 液氧系列，如果研制成功，这一做法足以撬动人类深空探测领域的现状，使载人往返火星变成可能的现实。

其实这只是他众多疯狂点子中的一个而已，类似的想法马斯克还有很多。最近国内某知名网站作为“有心人”收集整理了马斯克要在未来改变世界的 12 大设想。其中不仅包括开发廉价的电动汽车，为波音 787 梦想客机提供帮助，开发能够垂直起飞和降落的电动超声速飞机，制造可重复使用的运载火箭等宏伟计划；甚至还包括将无人驾驶技术应用到特斯拉，使用机器人更换电动车电池，构建时速 1200 公里的超级回路列车，将八万人移民火星等更为疯狂的项目。

我们再来看看马斯克对于自己被称为“狂人”是如何辩解的吧，在 2012 年参加加州理工学院毕业典礼时，马斯克发表了致辞，出人意料的是他首先感谢了主持人对他的介绍中没有提到“狂人”的字眼。另外，他说道：“小时候，人们常会问我，长大要做什么，我其实也不知道。后来我想，搞发明应该会很酷吧。

> 我一直存在一种危机感，很想找出生命的意义和万物存在的目的。所以，我决定攻读物理和商业。因为要达成这样远大的目标，就必须了解宇宙如何运行、经济如何运作。

1995 年，我来到加州读书，想要找出提高电动车能量密度的方法。那时，互联网刚刚兴起，我面临了两个抉择：继续研究成功几率不大的电容器技术，或者投身网络事业。最后，我选择辍学，参与互联网创业。

> 贝宝成功后，我开始想，眼前有哪些问题最可能影响人类的未来？我认为，地球面临的最大问题是可

持续能源。如果不能在 21 世纪解决这个问题，我们将大祸临头。另一个可能影响人类生存的大问题，是如何移居到其他星球。第一个问题促使我成立了特斯拉和 SolarCity。第二个问题，则让我创立了 SpaceX。这就是我一路走来的创业历程。”

回顾马斯克的创业史，我们看到从贝宝到特斯拉再到 SpaceX，马斯克的“帝国版图”正以异乎寻常的速度成长、壮大，这位昔日的辍学生“改变世界”的狂人梦想正在一步一步地变成现实。

在畅销书《群氓时代》中，网络名人赫连勃勃大王以自身为标靶，用辛辣的笔锋揭示了时下中国人浮躁而盲动的思想状态，认为这是一个“群氓时代”开始的标志。群氓的原意是社会地位低下的阶层，表现为心里意识的高度同质化，他们拒绝理性而复杂的思考，对提供给他们的意见和想法，只简单地选择两个极端，要么全盘接受，要么一概拒绝。可以想象，身处这样一个时代，人们对于英雄人物是多么渴望，尤其是那些把世界扛在肩上以救世主形象出现的超级英雄。就是在这样的一个合适时机，马斯克恰当地出现，以踏足火星、拯救人类为最终目标，完美地填补了公众对英雄的全部渴望。

混沌论认为，个体不被整体改变必须符合两个条件：第一，自身足够强大；第二，坚持得足够久。马斯克足够强大也足够执拗。改变世界，并为此耗尽一生的才智，就是马斯克的狂人理想。

第十三章 以互联网思维改造传统

“我倒不是说一定要破坏，搞颠覆性的创新，但是有一些很重要的东西是需要实现的。为了达到这个目的，一定要有些颠覆的话，我是会做的。”

——伊隆·马斯克

2013年11月3日，中央电视台新闻联播头条，以专题形式介绍了“互联网思维”。一时间洛阳纸贵，“互联网思维”一词成了各路专家学者研究和热议的焦点，几乎充斥了从报纸、杂志到博客、论坛的各种媒体。基于互联网思维打造的产品或服务如雨后春笋一样层出不穷，并以近乎摧枯拉朽的态势不断攻城略地，极大地冲击了传统行业的商业模式。

互联网思维，源自对互联网时代人类生活方式的深刻洞察。它是一种理念创新，也是商业模式创新的基础，是对整个商业生态的重新审视。简单地说，互联网思维包括以下几个标签：用户体验、专注极致、平台共享、敏捷快速等。

百度CEO李彦宏，大约是国内最早提出将互联网和传统行业结合的人。他在2007年接受《赢周刊》采访时说：“以一个互联网人的角度去看传统产业，就会发现太多的事情可以做。把在互联网人精堆里磨炼出来的经验带到传统企业去，会有很大的投资回报。”

而在美国，马斯克从2002年开始，就以互联网的想法改造着传统行业。拥有硅谷经历的马斯克，重新审视传统航天、汽车和能源产业，掀起了一场前所未有的革命。他不按常理出牌，他没有中间融合，只有颠覆和取代。凭借良好的商业触觉和互联网思维，马斯克使自己的三个公司实现了更深层次的扩张，一个庞大的商业帝国已经呼之欲出。

马斯克堪称硅谷互联网思维的第一流践行者，也是将互联网思维玩得最炫的人。

第一节
用户体验

用户体验是互联网精神的核心，只有超越用户需求的产品才能直指人心并拥有良好口碑；用户体验就是要打造需求牵引和技术推动的有效连接，创造用户需要但又无法表达的内心需求。

在“以厂商为中心”的工业经济背景下，往往是厂商主导，传播方式是推进式市场营销，用户基本没有话语权。在“以用户为中心”的互联网时代，消费者的话语权日益增大，并且影响着企业各环节的决策。

一、特斯拉的用户体验

注重用户体验，说白了就是要“亲民”。“亲民”的定价、“亲民”的设计、“亲民”的销售策略，都是特斯拉提升用户体验的核心要素。

特斯拉是有互联网思维的电动汽车，它的商业模式有很多新的颠覆点。特斯拉在中国和美国的定价基本相同，大概都是十万美元，中国的买主只需多加关税，这就是互联网时代的用户思维。而像奥迪、宝马、奔驰等汽车，中国的价钱是外国的两倍以上，体现了工业时代的暴利思维。

为了满足更广泛的用户群体，特斯拉正在打造另一款“接地气”的车，售价将会更加“亲民”，特斯拉将这款车命名为 Model 3，预计 2017 年上市销售，预计售价为 3.5 万美元（约合人民币 22 万元）。这个价位将会让全球更多的用户体验和享受特斯拉独一无二的驾驶感。

特斯拉没有内燃机，却拥有超过法拉利的速度；不需要加油，一次充电能行驶长达 400 公里；既不是自动挡，也不是手动挡，而是一块超级 Pad 操控一切。表面上看特斯拉就是“一块电池 + 四个轮子 + 一个电脑”，但体验过就知道特斯拉实际上是以极致的用户体验为中心，如苹果手机一样将硬件和软件做到无缝对接，创造超越用户预期的极致驾驶体验。

苹果公司产品的用户体验可以说是有口皆碑，为了提升用户体验，特斯拉先后从苹果挖来 Mac 硬件工程副总裁道格・菲尔德、制造技术主管里奇・海利和系统安全研究员人称“黑客公主”的克莉丝汀・佩吉特。这些从苹果公司转会来的高端人才帮助特斯拉成为了汽车界的“苹果”，使特斯拉不仅拥有优雅的外观设计，而且还成为用户体验最好的汽车。

谈及特斯拉的用户体验，马斯克曾这样说：

“其实很多时候客户并不能清楚地说明为什么他们喜欢特斯拉，比如他们看到一个屏幕觉得很喜欢，或者车开得很快觉得很喜欢，并不能清楚描述出车的好处，但事实上就是这些微妙的差异使得他们非常喜欢我们的产品。”

特斯拉汽车拥有强大的软件系统和互联网服务，每个细节都很好，用户可以通过试驾直接感受到智能的乐趣。聪明的马斯克给特斯拉找准了清晰的市场定位，让特斯拉在市场上站稳了脚跟，然后再以完全互联网化的极致体验，让用户感受到与众不同的内涵。他把互联网思维的参与感、口碑营销等一整套秘籍全都用在了特斯拉身上。这让用户觉得，特斯拉就是时尚、拉风的标志。

可以想象，以后的汽车圈子里也许只有两种：一种是特斯拉，另一种是其他。

另外，特斯拉绕过了汽车行业的传统营销模式，而是采用了苹果体验店的模式。服务人员不会向用户推销产品，他们只在用户有疑惑时出现，帮助用户解决问题。用户可以静心体验钟情的车型，不被打扰。更重要的是，体验店的地点通常不是在郊外，而是在高端的购物中心。这样非常方便用户在休闲娱乐之余，顺道去过一把特斯拉电动汽车的瘾。

以互联网精神取胜的小米公司CEO雷军也是特斯拉的超级粉丝。他在特斯拉刚刚公布大陆售价时便预定了两辆，体验过电动汽车后的雷军对特斯拉产品中浓厚的互联网基因赞不绝口。

最近几年，互联网网民一个显著特征是从“信息贡献者”向“过程参与者”的角色转变，因此越来越多的人愿意参与公司的产品创新过程。为了适应这种趋势、利用这种新能量，企业需要建立相应的互联网平台以便用户参与创新，并具有优良的线上线下机制来寻找、组织和激励这些发烧友，同时公司还需要建立崭新的思维方式、组织结构和激励机制来推动员工与客户互动。小米公司在这些方面都做得很有特点，其产品创新全程对客户开放，利用互联网打通了整个产品团队和客户之间的墙，线上线下都有客户组织和活动。每个产品都有自己的荣誉测试组和开发者团体，实现了产品在策划、设计、开发、测试和发布全过程与客户的有效对接。

小米的成功经验表明：用户体验已成为需求牵引的重要实现手段，用户在体验新产品的同时，也在通过用户体验凝练需求、引领生成新的产品。要以开放的姿态接纳用户对设计的参与、问题的反馈、结果的评价，并通过持续的迭代过程积累更多的测试、形成更多的数据，最终使产品功能更加合理、操作更加友好、使用更加方便。

二、增值服务，值！

“对一个公司来说，做出正确的事才能长久经营。如果你对客户好，客户才会对你好。”马斯克经营之道注重“对客户好”，也就是要做好售后增值服务。

正所谓“娶个小姐送丫鬟”。以用户需求为宗旨，提供超出需求的服务，是俘获消费者心理的关键。马斯克作为沃顿商学院的高材生，当然懂得这些道理。正如他讲的一样，

“如果我们真的相信电动机比内燃机更可靠，且对环境损害更小的话，那我们就该在售后保修政策中表现出我们的信心。”

2014年8月15日，特斯拉发布重磅消息，决定调整其所售85千瓦时 Model S型电动汽车的保修条款，将该款车的驱动装置和电池组的质保时间延长至8年，且不限里程。而原来，该款车的免费保修范围是4年或者8万公里以内，如果客户支付额外的4000美元延保费用，可将质保期调整为8年或者16万公里。新的保修政策会在短期内对公司收入造成一定的负面影响，但长远来看，此举对特斯拉消费者和公司都极有益处。

实际上，马斯克深谙商业经营之道，本次售后服务调整也只是其增值服务组合拳中的一招而已。早在2013年4月，为了提升Model S电动车的市场占有率，马斯克就宣布将为因保养不善而损耗的电池组提供保修服务，免费更换相同品质或性能更好的电池。同时，特斯拉还效仿德国豪华车企，免去特斯拉消费者每年600美元的服务费用。马斯克认为此举对公司的远期价值增长意义重大。

另外，免费充电也是一个大杀器。如果说，马斯克在全球处处开启特斯拉汽车体验店是对苹果公司模式的一种学习，那他推出汽车免费充电业务则完全超越了苹果公司的用户体验，紧紧扣住了用户心理。方便用户出行，而不是仅仅帮助用户省钱——买得起特斯拉的消费者都“不差钱”。特斯拉对他们出行便捷度的关注，更让他们觉得温暖。试想，如果有家公司卖给你产品后，比你更先想到你在使用中会遇到的问题并及时替你解决，你会拒绝这款产品么？更何况，这服务还是免费的。

当然，不是人人都能吃到免费的午餐。特斯拉公司目前只向购买 85 千瓦时 Model S 型及特斯拉后续车型的车主提供免费建设充电设施和充电终身免费服务，购买 60 千瓦时 Model S 型的车主需要交纳 2000~2500 美元不等的超级充电设施安装费。

天下没有掉馅饼的好事。马斯克的高明之处就在于，巧妙地扣住消费者的心理“七寸”，用四两拨千斤的手法轻轻抖转，在消费者心中种下“特洛伊木马”，让他们不自觉地对特斯拉汽车叫一声“好”，为售后服务点一下“赞”！

其实以增值服务招揽用户的做法早已广而用之。电信行业的充话费免费送手机就是一种传统的增值服务模式。2013 年，微信大行其道，余额宝纵横四海，这些成功的案例既是互联网思维对传统行业的叩击，又凸显出增值服务对业务增长的推动作用。在 2014 年亚布力中国企业家论坛闭幕式上，著名房地产商冯仑说，“我来的前一天去了小米，所有人都在创新和研究互联网怎么样影响和改变房地产。我们一看有一点懵了，为什么？小米现在准备做房地产了。小米产品的简单极致以及它的粉丝经济包括它的服务，它讲到了互联网的思维，所有这一切都在颠覆我们。”

用互联网思维改造房地产？这当然完全有可能。

降低买房成本，利用高附加值、高满意度的增值服务获得远期收益，如优质的物业、配套的教育、医疗、娱乐等基础建设等，也许在未来真的会成为一种新的房地产盈利模式。

正所谓“放长线钓大鱼”，用增值服务获得可持续的后期收益，不啻为一种有益的选择与尝试。

再回到特斯拉汽车，终生免费充电，免费更换电池组，超长免费质保期，马斯克用一系列免费的增值服务换来的是用户的长期忠诚度。一款产品有了广泛的市场受众和坚固的用户忠诚度，那离成功也就不远了。试想，购买一辆 40 万的汽油动力车，十年时间的燃油费用等也要接近 40 万。而购买一辆特斯拉汽车只需不到 80 万，它不仅充电免费，还能彰显出车主的品位——科技范十足，又绿色环保。

同样的价格，不一样的增值服务，造就了不一样的传奇。

三、低成本与高可靠

便宜等于没好货？那可不一定！时代在变化，人们的观点也在与时俱进。互联网时代，用户推崇备至的是“价廉物美”。

马斯克也是高性价比的倡导者，他认为，

> 低成本与高可靠并不是一枚硬币的两面，也可以是一对亲密无间的兄弟。

作为完全商业化的私营公司，SpaceX 追求的是以最低的成本获得最大的收益。对此，马斯克曾说：

> “很多时候我们都被追问‘如果你降低了成本，不会降低可靠性吗？’这是十分荒谬可笑的。法拉利车

是非常昂贵的，但是它并不完全可靠。但我敢跟你打赌，如果你买了一辆本田的‘思域’，活塞在一年之内不会坏。你可以拥有一辆便宜同时性能也很稳定的汽车。这个规则同样也适用于火箭。”

从2002年公司成立至2010年八年间，SpaceX总体运行费用不到8亿美元。也就是说，在八年时间里，马斯克以年均不到一亿美元的水平，做完了如下事情——建设范登堡、卡纳维拉尔角、夸贾林三个发射基地；构建“龙”飞船的生产线；发射5次猎鹰1号、一次猎鹰9号和一次“龙”飞船往返试验。这简直是个奇迹！

要知道，美国联合发射联盟平均每次发射价为4.35亿美元，欧洲的阿里安公司和美俄联合的国际发射服务公司的报价也不低。而猎鹰9号火箭的标准发射费仅用5400万美元。更让人惊叹的是，猎鹰1号的最终报价为590万美元！这在当时只是美国市场价的三分之一。

美国航天专家霍华德·迈克库尔迪评论道，

“马斯克的秘密不在技术，而在预算控制。

不像NASA，他不受巨型组织和固定合同商的约束，也不受政府一年不如一年的航天项目预算的拖累。”

但是，对于NASA来说，SpaceX公司的产品仅仅是价格低廉还远远不够，他们要的是高性价比的产品。提升航天产品的可靠性，才是至关重要的。所以，在火箭研制之初，SpaceX就高度重视火箭的可靠性。如猎鹰9号火箭充分继承了猎鹰1号火箭的成熟技术和经验，为了满足载人飞行的要求，猎鹰 9 号火箭主结构的安全系数也得到了提升。

另外，SpaceX 公司还做了许多改进措施，进一步提高了可靠性。结构上，火箭采用二级结构以减少分离次数；组织上，SpaceX 公司执行严格的质量监管程序和周密的试验计划。现今，猎鹰 9 号火箭在美国所有运载火箭中具有最高的设计可靠性。

SpaceX 公司在提高“龙”飞船的可靠性方面也做了大量工作。就像很多越野车、吉普车尾部都会挂个备胎一样，“龙”飞船的关键子系统也都是“有备无患”。“龙”飞船共安装有惯性导航、GPS 导航、铱星回收定位系统、星光导航四种导航定位系统；两套独立的飞行控制计算机系统；18 个姿态控制发动机推力器；双重备份的降落伞系统。

进入空间的高额费用一直是美国政府的沉重经济负担，马斯克敏锐地预测到开展低成本的航天活动将成为大势所趋。SpaceX 以互联网思维把 NASA 的感知转化为开发方向，实现了航天产品低成本与高可靠的完美结合，进而强烈冲击了那些等级森严、正襟危坐的航天巨头。

四、口碑与粉丝经济

2014 年 4 月，马斯克现身极客公园创新者峰会，主持人谈到雷军所理解的互联网思维可以概括为“专注、极致、口碑和快”，然后问马斯克如何理解互联网思维。马斯克说：

“我觉得这些词都是很重要的词，口碑可能会最重要，在互联网上信息传播非常快，如果有人喜欢某件东西的话他会告诉朋友，朋友会告诉朋友，消息传播非常快。

如果不喜欢某样东西也传播得非常快，在互联网的思维当中，一件事的真相很快就会被大家知道，所以口碑是我最关注的词，但是其他词也同样重要。”

注重口碑和影响确实是互联网时代营销的一个很重要的标志，所以才出现了“粉丝经济”。粉丝们能够瞬间让某一款产品爆红，特斯拉的用户当中有很多名人，包括好莱坞的巨星乔治·克鲁尼、布拉德·皮特、安吉丽娜·朱莉，以及谷歌联合创始人谢尔盖·布林等。在中国，特斯拉的用户包括小米的CEO雷军、新浪CEO曹国伟、UC优视董事长兼CEO俞永福等。特斯拉的客户名单几乎就是一张全球财富榜，这些名人对拉动特斯拉的销量起了很大的作用。

“金杯银杯，不如用户的口碑”，口碑传播的确是无敌的免费广告，能带来“滔滔江水”般的消费者。

粉丝，往往是最专业、最热心的用户，他们一旦体验到性价比极高的产品，就会毫不犹豫地成为购买者，还会自觉成为积极的推销者、义务的客服代表，甚至是免费的售后工程师。在一款性价比极高的产品面前，无穷的粉丝就好比是原子弹里正在裂变的反应堆，产品市场将被迅速引爆。过去几年中，苹果的iPhone和iPad如此，特斯拉也是如此。

第二节
专注极致

互联网思维是一种触类旁通、举一反三的思维模式。也就是说，以互联网思维改造传统，未必要创造一种全新的产品，将已有的产业模式、商业模式巧妙地“嫁接”到“传统”这棵铁树上，也会有“千年铁树开了花”的奇效。

一、我“专”故我在

史玉柱说，“企业只有聚焦，聚焦、再聚焦，方能成功。”

专注极致是互联网时代的生存秘诀，是大企业“一览众山小”的豪气，也是小企业“彼可取而代也”的底气。专注，就是将精力聚焦到一个领域；极致，就是把产品、服务做到最好。做出最好的产品和服务何愁不会有市场，又何愁不会成功？说到底，专注和极致就是投入和产出的关系，只有足够专注，才能做到极致。

然而，专注极致的道理由来已久，绝不是互联网时代才有的时髦产物。一个广为流传的故事是这样的。曾经有人问爱迪生：“成功的首要要素是什么？”爱迪生答道：“每个人整天都在做事。倘若你早上7点起床，晚上11点睡觉，你做事就整整做了16个小时。

> 其中大部分人一定一直都在这样做事，不同之处在于他们做很多很多的事，而我却只做一件。如果你们将这些时间运用在一件事情、一个方向上，一样会取得成功。”

一言以蔽之，将全部精力投入到一个方向上，全力以赴，才具备了成功的基础，才能把事情做好。

在互联网时代，企业通过专注做到极致，通过极致形成优势产品，通过优势产品就能真正赢得市场。现在，信息完全对等并且足够透明，产品的好坏能够瞬间在用户之间传播。因此，互联网时代的竞争，只有第一，没有第二，只有将产品做到极致才能真正抓住用户，真正赢得人心。专注极致装入互联网思维这个“新瓶”后，将会散溢出更为浓厚的醇香。

过去人们常说，机会只留给有准备的人。互联网时代，机会则更加青睐专注极致的企业。专注是登上成功专列的车票，丢掉了车票，就会错过最佳发展机会，甚至可能是一次全军覆没的败退。

2014年8月初，领英公司CEO杰夫·维纳在接受专访时指出，雅虎曾经一度全力开拓业务，将搜索、新闻、E-mail等都纳入企业主要发展战略，雅虎需要管理的产品越来越多。后来，竞争对手逐渐进入这些领域，并在各个垂直领域建立优势。雅虎顾此失彼，每一个产品都未能全力以赴地投入，最终自乱阵脚，失去了往日的辉煌。雅虎的战略失误，就在于没有专注，导致错过了载满顾客的极致“班车”。所有产品都做，意味着双掌摊开十指并伸，没有了“拳头”，也就在竞争的战场上失去了打击对手的最佳手段。

在中国，小米公司雷军深得互联网思维精髓。他曾以苹果手机为例解释专注的妙处，“在苹果进入手机市场的时候，一般的手机厂商每年都做50款、100款，看上去好像我们给了客户更多的选择，大家有没有想过客户根本记不住这么多型号。”雷军认为，“只有专注了，我们才能够将事情干到极致。”苹果一年只推一款手机，就成为业界霸主。

2014年8月28日，凡客诚品CEO陈年宣布改变以往品类繁杂的发展策略，要“先做好一件衬衫”。让已经做过1000多万件衬衫，创造了10多亿元销售的凡客再度回首，这源于一次对话。2013年8月，雷军前去参观凡客即将上市的秋冬新品。面对办公室里挂满了几百个衣架的产品，他直指问题核心：“我好像不是来到一个品牌店，而是一个百货市场。这么多的品类，那么多的‘衣架’很显然不专注，不失控才怪”。最后，雷军丢下一句话，“咱能不能，先做好一件衬衫？”陈年整整思考了三个月，决定收缩品类、款式、颜色，努力“做好一件衬衫”。这种专注极致的态度让曾经内忧外患、困难重重的凡客走出了阴霾，再次步入正轨。

把互联网思维“武装到牙齿”的马斯克，当然更懂得这些道理。他以专注为经、极致为纬，精细规划出了特斯拉的宏伟蓝图。

自2003年成立至今，特斯拉全心专注于研制纯电动汽车，且在长达十余年时间内只推出三款产品——Roadster、Model S和Model X。英国有句谚语，一只狗同时追赶几只野兔，必然一只也抓不到。特斯拉的型号数量相对于传统汽车厂来说少的“可怜”。但正是这种“可怜”成为特斯拉成功的关键。

产品型号越少，研发时间、精力和智慧就越集中，从而能最大限度地发挥积极性、主动性和创造性，产品才能精益求精。

结果是，提起日本汽车，人们会说它省油；提起美国汽车，人们会说它大气；提起电动汽车，人们会说特斯拉。

随着环境污染的日益加重，新能源汽车被越来越多的车企所宣传。但是，由于存在续航里程短、充电时间长等弊端，电动车成为厂商难以突破的瓶颈，同时也让人们望而却步。说到电动汽车，最核心的部件便是电池。特斯拉从一开始就抓住了这个牛鼻子，专注研究电池的管理技术和充电技术。由于出色的电池技术，特斯拉Model S以最大480公里的续航距离，最快1小时即可充满的充电时间双双打破了电动汽车的原有极限，并迅速占领了电动车的市场。

马斯克并不满足于此，他追求的是把电池技术做到极致。特斯拉正在研究全新的高性能电池，使用一种石墨烯的新型材料，这是目前已使用的电池材料中最薄的一种。由于它具有电阻率低，电子迁移速度极快，表面积大以及导电性能良好等特点，被科学家认为是锂离子电池的理想电极材料。马斯克表示，特斯拉在使用全新材料的电池后，其续航里程较现有锂电池将大幅提升，未来预计将达到 800 公里。

这就是专注极致的妙处，这就是马斯克的如意算盘——三下五除二，不经意间特斯拉就成了全球电动汽车的代名词。专注于做纯电动汽车，特斯拉已成为全球时尚环保的风向标。

当马斯克把专注极致投向航天时，SpaceX 最终也收获了一个又一个商业大单。

二、专注于做好火箭

美国作家马克·吐温说过一句话，“只要专注于某一项事业，就一定会做出使自己感到吃惊的成绩来。”专注，是通向极致的唯一通道；专注极致，是互联网时代驶向蓝海的最平稳巨船。

马斯克开启航天梦，首先就是要专注于做火箭——火箭，不仅要做好，而且要做最好的。正如他所说的那样，

“我们在某些方面达到最完美，尽我们所能去达到完美，追求极致，能够使每一个细节都是正确的。”

在马斯克看来，极致就是完美。追求完美的过程就是专注付出的过程。专注才能极致，才能做出完美的产品；专注极致，就是要把全部资源集中投入。商业化社会里，所有的投入都是要索取回报的，精明的马斯克自然不会做赔本买卖。他懂得专注的所有“招数”，更是多次尝过专注的甜头，所以才会由衷地赞叹道：

“完美的产品，极致的产品会带来更好的销售。”

马斯克着迷于把自己的产品变得更加的完美。追求完美极致就仿佛雕刻一件艺术品，不仅要有娴熟的技巧，持久的耐心，还要有收放自如的力量。美国诗人拉尔夫·沃尔多·爱默生说“力量的秘密在于专注”。极致来源于专注，专注是极致的根基。在马斯克的带领下，SpaceX 公司以专业化的团队，大量采用成熟技术的同时也大胆进行技术创新，全力以赴做好火箭。

在互联网思维指引下，SpaceX 的火箭之路，是以创新为瞭望塔，以颠覆为指示牌。马斯克专注于不断创新，追求技术创新的极致。只有将创新发挥到淋漓尽致，才能做出极致的好火箭。交叉输送、动力冗余、垂直起降重复使用、下一代大推力发动机等，这些听起来就很酷的革命性先进技术，SpaceX 都敢于第一个站出来“吃螃蟹”。相比之下，NASA 提出的所谓创新“空间发射系统”，技术上裹足不前，充其量只能算作微创新。两相比较，NASA 像是一个垂垂老翁蹒跚而行，而 SpaceX 则像一个意气风发、无所畏惧的年轻小伙子。NASA 习惯于 Evolution（进化），SpaceX 则专注于 Revolution（革命）。

让我们来看看 SpaceX 是如何专注极致地做好火箭吧。

使用“交叉输送”技术，让火箭飞得更远。SpaceX 公司的猎鹰重型火箭在通用芯级理念的基础上，首次采用了“交叉输送”技术。简单地说，传统的通用芯级构型火箭，芯级与助推器之间只有机械机构连接，而应用“交叉输送”技术后，猎鹰重型运载火箭能够在飞行过程中将助推器的推进剂（包括燃料和助燃剂）输送到芯级。在助推器分离的时候，芯级的推进剂差不多还是满的。这就好比飞机的空中加油技术，油箱能在飞行途中再次蓄满，会大大增加飞机的飞行距离。因此，通过使用“交叉输送”技术，可以让芯级工作更长的时间，火箭的动力也更持久。

应用动力冗余技术，让火箭有备无患。所谓冗余，就是多重备份。SpaceX 在“猎鹰”系列火箭设计上采用了动力冗余技术，火箭飞行时，计算机会检测各台发动机的状态，如果某一台发动机出现异常情况则立即让其关机；在起飞后的 90 秒内一台发动机出现故障关机、90~160 秒内两台发动机出现故障关机都不会影响火箭的飞行安全。动力冗余技术在猎鹰 9 号火箭执行第二次国际空间站货运补给任务时发挥了关键作用，虽然当时有一台发动机故障关机，但“龙”飞船还是安全进入轨道。试想，如果没有动力冗余技术，发射失败事小，耽误了空间站补给，那驻留在空间站的航天员可就要遭罪了。

给火箭一颗强大的“心”，将发动机做到极致。SpaceX 的灰背隼 -1A 是一款性能很高的发动机，但马斯克没有停止前进的脚步；2008 年，SpaceX 推出改进型灰背隼 -1C，将发动机推力增加到 483 千牛；2013 年又推出了改进型灰背隼 -1D，推力增加到 720.6 千牛。然而，马斯克的设计师们并不满足于取得的成绩，他们认为灰背隼 -1 系列发动机不是终极目标。2010 年，SpaceX 提出了下一代火箭发动机研发计划，包括灰背隼 -2 发动机和“猛禽”发动机。2013 年开始进行设计，2014 年进行零组件试验。如果研发成功，SpaceX 将把人类的航天动力技术推到一个新的高度。

测试、测试、再测试，这不是“祥林嫂式”的喋喋不休，而是追求极致的直白表现。测试是产品出厂前最为关键的环节，是专注做好火箭的冲刺阶段。SpaceX 为了确保低成本条件下的可靠性，高度重视测试工作，制定了测试、测试、再测试的“顶级要求”。研制过程中要经受一系列从元件级到系统级的测试，包括研发测试、鉴定测试和验收测试。SpaceX 还建立了严格的技术程序，将“猎鹰”火箭每一阶段产品均送到田纳西州作为一个完整的系统进行试验。层层把关，逐级筛选，确保从螺丝钉到发动机再到整个火箭，每一个层级都经受严格的测试。

SpaceX 的火箭之路，每一步都走得坚实有力。也许多年后再次回望，这些脚印仍清晰可见，它们或许并不完美，或许深浅不一，但却始终专注于一个方向。方向的尽头，是成功的巨人。

三、将“省钱”进行到底

对于完美的产品和成本之间的关系，马斯克拿特斯拉举例说：

“并不是不计成本，如果太贵就不完美了。

我们还是要计算成本的，每个变化都是要考虑到是否会影响到汽车的成本，有些事情可以给我们带来一些小的改善，但是成本太高很可能会放弃，每一个改善都达到最极致的话这个车可能就数百万美元了，最重要的是这个车很棒又非常便宜，大家可以买得起，这是很重要的思考。

一个产品如果比其他的产品要好得多，但价格却是另外一个产品的十倍，那这个产品就不会成功。所以要进行直觉地比较，物有所值。”

“车”犹如此，“箭”当亦然。

长期以来，航天技术给外界的感觉是高大上。但实际上经过几十年的发展，这门技术早已不再神秘。科技的进步使曾经的高门槛可以被普通人轻易跨过；互联网上公开信息浩如瀚海，很多过去保密的设计图纸也能免费获得。2010 年，美国曾曝出有一个名为马克·休普斯的网络开发工程师利用业余时间制造出了私人核反应堆，他采用的技术均来自互联网和图书馆，而总花费成本也仅仅是 39 000 美元。核反应堆都可以这样造，火箭为什么不可以呢?

SpaceX 没有大型的研发实验室，也不需要博士军团，它要做的不是基础性的科技创新，而是采用成熟技术和设备，在研制流程中精打细算，将“省钱”进行到底。“猎鹰”火箭发动机至关重要的喷注器来自“阿波罗”计划，发动机整体设计也源自 TRW 公司成熟产品，而不是另起炉灶从头再来。火箭上使用的铝锂合金和焊接技术也是广泛应用的“大路货”，可在市面直接购买得到，无须投入大量经费独立研发工艺。

硅谷出身的马斯克深谙互联网“够用即可”的理念。简单说，就是以尽可能低的投入设计产品，使其性能刚好满足用户预期即可。

SpaceX 以“够用即可”为原则，优化设计方式，从动力系统、箭体结构到电子系统等各方面都尽可能地降低成本。例如，动力系统采用最简单实用的“灰背隼”泵压式发动机，使用成本最低的液氧煤油推进剂。在箭体结构方面，“猎鹰”系列火箭第一、二级采用相同的结构设计，只有一个焊接工作站，以降低设计和生产成本。

在 SpaceX，这种降低成本、追求极致的思想似乎形成了一种企业文化。员工们会自发地想出招数，从每一个细节省钱，只要是有效的，任何古怪的省钱办法都会受到追捧。不拘泥定式，不盲从传统，一旦从以往思维定式的束缚中解放出来，SpaceX 的员工就能在其他领域找到灵感。

“猎鹰”系列的设计者选择采用成本约为 5 万美元的高可靠工业级元件，而标准的航天级元件的成本至少在 25 万美元以上。猎鹰 1 号火箭用的不是价格高达 100 万美元的航天电脑，而是与 ATM 机中一样的价值 5000 美元的电脑。公司也不会效仿 NASA 坚持采用昂贵的电子器件，而是采用常用的以太网数据传输线来完成箭体的信息传输。

一个更为极端的例子也印证了这一点。SpaceX 的一个雇员曾经开车经过送奶卡车，他突发奇想，能不能用这些盛牛奶的大罐子盛燃料呢？这些都是批量生产的东西，都很便宜，而且出故障的并不多。他约了制造商见面，虽然最终没有实现，但确实存在这种可能性。

马斯克认为，SpaceX 成功的关键就在于将成本控制发挥到了极限。随着时间推移，发射价格还将进一步下降，而且 SpaceX 正在研发可回收利用火箭技术。尽管目前还没有真正回收过，但 Nothing is impossible（没有什么是不可能的）。“如果能重复使用猎鹰 9 号火箭的第一部分的话，那么每次只要花 20 万美金就能制造出可重复使用的火箭，也就能发射飞船上太空了。”马斯克对华尔街日报说。

可以预见，马斯克在“省钱”的道路上会继续义无反顾地走下去。“抠门”这个词，并不永远是贬义。造火箭时，马斯克就是要

“抠门”到极致，“省钱”到底。结果是，他又一次证明了自己是Mr Right（正确先生）。马斯克用一堆便宜的器件做出了好火箭，一下子拉低了航天商业发射的价格，让全球用户大声叫好。

如此“省钱”，这般“抠门”，谁不爱！

第三节 平台共享

马斯克在打造特斯拉的开山之作Roadster时，并没有开发新的汽车平台，而是选择了英国莲花汽车公司的爱丽丝跑车作为Roadster的开发平台。这种“借船出海”的思维，帮助马斯克充分利用同行业已有的成熟技术，从而节省了研发成本。

平台共享是对互联网精神的全面诠释。平台体现为参与主体的交互性，共享意味着创新成果的普惠性。“借船出海”，其实就是开放、共享、共赢的思维。

在互联网时代，开放共享的信息资源在重复使用过程中成本越来越低，从而会带来递增的收益。正所谓，“你的就是我的”，平台共享使获取技术的难度降低，很多知识垄断和信息不对称问题迎刃而解。不再需要什么事都自己干，可以用众筹的方式大家一起干。

一、特斯拉开放专利的背后

2014 年 6 月 12 日，特斯拉汽车公司本着开源运动的精神，史无前例地公开了专利技术。当苹果、三星为专利打得焦头烂额、锱铢必较时，当大部分公司恨不得把自己的专利藏在保险箱里时，特斯拉却反其道而行之，宣布开放专利。

马斯克成为开放专利的“第一个吃螃蟹的人”，可以说这是互联网思维在制造业领域的又一次真正应用。正如他所说的，“我们相信通过这次的专利开源行动，特斯拉不但不会被打败，反而会变得更强大。”

马斯克深知在传统燃油汽车这个领域里，不仅竞赛规则已定，而且竞争对手早已跑出很远。领先者跑马圈地到达的地方，就用他的知识产权、品牌商誉以及进入壁垒加以保护，以至于出现“赢者通吃”的说法。学物理出身的马斯克，善于用第一性原理思考问题。与其拼命挤进别人的地盘，不如搭建一个新舞台。

特立独行而不盲从潮流的马斯克，自然不会玩同场赛跑的游戏。他要的是另辟蹊径，他要的是“我的地盘我做主”。马斯克着力构筑电动车的新赛场（平台和商业模式），让别人来这里赛跑，自己则扮演庄家角色。曾有人问马斯克是否喜欢赌博，他表达了相似的意思：如果不能做主人，就不喜欢到赌场去赌博。

想想其中的奥妙吧！在营销界早就流传着这么一句话：一流企业做标准，二流企业做品牌，三流企业做产品。如果越来越多的汽车企业选择使用特斯拉的专利技术，那么就会形成唯特斯拉马首是瞻的产业圈。其他汽车企业使用特斯拉的专利技术越多，它们对特斯拉公司的依赖就愈发紧密，就越容易失去自我。届时，特斯拉很可能兜售技术标准的升级版本，从而坐收红利。

马斯克清楚地认识到，全球每年增长接近 1 亿辆新车，包括电动车在内的所有不使用燃油的汽车占比还不到 1%，达不到规模效应就会导致成本飙升，市场狭窄，进而威胁到所有电动车企业的生存。马斯克开放专利，是希望让更多企业“免费”掌握先进技术，投入研制电动汽车，从而实现更大的规模效应。常言道，庙小装不了大和尚。只有电动汽车市场规模与日俱增，特斯拉才有更大的发展空间，才会有更广阔的蓝天。

另外，开放专利还能为特斯拉节省大量建设充电桩的费用。特斯拉汽车要开遍全球，就要建设遍及全球的充电站。这对特斯拉公司来说绝对是一笔天大的预算。目前电动车市场上，电池以及充电尚未形成国际统一标准。在此情况下，特斯拉开放自己的标准会鼓励更多的企业共享技术，一旦形成规模，就会吸引越来越多的企业加入到特斯拉所谓的“共同而快速发展的平台”。届时，特斯拉就可以充分利用其他汽车企业建设的充电站，充电网的扩张也会进一步加速。

马斯克对公开专利的长远意义看得清晰而透彻，“我们仍然相当小，即使大汽车厂商不害怕我们，但也应该害怕他们的竞争对手模仿我们。我们的成功将让丰田担心宝马将要做什么，使通用担心本田将要做什么，这将造成一个落后就要挨打的紧张氛围。

我们的作用相当于一座灯塔，促使电动车提早 5 年甚至 10 年进入市场，这可能会为拯救我们这个星球带来不同寻常的意义。”

特斯拉公开专利不久，就已经有旁观者“暗送秋波”。据马斯克透露，他已经与宝马公司的高管进行了会面，讨论了潜在合作方式，其中一个就是在超级充电站上的合作。日产汽车也有意与特斯拉进行谈判，合作建设充电网络。

毫无疑问，公开专利会让特斯拉面临更大的行业竞争，但是马斯克并不担心，他认为企业的成功并不取决于专利，而是取决于它是否能够吸引世界最好的工程师。正如谷歌开放安卓操作系统从而确立在移动互联网的领先地位一样，马斯克也认为开放专利的决定不会让特斯拉衰落，反而是会更好。他说：

> “如果一家公司只能依赖专利，说明他们并不在创造，或者创造得不够快。”

马斯克做出了承诺，“我们相信，特斯拉，以及其他电动车制造商，还有整个世界都将受益于技术平台的快速发展。特斯拉将不会对任何人提起专利诉讼，并真诚地希望我们的技术得到大家的使用。”

二、NASA 平台的受益者

互联网时代的创新成本较工业时代大大降低，创新速度和质量也大大提高。单纯想以技术包打天下，犹如“蜀道难，难于上青天”。做平台才是王道，平台模式最有可能成就产业巨头。全球最大的 100 家企业里，有 60 家企业的主要收入来自平台商业模式，包括苹果、谷歌等。平台共享，也为后来者提供了快速发展的契机。

如今，一颗卫星动则数亿美元，一次火箭发射动则几千万美元，航天的成本似乎越来越高。航天产品研制综合性强、专业化程度高，不断采用新技术更是导致固定成本大幅上升。马斯克“只身杀入”航天，如果只凭一己之力，那就如蚍蜉撼树，很难改变传统航天的发展模式。

好在马斯克通晓平台共享之妙。他从NASA的发展历史中学到很多经验，包括如何获得成功以及如何避免失败。当然，NASA也做出了很好的表率，为马斯克提供了很大帮助。SpaceX通过平台共享的思维，顺利地从NASA这个优势平台获得了成熟可靠的技术。“猎鹰”系列火箭大量采用了20世纪70年代“阿波罗”计划时期的技术；为了使SpaceX能够进行试车，NASA向其共享了测试台；此外，NASA还向SpaceX转让了大批专利。

当然，SpaceX从NASA这个大平台获得的好处远不止这些。它千方百计地从其他航天企业吸收的美国航天科技精华，也是拜NASA所赐。过去几十年里，NASA一直扮演着美国航天的“带头大哥”，牵引培养了一大批世界级的航天企业和航天人才。马斯克花重金聘请的航天精英们，很大程度上也称得上是NASA为其提供的“隐性福利”。

通过平台共享思维实现跨界融合，马斯克在这方面也深有体会，他把运营特斯拉的经验成功地复制到SpaceX。马斯克认为按照汽车产业的经验，航天产业可以提高效率，降低成本，因为汽车行业可以做到这一点。同样，他觉得飞机火箭用的碳纤维等轻质材料也可以应用到特斯拉的底盘上，这也体现了行业之间的交叉融合。马斯克认为这是一个帮助他进行创新的方法，他说：

“有些行业发生了巨大的变化，你可以把这个巨大变化行业当中的一些应用到你的行业，这是一个很好的进行创新的方式。”

互联网思维下，企业应该有“羊毛出在狗身上”的互联网创新意识，应学会利用市场化平台借船出海、借梯上楼。通过整合资本、人力、行业等多方资源，弥补自身薄弱环节，做到“不求所有、但求所用”。实现最少资源的最大产出，打造多主体共赢互利的生态圈，这才是平台共享思维的精髓所在。

第四节
敏捷快速

“天下武功，无坚不摧，唯快不破”，这是《功夫》里火云邪神的经典台词。“快”成为当今社会最炙手可热的标签，“快”更是互联网时代营销和商业的核心要素。任何一个想法都离不开快速可实施地落地。

这是时代的呼声——不是我不明白，这世界变化快。

一、欲速则不达？未必！

2001 年，由一帮美国程序员组成的敏捷联盟发布了 Agile Manifesto（敏捷宣言），正式标志着“敏捷”一词登堂入室。现在，“敏捷开发，快速迭代”几乎成为互联网领域的口头禅，并逐渐蔓延到其他传统领域，大有一统江湖之势。所谓敏捷，就是面临迅速变化需求时的快速开发能力；所谓迭代，就是及时吸纳用户反馈意见进行产品升级。敏捷是迭代的基础，迭代是敏捷的继续。

互联网领域有个词叫做 MVP，它不是 NBA 的“最有价值球员”（Most Valuable Player）的意思，而是指“最简可行产品”（Minimum Viable Product），也就是用最敏捷快速、最简明的方式建立一个可用的产品原型。这个原型要表达出产品最终想要的效果，然后通过迭代来完善细节。最简可行产品的核心，就是敏捷快速。

硅谷倡导的“早发布，常发布”（Early Release，Often Release）模式，也是鼓励产品经理快速将创意推向市场，让市场成为产品的试金石，接受用户反馈，改善产品品质。快速推出一个产品之后，要迅速收集用户反馈和需求进行产品的迭代升级。在迭代过程中要注入用户需求的血液和基因，完成快速的升级换代裂变成长，才能让用户感觉到产品的亲切，才能让自己产品的用户体验保持在最高水平。

2000 年，百度完成第一版搜索引擎时，功能已经完全超过其他的搜索服务。但是秉承严谨作风的研发人员认为，搜索程序从技术角度看还存在提升空间。就在大家争论不休时，李彦宏拍了板。他认为重要的是快速迭代，早一天面对用户就意味着离正确的结果更近一步。试想，如果百度当初“等一等”，今天的搜索市场可能会是另一种格局。据说，独领风骚的百度每天仍坚持上百次更新升级，每天都有数十个网页搜索项目等待测试上线。

雷军在 IT 界摸爬滚打多年，在转行做手机后仍掌握着无坚不摧之力。2011 年，小米公司成立不久，雷军就打出了一手让人拍案叫绝的高招。他没有找富士康等大型代工厂，而是选择台湾英华达公司做代工生产。雷军明白，小米手机必须尽快上市，尽快得到市场和用户反馈才能更好地迭代升级。而当时的小米还难入富士康的法眼，只有较小的代工企业才会做到全力以赴。英华达公司优先调度人力物力，确保了小米 1 手机的品控和面市日期。小米手机迅速走向市场，由此开启了中国手机市场的一段传奇。

回到本书的主人公，马斯克历来奉互联网思维为“创业圣经”，在每一次创业中都将敏捷快速的“神功”发挥到极致。马斯克谈到快速迭代时曾说，

> “你希望精益求精，做出自己能力范围内最好的东西，就要发现里面存在的错误，进行改进，寻求缺点的反馈。”

为了和用户更好地沟通，更敏锐地捕捉到特斯拉用户评论和需求，马斯克旗下的特斯拉一改传统汽车公司的保守作风，在其官方网站上推出了爱好者专栏，包括用户的博客、活动展示图片和视频，当然最核心的还是用户论坛。所有用户都可以在上面发表评论，或赞美或批评。特斯拉工作人员会及时关注到用户的所有评判，并尽可能地解决用户的需求。

特斯拉的 Model S 初入中国时，有用户指出，Model S 的全景天窗采用玻璃带给人惊奇感，但没有遮阳天窗，这使他们用起来很不习惯。马斯克及其设计团队们显然注意到了这些评论，不久之后，特斯拉在其官网就推出了可供用户挑选的有遮阳天窗的设计方案。

2014 年 8 月 22 日，美国纽约市两名特斯拉 Model S 汽车车主

在《帕罗奥图日报》用整版广告向特斯拉公司发出溢美之词，并提出了几处希望改进的意见，包括添加监控器和感应器、添加语音激活的拨打电话功能、让茶杯托前移等。马斯克第一时间就关注到了这一信息，并于第二天在个人社交媒体上做出回应："这些建议很中肯。其中很多建议将会很快付诸实施。"

快速迭代，敏捷响应用户需求，这是特斯拉互联网思维的关键，也是特斯拉迅速赢得大批粉丝的关键。

"欲速则不达"不是互联网时代的商业成功法则。欲达则必速，这才是不二法门。

二、做火箭是一次接力赛跑

波音、洛马这样的传统老牌航天企业，做火箭就仿佛"十月怀胎，一朝分娩"，讲究的是步步精心，其实也是步步惊心。每一个环节都要反复论证，确保无虞，惟恐稍有闪失，到头来竹篮打水一场空。

不按规矩出牌的马斯克，要做不一样的航天梦。他把研制火箭当成是一场四乘一百米接力赛跑，不仅全程要有风驰电掣的酣畅淋漓，每一棒也要确保又好又快。只有时刻绷紧"敏捷快速"的弦，才能率先到达终点。

第一棒快速起跑，轻装上阵奠定领先。

传统的航天公司，多是以超大团队协同的模式研制运载火箭，大多投入近千名工程师。马斯克则认为，小型科研团队的工作效率和准确度要更高。“一个拥有技术非常过硬的团队的小组织，总是会打败技术中等的大组织”，这是他创办贝宝公司时总结的经验。在那里，由 30 名最优秀的软件工程师组成的小团队，最终战胜了试图开发同类产品的金融巨头花旗银行。事实证明，马斯克的精英团队策略行之有效，在 SpaceX 起步的一瞬间，强劲加速能力便彰显无遗。

第二棒无缝对接，加快完成研制设计。

设计与工艺的无缝对接是 SpaceX 的一个显著特点。SpaceX 的总部大楼共有三层，所有工程师都在里面办工，他们经常就各项工作进行相互交流，这促进了公司资源的有效协调。研发人员在设计之初，就会考虑材料和工艺的可实现性，随时到车间与生产人员直接沟通，及时了解相关技术是否具备投产条件。事实证明，设计与工艺的无缝对接不仅节约了管理成本，更重要的是保证了整个研发工作团队的效率，加快了研制生产速度。

第三棒后程发力，确保工作顺利推进。

团队创立、办公保障都是基础，研制火箭才是核心。只有快速造出火箭，SpaceX 才能获得国际航天市场的认可。SpaceX 强调科学合理的“简化”原则，避免不必要的工作耽误研制进度。例如取消“灰背隼”发动机的分离液压控制系统，对有效载荷进行集成化设计与分析等。马斯克还从源头上注重部件的标准化和通用化，避免重复研发。例如猎鹰 9 号和猎鹰重型运载火箭在箭体设计和加工制造等方面都尽力做到通用；“龙”飞船的货运和载人型号几乎完全相同。

第四棒冲刺更快，实现快速发射能力。

马斯克从一开始就强调火箭的快速发射能力，火箭设计也将快速发射纳入考虑范畴。在发射操作上，尽可能优化测试流程，提高自动化水平，减少人员数量。猎鹰 9 号火箭采用水平测试、整体起竖的方式：起竖装置简易、快捷，无需发射塔架，经水平公路拉入发射场，简单测试后即可发射。猎鹰 9 号火箭从进入发射场到正式发射只需 16 天，而其他一些发射系统则是 2 ~ 4 个月。这种快速发射能力非常符合美国政府的需求，能够满足各种航天发射任务。

在马斯克的倡导下，从企业理念，到火箭研制，再到火箭发射，SpaceX 跑得健步如飞，远远地把波音、洛马甩在身后。

马斯克几乎没有为火箭系统申请任何专利，因为他认为自己“跑”得够快，别人根本无法模仿。正如 SpaceX 公司主管推进部门的穆勒所说，“快速反应，令人望尘莫及。”

第十四章
马斯克管理与马斯洛需求

“一个人要不就是加入一个精英汇聚尊重人才的公司，要不就是和一群乌合之众工作。企业的成功大部分情况下都是一群优秀的人汇聚到一起做成了一个伟大的产品。不论这群人多么有才，他们必须同心协力专注在一个正确的产品方向上，才能造就巨大的成功。”

——伊隆·马斯克

拿破仑说过，“一只狮子带领着的一群羊能打败一只羊带领着的一群狮子”。这句话充分说明了领导在一个企业或团队中的重要作用。所有企业在发展初期都会深受其创始人的影响，企业的精神和文化也往往与创始人的个性有关。一名优秀的领导人能够大幅增添企业成功的砝码，甚至改变整个企业的命运。中国有很多成功企业案例，这些企业的成功往往和某个人的名字紧紧相连，例如海尔与张瑞敏、联想与柳传志。

马斯克的公司，能在十年多一点的时间内取得如此惊人的成绩，身为公司领导的他无疑发挥了重要的作用。马斯克的远大理想、冒险精神，以及兼容并包的企业文化，吸引了各个领域的精英纷纷来到他的身边，形成了一个“梦幻团队”，而“硅谷模式”又成为他手中的法宝，让他的公司所向披靡，战无不胜。

第一节
以马斯洛理论管理企业

亚伯拉罕·马斯洛（1908–1970）是美国著名的社会心理学家，他在1943年发表的《人类激励理论》一书中首次提出了需求层次的理论，将人类的需求从低到高依次定义为生理需求、安全需求、归属需求、尊重需求和自我实现需求共五个等级。一般来说，某一层次的需求相对满足后，就会向高一层次发展，追求更高一层次的需求就成为驱使行为的动力。这就是著名的“马斯洛需求理论”，该理论被誉为是迄今为止对人类心理活动最精辟和最准确的描述。

生理上的需求是人类维持生存的最基本需求，包括衣、食、住、行等方面的需求。马斯洛认为，只有这些需要得到满足后，更高层次的需要才能被激发出来，有点类似于中国人常说的“衣食足而知荣辱，仓廪实而知礼节”。

第二层级等级是安全的需求，具体指人类要求保障自身安全、摆脱丧失财产威胁、避免职业病的侵袭和严酷监督等方面的需要，希望免于灾难、未来有保障等。

第三层级是层级归属（情感）的需求，包括两个方面：一是友爱的需要，需要伙伴之间、同事之间的关系融洽或保持友谊和忠诚；二是归属的需要，即成为某个群体中的一员，大家彼此关照的需要。

第四层级是尊重的需求，主要是说人们都希望自己有稳定的社会地位，个人的能力和成就得到社会的承认。与之前相比，情感的需要主要产生于低头不见抬头见的熟人之间，而尊重的需求就是当我们被介绍给陌生人时，或者当陌生的人们接到我们的名片、听到我们的名字时，能油然而生的一股敬意。

自我实现是马斯洛需求体系中的最高层次，是金字塔的塔尖，具体指最大程度地发挥出个人能力的潜质，实现个人的理想、抱负，完成与自己的能力相称的一切事情的需要。姜子牙渭水垂钓候文王，文天祥“人生自古谁无死，留取丹心照汗青”，于谦“粉身碎骨全不怕，要留清白在人间”……这一连串耳熟能详的故事背后，本质上都是自我实现的璀璨写照。

一个最通俗易懂的案例是太平天国提出的口号：凡天下田，天下人同耕（满足食物需求）；薄赋税、均贫富（满足财产需求）；无处不均匀，无人不饱暖（满足归属需求）；四海之内皆兄弟（满足尊重需求）；天下一家，同享太平（满足自我实现的需求）。

还有一个例子，就是《西游记》中的五个人物。很明显，猪八戒的需求是生理，沙僧的需求是安全，白龙马的需求是归属，唐僧的需求是荣誉，孙悟空的需求是实现自我价值。一路上八戒偷懒、沙僧撮合、白龙马无闻、唐僧哭啼、悟空拼命，对照马斯洛理论，这些行为就变得很好理解。

马斯洛需求理论最初只用来解释人类的心理活动，但不难发现，他的理论对商业环境下的管理活动也同样适用。如果一个经理知道他每个员工的需求层次，他就可以针对每个人的特点选择最合适的激励方式。事实上，今天各行各业最杰出的一些公司，也都在有意或无意地运用马斯洛的需求动机理论来开展企业的管理活动。

惠普公司创始人大卫·帕卡德一直对其他公司追逐利润最大化的做法不以为然，他曾在一次参加美国商界领袖们的聚会中说，“一家公司有比为股东挣钱更崇高的责任，我们应该对员工负责，应该承认他们的尊严”。同样，IBM 创始人老沃森一天工作 16 小时，但他几乎每个晚上都参加员工俱乐部举办的仪式和庆典。他乐于同员工交谈，当然不是以一个好奇的上司自居，而是以一位老朋友的身份出现。这种平等、尊重的理念，就是在满足员工内心的被尊重需求。

海底捞也是善用马斯洛需求理论来做管理的企业。首先，海底捞给员工提供高出同行业的福利；这意味着，别人住地下室，海底捞员工能住公寓宿舍，四顿不错的工作餐，甚至每月还有发给父母的补贴。其次是对员工的尊重和关心，“把他们当朋友对待”，让员工有归属感。最后，海底捞用人不看学历，只要员工足够优秀，就可以从保洁人员做到区域经理甚至更高。海底捞的秘诀其实很简单，满足了员工多方面的需求，他们就会对工作充满激情。

特斯拉、SpaceX 的员工大多具有较高学历或专业技能，这使得身上带有“硅谷色彩”的他们显得与众不同：热衷于具有挑战性、创造性的任务，渴望实现自身价值；他们本身拥有较强的创造性和自主性，所以，也更倾向于拥有宽松、自主的工作方式和工作环境；和传统的体力工作者不同，他们身上有着突出的学者风范，即严谨求实，崇拜真理，信奉科学，有批判和求实精神，不愿意人云亦云，敢于挑战权威。

马斯克在使用马斯洛理论管理企业方面极有天赋。他充分了解自己的员工，对员工的心理需求认识非常到位，他成功地将马斯洛需求理论归纳为三件简单的事：

> 一早起来，对自己的工作充满期待；渴望获得丰厚的经济回报；希望尽可能地影响世界。

此外，马斯克还能将马斯洛理论活学活用于招揽人才上。他总能凭借自己独到的眼光发现最优秀的人才，并根据不同的需求理解，采取相应的激励手段。

在马斯克决定进军航天领域时，他就发挥个人魅力，广纳各方精英。他吸引人的最大“卖点”是：

> 这些人真正拥有做自己工作的自由，而不用整天参加会议，也不用花数月时间等待官僚机构通过一项关于零部件需求的申请，更不用担心内部的政治攻击。

很难相信，世界上最好的火箭工程师会在短时间齐聚硅谷。马斯克究竟施展了什么魔力，把顶尖人才都招募到 SpaceX 这样一个名不见经传的初创公司呢？

火箭结构设计师克里斯·汤普森回忆说，“马斯克打电话约我见面。两小时后我就意识到，这是一个梦想成真的时刻，大公司里永远都不会有这样的机会，我要是不立刻行动，将来老死了躺在棺材里我都会跺脚后悔的！”顶尖人才，需要的是自我实现，这是他们的心理命门，也是马斯克抛出去的最佳“诱饵”。

企业的竞争说到底就是人才竞争。人才是企业最宝贵的资源，也是企业最大的财富，而建立长远的人才战略则是企业持续发展的根本保证。马斯克重视人才，也尊重人才，尽力满足他们的需求。

马斯克还让创业团队成员在 SpaceX 持股，将个人利益与公司发展牢牢地捆绑在一起。此举使全体员工成为公司真正意义上的“主人”，员工的责任感、主人翁意识油然而生。就这样，一群精兵强将紧密团结在一个灵魂人物的周围，开始了雄心勃勃的“飞天”计划。

人们常把马斯克和乔布斯放在一起进行比较，因为他们都拥有近乎超常的“现实扭曲能力场”——说服别人相信自己那海市蜃楼般遥不可及的梦想。究其原因，就在于马斯克和乔布斯都抓住了顶尖人才的自我实现需求。正如乔布斯那句经典名言，“你愿意卖一辈子糖水，还是跟我去改变世界？”

第二节
打造扁平化的企业架构

时下，互联网大潮正猛烈冲击着传统企业的组织结构和管理流程，打造去中心化和扁平化、开放式的组织成为大势所趋。扁平化管理一直是硅谷倡导推荐的企业管理模式。在这一点上，马斯克经验丰富，并有绝对的发言权。

最初，和其他航天企业一样，SpaceX 也设立了结构、推进、电子、制导和“龙”飞船等产品部门。随着业务的增长以及公司的发展，马斯克发现这种传统的航天管理模式存在明显的问题，链条过长，很容易导致信息沟通不畅。这对企业发展会造成很大隐患，也无法快速应对市场需求变化。

有一个经典故事是专门用于讽刺链条过长导致的信息不畅。话说美军某部队通知全体官兵夜晚到操场集合，集体观看哈雷彗星。师长对团长说，“今晚大家集合看天体彗星。”团长对营长说，“今晚有不明的天体，不知是敌是友。”营长对连排长说：“今晚有外星人入侵我方，大家进入防备状态。”最后，连排长回去传达给士兵：“大家马上集合，不要多问，带好武器，随时准备作战。”

马斯克未必听过这个笑话，但他显然习惯了高效、直接的管理方式，因此也很自然地将硅谷哲学引入到SpaceX。现行管理结构如下图所示，白色框的岗位是延续之前的设置，灰色框的岗位都有相应的调整。无论从组织形式还是内在文化来看，与其说SpaceX是一家航天企业，倒不如说它是一家彻头彻尾的IT企业。

除了马斯克外，15名不同的具体执行领域高级管理人员面对近4000名员工，将近1：270的比例，各领域的员工继续平等地参加技术研讨、设计、开发等工作。扁平化的组织结构既能够将创新的想法和概念及时传递到领导层，也能够使相关决策尽早传达到基层并迅速实施，同时还使研发与生产的联系更为紧密。

扁平化组织对应的管理方式垂直而直接。在这种方式下很容易产生强势领导，马斯克也不例外。SpaceX的员工在接受采访时就曾表示：“马斯克是不好相处的老板，他对工作总是有高标准，下

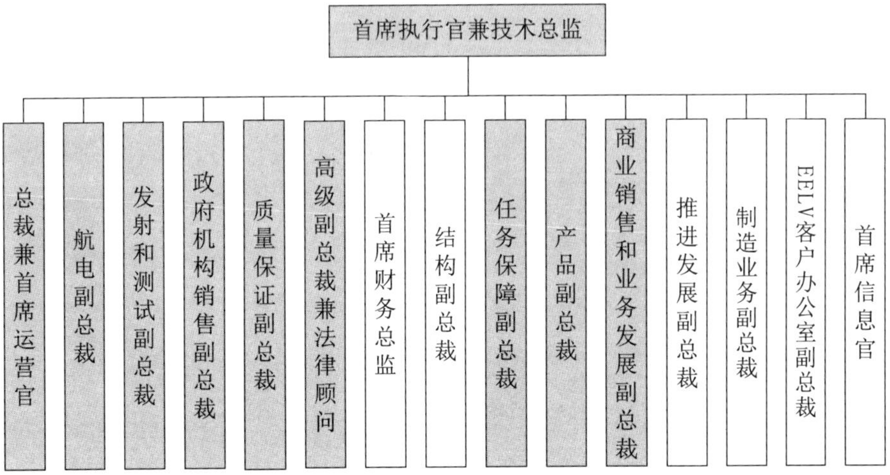

属很难让他满意；他总是处于不断向前奔跑的状态，我们很难跟上他的步伐。”“他是一个比较有手段、有能力的人，但你若直接跟他打过交道，可能会觉得和这个人共事比较困难。”

《周末画报》的报道称，马斯克有一种“控制一切的本能”。有这样的老板在，让即使取得如此成功的SpaceX仍然保持着一家创业公司的节奏和状态。据一位员工介绍，公司从上到下工作都极为卖力，加班加点是家常便饭，而公司内部人员流动也极快。

其实对马斯克的评价往往两极化，有人很喜欢，有人非常不喜欢。即使有人认为马斯克不好相处，但也会承认：“和他一起工作是一种激动人心的体验，他总是打破壁垒和常规并鼓励我们做同样的事情，这让我们受到鼓舞。”

第三节
巧妙运用“钢铁侠”的名头

有一个中年男人为了给自己的儿子解决工作和女朋友问题，便跑去找世界银行的行长，“给你推荐个世界银行的副行长人选吧。”那行长拒绝道：“可我们世界银行不缺人啊。”中年男人说：“他可是比尔·盖茨的女婿。”总裁想了想，就答应了。那中年男人又去找到了比尔·盖茨，“给你女儿介绍个男朋友吧。”比尔·盖茨说：“可我女儿还小啊。”那中年男人说：“他可是世界银行的副行长。”比尔·盖茨想了想，也点头答应。

这是一个很老的笑话，里面却蕴涵着一个很巧妙的道理。简单地说就是巧用名头，可办大事。

由于所在行业、个人形象乃至生活习惯都与由小罗伯特·唐尼饰演的钢铁侠极为相似，因此马斯克也时常被舆论冠以当代“钢铁侠”的美名，这原本可能只是一种娱乐化的赞扬，但聪明的马斯克却机警地嗅到了这个称呼背后所蕴涵的商业价值。

通过一连串有意无意的举动，马斯克成功地把自己和电影《钢铁侠》联系在了一起，并借着电影成功的东风，结结实实地为自己和SpaceX打了一通免费的广告，取得的效果可能比预想的还要好。

凭借钢铁侠的光环，马斯克赢得了极高的曝光率，自身形象也进一步神话，使他和SpaceX在世界各地拥有了一批忠实的粉丝，形成了可遇而不可求的粉丝效应。马斯克就曾公开表示：我们并没有任何广告，我们也没有任何明星代言费。当然，这句话也可以理解为，他就是公司的活广告。

关于这一点还有一个佐证，那就是当马斯克把公司更名为SpaceX后，便开始向家人、记者、明星和他的富人朋友宣传去火星的想法。他说他将是第一个进入太空的私人公民，

“这是45亿年来人类第一次有可能将自己的触角扩张到地球之外，我们需要抓住这一机会”。

他高调地把自己变成公众人物。有人问，为什么要追求名气？他回答得直白干脆，“如果人们不知道我是谁，就没有人会卖给我零部件”。

美国是一个崇拜超级英雄的国家。马斯克是美国人眼中的“钢铁侠”，是现实版的超级英雄。他也很好地利用了这一点，多次以“钢铁侠”的超高人气为特斯拉排忧解难，将美国人对超级英雄的信任转化成自己出神入化的危机公关能力。

自从特斯拉声名鹊起，围绕公司的负面新闻始终没有停止，其中最引人注目的还是自2013年10月以来连续发生的车辆起火事

故。这事若是发生在其他汽车上，生产商即使不破产也得跌的伤筋动骨。然而特斯拉在起火事故后的损失仅是股价的略微下跌，最终全部化险为夷。这受益于马斯克超强的公关能力。

特斯拉连续发生火灾后，引发了消费者对特斯拉 Model S 安全性的质疑。但马斯克通过快速地回应和成功地引导，将注意力从特斯拉转移到电动车。有美国行业分析师指出，马斯克对车辆起火事件的回应堪称“完美”，尤其是在那种不利的舆论环境下，成功地把针对自己产品的负面形象转变为一场有关电动车安全的、负责任的讨论。

在几次火灾事故中，马斯克反复声明：“更重要的是，特斯拉 Model S 的自燃事故到目前为止未曾导致任何车主的伤亡，Model S 依然是最安全的车辆。”

看过《钢铁侠》的人们普遍相信，钢铁侠是科技达人，不会给人们带来伤亡，他对技术的分析必然科学合理。马斯克是当代“钢铁侠”，在全世界拥有数量可观的拥趸，所以当他做出解释时，很多人都愿意相信他说的是真的。

第四节
营造创新、包容、进取的企业文化

美国虽然有很多世界知名的军工巨头，但这些企业习惯于依靠政府合同躺在功劳簿上吃老本。在马斯克看来，类似波音、洛马这样的大公司，机构冗余、制度死板，受到国防部管制太多，不能实现全面商业化，故而缺乏竞争力。

反观 SpaceX，它给人留下的印象是响应迅速、运转高效、充满活力，跟其他航天企业完全不同。很多业界专家认为，尽管年轻且缺乏经验，但 SpaceX 的发展方向无疑是正确的，航天工业因为 SpaceX 的出现即将迎来一场新的革命，今后私人公司承担发射业务必然成为一种趋势。

SpaceX 极力营造管理有序和氛围宽松的工作环境，倡导硅谷文化，信奉硅谷哲学，处处都是初创企业的做派。公司员工们自豪地将自己称为“太空探索人”，经常自发地就某个问题组织小范围讨论交流。

这种随处可见的讨论，氛围轻松愉快，各种灵感和奇思妙想就在头脑风暴的过程中源源不断地迸发出来。公司高层则经常以员工身份参加这些讨论活动，在SpaceX公司员工人数不足1000人时，马斯克都是以普通员工而非CEO的身份，参加各种讨论。

战场上，喊叫着“兄弟们给我上”的指挥官永远不如喊出“兄弟们跟我上”的指挥官更受爱戴和尊敬。企业里也如此，只有当领导和基层员工打成一片时，整个企业才能拧成一股绳，心往一处想，劲往一处使。

同其他人一样，马斯克没有独立办公室，他的工位就是离生产线最近的那个位置。即便如今，求贤若渴的马斯克还是尽可能亲自面试每一位求职者。难怪SpaceX的推进发展副总裁穆勒说，他以前所在的TRW公司层级观念严重，效率相对低下，但在SpaceX公司根本不存在这种情况。

SpaceX的工作氛围也完全是互联网公司的模式，宽松、开放、富有弹性，但它的研制、生产过程却有条不紊。海纳百川，有容乃大。正是得益于SpaceX兼容并包的企业文化，两种看似矛盾的风格，在公司得到完美的“融合”。

在SpaceX，员工明显分成截然不同的两类，既包括20世纪90年代末那种狂热甚至有些躁动的互联网气息，也包括20世纪60年代略显老派的严谨作风。

从事技术和测试的，是那些穿T恤和牛仔裤的年轻人。他们有大把“无处安放的青春”，活力无限，热爱hip-hop文化，整天挂着硕大的耳机听黑眼豆豆的歌曲，例如公司的首席测试工程师年仅23岁，胳膊上甚至布满文身。

从事管理工作的人则西装革履，他们大多从波音或者洛马等大公司挖来，年龄偏大，更喜欢披头士乐队的 Yesterday。这些管理人员态度严肃，对下属近似“残酷无情”，希望把大公司的严谨的工作氛围带进来。

两种截然不同的文化禀赋，在同一个公司里和谐并存，互为依托，一方面保持了技术的创新性和思维的开放灵活，另一方面也保证了工程管理的有序性和严慎谨密。

鉴于完全商业化的运作模式，SpaceX 必须快速地完成样机并进行演示验证。众所周知，快则易乱，快速地完成某件事，失败在所难免。但这种失败，在 SpaceX 公司是可以被接受的。当事人也不会因此受到指责，反而会得到更多鼓励和包容。

当某件事出了问题，马斯克开玩笑说：“首先，会被好好骂一顿。”然后他很严肃地说：“NASA 认为失败并不是一种选择。但是在我们这里，失败也是一种选择。

如果没有失败，你就没有足够的创新。”

第十五章
政府伸出“看得见的手”

“先确立事情的可能性，它就有机会发生。”

——伊隆·马斯克

马斯克的成功，可以说是时势造英雄，也是正确运用市场“看不见的手”和政府“看得见的手”的典范。NASA 对 SpaceX 的资金和技术支持、美国能源部给特斯拉的低息贷款、政府对 SolarCity 的财政补贴，都充分体现了这一点。

SpaceX 这样一家小公司，在短短 10 余年间表现出的创新能力，足以让美国航天巨头们感到震撼，而特斯拉也在全球掀起了一阵电动汽车热潮。作为一个连续成功的创业者，研究马斯克的成长环境，意义也十分重大。

第一节
NASA对私营企业大力扶持

2010年，美国航天发生了很多影响深远的事：这一年，奥巴马总统发表演讲，鼓励私营企业发展航天项目；这一年，美国发布新版《国家航天政策》，确定了商业航天的方针；这一年，奥巴马总统取消重返月球的“星座”计划，更多地依赖商业部门提供近地轨道空间运输服务，让NASA把目光重新瞄准深空探测。

新版《国家航天政策》中关于商业航天的多项措施都为SpaceX的发展带来了利好，例如规定要最大限度地采购商业航天产品与服务以满足政府需求；为提高效费比和及时性，政府可以采取措施支持商业航天能力。根据上述政策，SpaceX一方面可以为政府提供发射和运输服务；另一方面，极具成本优势的SpaceX将获得更多的政府青睐。

政策对一个航天企业发展起到至关重要的作用，这一点在对地观测卫星领域体现得也很明显。

2004 年，美国空间成像公司就造出分辨率达 0.27 米的商业化卫星。当时，政府却认为 1 米以下的分辨率在世界商业领域还不具有技术意义，所以没有发放许可证。结果空间成像公司破产，重组为地球眼公司，又在 2013 年被数字地球公司收购。

另一个故事就是关于数字地球公司的。一位名叫斯科特的博士，在冷战时期是美国星球大战计划中“耀眼水晶”和“闪亮眼睛”两个子项目的负责人。冷战结束后，斯科特得知美国议会很快就要颁布一部《地面遥感法案》，允许私人公司进入卫星成像行业。1992 年 1 月，他快人一步，在加州成立了世界观成像公司。

经过一系列的兼并重组，世界观成像公司发展为数字地球公司，其客户涵盖政府机构、研究所以及商业机构。随着全球卫星产业发展带来的技术进步，美国政府对技术商业化不断放松管制。

2014 年 6 月，美国政府进一步给数字地球公司发放牌照，允许其制造分辨率 0.25 米以下的商业化卫星，这将为其带来价值 4 亿美元的市场。数字地球公司的总裁塔尔意味深长地说：“非常感激美国商务部在部长的领导下，以及在美国国防部、国务院和情报机构的支持下，对国家政策做出了这项面向未来的调整。”

一、政府是最大的客户

像所有初创公司一样，SpaceX 刚成立时收入有限，前三次火箭发射还一直失败。如果继续这样，很可能会“出师未捷身先死”。但 SpaceX 如有神助地等到了 NASA 的转变。

2006 年，NASA 就将“商业轨道运输服务”价值 2.78 亿美元的合同给了SpaceX。2008年4月，NASA又伸出橄榄枝，帮助SpaceX进行火箭发射，提供2亿~10亿美元的资金支持（根据发射任务最终确定）。至此，SpaceX迎来了新的曙光。2008年12月到2012年，它相继获得NASA的“商业补给服务”合同与“商业乘员开发”合同。这些合同不仅为SpaceX缓解了资金压力，也增强了潜在客户对公司的信心。

其实SpaceX并非唯一的幸运儿。二战后波音公司的707客机远销五洲四海，但少有人知道，作为波音707的原型，美国军方采购C-135运输机的数量更多。这种来自政府的大力支持，使得美国航空工业更具竞争优势。

二、国家积累激活民间开发

NASA对技术成果产业化的积极支持和大力推动，起到了重要的作用。美国联邦政府为了加快国家实验室、大学和私人研究机构的科研成果向社会和工业界的转移，以NASA技术转让系统为基础，并和17个政府部门合作，建立了全国性的技术转让计算机网络。

这个全国性网络由国家技术转让中心和6个区域技术转让中心组成。NASA系统内的技术转移网络还包括技术转移协会、技术发现者技术转移中心和10个航天中心的商业技术转移办公室以及一系列计划。每一项技术的产业化，都是通过NASA的研究单位与民用机构或私营企业密切合作来实现的。

为支持SpaceX发展航天技术，NASA史无前例地对它鼎力相助，甚至开放了“阿波罗”计划的部分技术，以便SpaceX能够按任务要求和总体设计研制合适的火箭发动机。NASA 还利用自身技术优势加强对 SpaceX 的技术指导，通过直接派驻技术人员和专利转让等方式帮助其发展和验证关键技术。例如，NASA 帮助 SpaceX 公司开发了新的黏结材料，解决了猎鹰 9 号第一级火箭外壳上防热层因低温而脱落的难题，为其实现火箭重复使用目标提供了关键的技术支持。

美国空军也发挥了重要作用，允许猎鹰 1 号火箭在奥麦利克岛上发射。未来，猎鹰 9 号还可能在范登堡空军基地，向高倾角轨道发射军用载荷。可以说，没有美国政府的支持，SpaceX 要取得成功难上加难。

在新技术产业化的过程中，NASA 并非一味出力，它也充分利用了外部力量。NASA 与外部私营机构建立了良好的信息沟通渠道，可以很快地建立起合作关系。这种合作关系最大的好处在于，私营机构容易得到 NASA 的必要帮助。实践证明，这种做法是成功的。

此外，NASA 也通过一系列扶持性计划推动航天的军民两用技术转移。NASA 每年通过其《二次应用年鉴》发布军民两用技术转移与应用信息，每月通过《NASA 技术简讯》向工业界通报最新研发出的军民两用新技术，这已经持续了将近 40 年。另外，NASA 每季度出版《技术创新》杂志，通报 NASA 及其合作者最新的技术创新成果。

航天发展数十年以来，相关技术通过新技术、新产品、新材料、新工艺以及新的管理方式走下“神坛”，狠接“地气”，向国民经济的其他部门转移，极大地带动了相关产业的发展，产生了十分可观的经济效益。NASA 2012 年的《二次应用年鉴》显示，在 21

世纪的头11年中，NASA航天技术衍生出来的民用产品，已经创造了1万4000个就业机会，直接经济收入50亿美元，节省的成本高达62亿美元。以前只有航天员才能享用的各类系统，成为老百姓触手可及的一部分，成为航天技术成果服务于社会经济发展的一个缩影。

不管是“上天”还是“入地”，技术开发最终还是为了造福社会。集合了人类智慧的航天技术，只有回到人间，才真正具有价值。

第二节
扶持“美国经济的脊梁”

美国目前共有中小企业近3000万家，占全美企业总数的99%，中小企业就业人数占总就业人数的60%，新增就业机会有三分之二由中小企业创造，中小企业的产值占国内生产总值的40%。在美国，中小企业是国家自主创新的主体，被誉为“美国经济的脊梁”。美国政府非常重视中小企业，特别是高新技术初创企业的创新活动。

政府通过创造适宜的发展环境、提供优越的财政税收政策，以及协调社会各部门之间的配合等手段，促进中小企业的科技创新，使之成为实现国家创新计划的主要力量。

一、助力中小企业技术创新

美国联邦中小企业管理局是美国政府基于“扶持小企业的发展，以保持现有经济发展的活力和促进经济发展产生新的增长点”的发展理念，于1958年根据《小企业法》所建立的“永久性联邦机构”。50多年来，中小企业管理局为全美近3000万家中小企业创新发展提供服务，成为中小企业创新发展的服务者和助推者。

中小企业管理局下设创新与技术办公室，除制定技术开发和创新政策外，还协同其他单位，一起扶持中小企业的技术创新，并指导中小企业的创新活动。美国政府还建立了一批中介组织，为中小企业的技术创新提供信息、咨询、技术、人才培训等全方位服务。

不少联邦政府部门也都有各自的扶持项目。例如，能源部就有专门的下设机构，负责小企业和处于劣势的企业。此外，一些非政府组织和非营利组织的力量也不可忽视。如1943年成立的代表小企业声音的“全美独立企业联盟”，旨在促进和保护其会员建立、运营并扩大自己的企业。

美国政府制定的一系列国家技术创新计划中，还有“中小企业创新研究计划”和“创新伙伴计划”，实施这些计划的资金主要来自于NASA、美国国防部、能源部、卫生部和国家科学基金会。

在推动中小企业技术创新方面，美国积累了丰富的经验，形成了一些先进的发展模式。让我们先看一个美国页岩气产业发展的故事。

页岩气是从页岩层中开采出来的天然气，它与煤层气、致密砂岩气一起，被称为非常规油气资源的三大品种。相对常规天然气而言，页岩气实际上是原生原储的天然气贫矿。有业内人士形容，传统开采油气如同在“静脉中抽血”，但开采页岩气则如同在“微血管抽血”。

美国是世界上最早进行页岩气资源勘探开发的国家，但在20世纪，页岩气大规模开发并不具有经济上的可行性。十年前开采规模还微不足道，现在已占美国天然气开采总量的约四分之一，一场页岩气开发热潮正在美国上演。

页岩气大规模商业化开发，除了需要国家财政补贴，更需要良好的市场环境。美国的页岩气开发不仅享受针对各种上游开发税收优惠政策，还有专项政策和资金予以支持。

基础研究方面，美国政府出资并组织开展了大量的工作。依托美国高度社会化的专业分工体系，页岩气开采被分解成为很多单个环节，其中难度最大的技术创新和商业化主要由中小企业来推动。他们利用油气开发积累的经验和技术，通过不断的实验和投入，探索出了一整套高效率、低成本的开采技术。

这些创新技术的大规模推广应用，降低了开发成本，大幅提高了页岩气井单井产量，使科学技术转化成了生产力。随着水平井技术和水力压裂技术的成熟，开采成本大幅下降，页岩气的商业化开发具备了可行性。

中小公司实现技术突破和商业化后，大公司在长期性和投资能力上更具优势，通过收购拥有页岩气区块的公司或者与之合资，获得页岩气开发权益，将页岩气市场迅速产业化、规模化。页岩气革命大规模开采赋予了美国“新的竞争优势”，为美国“再工业化”注入了强大动力。

这种前端利用小公司试错和验证，后端由大公司沿着正确的方向持续推进，中间利用资本作为连接的“碎片化”创新模式，构成了美国创新型经济的坚实地基。

美国著名未来学家阿尔温·托夫勒早在《第三次浪潮》中就较多使用了“碎片化”来描述未来社会的发展方向。在探索新兴领域的过程中，这种围绕市场需求迅速整合社会资源的碎片化创新模式将会越来越显出它的威力来。

NASA 在组织“商业轨道运输服务”、“商业补给服务”、“商业乘员”开发计划时也采用了类似的模式。NASA 在上述计划中采用了固定价格合同，相对于以往采用的成本加成合同，资金投入规模要小得多。

相对于不会为新技术而冒险的老牌公司、巨头企业而言，小公司虽然规模有限、资金有限、技术有限，但承受风险的可能性也大很多。对于 NASA 来说，它只提供一部分研发资金，成本超支的风险由公司本身来承担。

这种自由商业竞争，可以有效推动技术创新，同时促使成本进一步降低。最终，SpaceX 和轨道科学公司获得了成功，NASA 选择了这两家公司来完成近地轨道的商业货运任务。

二、多样化贷款与风险投资

美国政府通过中小企业管理局，向中小企业提供贷款，对中小企业的经营管理进行指导，为中小企业获得政府订货合同提供帮助。中小企业管理局还向中小企业提供担保，使其获得金融机构的贷款。

中小企业管理局与美国国内7000多家商业银行进行合作，向中小企业提供的贷款一般有三种形式，一是直接贷款，由中小企业管理局直接拨付，此类贷款利率比较低，最高数额为15万美元，面向传统领域和欠发达地区的小企业；二是协调贷款，由地方发展公司、金融机构协会为中小企业提供贷款，向成长性小企业提供长期融资工具；三是担保贷款，中小企业管理局为中小企业提供贷款担保，从而使中小企业能够从商业银行等金融机构获得贷款。美国商业银行对中小企业的贷款，通常可延长3到5年，甚至延长到25年。

中小企业管理局一般专注于初创期、高成长型、科技含量较高的小企业的风险投资。由于此类投资风险较大，一般的私人资本不愿介入，因此，中小企业管理局借助更多配套优惠条件来吸引投资者。

风险基金是政府或民间创立的为高新技术型小企业创新活动提供的具有高风险和高回报率的专项投资基金。美国的风险基金最为发达，遍及全国500多个“小企业投资公司”，其中大部分向高新技术型小企业提供基金。具体来说，主要由中小企业管理局通过政府信用担保，在公开市场上先募集资金，再通过“小企业投资公司”向符合要求的小企业提供风险投资。50多年来，“小企业投资公司”给超过10万家小公司提供了近600亿美元资金。

中小企业管理局还通过新市场风险投资计划进行风险投资。中小企业管理局通过与新市场风险投资公司以及“特别小企业投资公司”之间的“公私合伙”形式，向低收入地区中的创业者提供风险投资，并提供专业的技术指导。

在马斯克决定创立SpaceX的时候，就出乎意料地得到了近3

亿美元的风险投资。按理说，马斯克在造火箭方面毫无经验，虽然他以前的生意一马平川，但SpaceX却怎么也看不到会成功的迹象。然而风险资本看到了概率，看到了契机，算是押对了宝。

从美国风险投资的产业结构看，主要集中在知识技术密集程度高的高科技产业。事实上，近年来美国著名高科技企业的发展，无不与风险资本的支持相关。如在信息技术产业中，数据设备公司是在美国研究与发展公司的支持下成长起来的，而美国研究与发展公司是美国高技术风险投资的先驱；英特尔公司是在风险资本家罗克的支持下发展成为全球最大的半导体芯片制造商。此外，戴尔公司、苹果公司和微软公司同样受益于风险资本的帮助。

可以说，正是风险投资的发展使美国在信息技术、生物科技、航天航空等高新技术领域独领风骚。在市场的沃土中迅速成熟的大规模集成电路技术、计算机程序设计技术、新材料技术、数字通信技术等，直接或经过进一步研发后被大规模用于军事领域，这是美国国防经济发展实现高速率、高效益技术进步的重要动力源之一。

第三节 政府也没忘了汽车和能源

美国对 SpaceX 的支持是通过研发资金投入，以及政府合同来实现，而对特斯拉和 SolarCity 采取了补贴、低息贷款、政府购买等形式的扶持。

一、特斯拉发展，政策帮了大忙

事实上，特斯拉之所以能够取得这样的成绩，除了领先的技术以及设计思想，政府政策对于特斯拉发展的促进作用同样不能被忽视。

2008 年 9 月，小布什总统启动了总规模 250 亿美元先进技术汽车制造贷款项目，2011 年该项目停止接受车企的贷款申请，约有 60% 的资金剩余（约 150 亿美元）。

2013 年 8 月，美国能源部发言人麦克阿瑟称，这项针对新能源汽车的贷款项目将重新启动，美国政府鼓励汽车厂商积极申请这一贷款项目。美国政府出台先进技术汽车制造项目，主要是为了帮助汽车制造商及供应商们达到联邦政府制定的节能标准。

一位了解特斯拉的硅谷工程师说，美国能源部的贷款对特斯拉产品 Model S 的生产起了很大的作用，因为当时的特斯拉并没有足够的信用额度去找商业银行贷款。

如果把目光拉回到 2011 年，或许就更能够明白美国能源部对于特斯拉的重要性。从成立到 2011 年 3 月底，特斯拉总共确认 2.925 亿美元的营业收入，却在经营活动中花费了 3.739 亿美元，并且累计亏损 4.639 亿美元。

这位工程师打了一个比喻，“假设你今天开了一家汽车公司，你的公司一年亏损 1000 万美元，公司账户里还有 5000 万美元现金。你今天去花旗银行找你的老朋友说，借我 5 亿美元吧。他的第一反应是：啥？肯定不借啊！因为他不相信你能还得起”。

得到能源部的帮助后，Model S 便开始了生产，特斯拉在美股中的表现也非常出色，一路飙升，依靠一次股权债券发行提前 9 年偿清了美国能源部的官方贷款。

特斯拉的盈利还要感谢美国加利福尼亚州制定的特殊政策。

加州空气资源委员会规定，在该州销量超过一定数量汽车的企业必须使环保车的比例达到汽车零排放指标法案的规定。未达到该法案规定标准的企业必须向加州空气资源委员会支付每分额度 5000 美元罚款，或者向其他公司购买额度。

如此高额罚款，使得传统汽车企业纷纷购买额度，特斯拉 Model S 是纯电动汽车，本身不产生碳排放，特斯拉将这些额度出售给其他车企获利。美国高德纳咨询公司分析师蒂洛·科斯洛夫斯基接受《洛杉矶时报》采访时曾经表示，特斯拉旗下车型，85千瓦时 Model S 和 60 千瓦时 Model S 分别获得汽车零排放指标法案评分 7 分和 5 分，通过出售碳排放额度，特斯拉可以从每辆车上获得最高 35 000 美元的收入。照此计算，实际上是其他汽车企业在补贴特斯拉。

几年来，特斯拉已经从出售零排放指标这项业务中取得了1.26 亿美元的收入。特斯拉 2014 年一季度首度盈利，在这份扭亏为盈的财报中，汽车零排放指标的销售额高达 6800 万美元，占到总收入的 12%。如果扣除零排放指标收入，反而亏损 5680 万美元。除此以外，在财报的账目明细中，1700 万美元的“其他收入”也很引人注意。据美国汽车媒体报道，这部分收入也是靠出售额外的温室气体指标得来。8 月，特斯拉再次交出了不错的二季度财报，其汽车销量和毛利润率均超过华尔街预期。

也是在 2014 年 8 月，美国宾夕法尼亚州通过法案，正式批准特斯拉在当地通过直销模式销售汽车，这也是特斯拉直销模式在美国本土获得的最新进展。

二、SolarCity 成功背后的力量

马斯克的 SolarCity 公司能够以惊人的速度发展，离不开在美国可再生能源发电计划的大背景下，美国财政补贴政策为光伏产业的初期发展奠定了基础。

政府具体补贴政策可分成两类：联邦政府补贴和州政府补贴，其中联邦政府的补贴占大比例。联邦政府的补贴主要为投资税收

抵减与五年期加速折旧。

投资税收抵减补贴指联邦政府将光伏设备投资额的30%作为投资者的税收减免金额，投资者可用于其他生意的税收减免。投资税收抵减补贴的前身是1603法案，区别是政府直接将30%的投资额以现金形式加以返还。

加速折旧允许投资人将30年使用寿命的设备在6年内快速折现完，作为税收抵扣（美国所得税约35%）快速回款，以减少资金成本。在2013年底前，还允许企业在第一年折旧投资额的50%。

州政府的补贴包括投资现金返还、度电补贴、税收减免、绿色电力牌照等，具体各个州的补贴方式和幅度都不同。联邦政府及州政府的补贴额度，加起来占到目前光伏设备投资额50%左右的份额，可谓相当丰厚。

由于投资税收抵减补贴的特殊设计，一种“创新”模式“光伏发电税收投资者”应运而生，比如，谷歌、高盛、花旗、美林等巨头投资SolarCity，是因为可以把SolarCity的税收抵扣额度用于自身企业内抵扣巨额税收账单。

仅仅补贴还不够，还有贷款和购买。美国能源部提供一项条件性部分贷款担保，供资3.33亿美元用于建设千百万住宅和美军基地屋顶太阳能光伏设备项目。这个名为SolarStrong的项目由SolarCity负责，私募股权基金美国可再生能源集团的子公司则同美林银行合作，以主要借贷方身份出现。

政府建筑和军队是SolarCity的主要用户，仅其SolarStrong计划的军队光伏改造项目就与美国军方签订了12万单位的光伏建筑合作计划。SolarCity将在33个州的124个美军基地安装、拥有并运营 16 万个屋顶太阳能设备。SolarCity 预计该项目可带来 10 亿美元的收入，在五年里创造 750 个建筑岗位和 28 个全职管理岗位。

时任美国能源部部长朱棣文表示:“这是国内有史以来最大的住宅屋顶太阳能项目。这个具有创新意义的项目预计将为美国创造上百个工作岗位，并为我们的军事基地和家庭提供清洁的可再生能源。它也可作为其他大型屋顶太阳能项目的模板，为美国重新获得在太阳能行业的领先地位。”SolarCity 公司 CEO 赖夫也说如果没有这样的合作，SolarCity 将无法通过这个项目获得经济效益。

近期，SolarCity 正在与纽约州政府进行商议，希望建立世界上最大的太阳能工厂，并通过这个工厂的发电支持 20 万户电力供应。

一切都只是开始，马斯克预测未来光伏发电市场还会更有前景。

第十六章 钢铁侠离我们有多远

“离开贝宝时，我想的是哪些领域最有可能对人类的未来产生重大影响，而不是什么才是最好的赚钱途径。”

——伊隆·马斯克

坊间有这样一种说法：美国主要依靠好莱坞的大片、麦当劳的薯片和英特尔的芯片来统治世界，其中好莱坞的电影更是匪夷所思地名列第一。这种说法看似荒诞其实也有一定的道理，马斯克就是因为和好莱坞英雄钢铁侠搭上关系才得以在短时间内变得大红大紫。

把马斯克树立成硅谷的创业传奇和美国梦的典型代表，不仅可以向世界展现美国作为超级大国的强大实力，而且能对美国的青少年起到很好的示范作用。对青少年来说，榜样的力量是无穷的，经过媒体的大肆渲染谁又能保证美国的未来不会涌现出许许多多的牛斯克、杨斯克甚至朱斯克呢？

当前，我们正处在中华民族伟大复兴的关键时期。要实现中华民族伟大复兴的“中国梦”，必须坚持创新驱动发展战略，努力培养创新型人才。如何具体落实创新、推进创新、加速创新，如何建设有中国特色的创新生态体系和创新社会文化，这是我国当前亟待解决的核心问题。

第一节
敢问前路在何方

2013年，马斯克提出超级回路列车的构想时，大胆的设计和新奇的思路再一次引发了网络社交媒体的轰动。但与以往不同的是，这次除了赞叹之外，还夹杂着一些惋惜之声。有很多人留言说：“我也有过造第五种交通工具的创意，可颠覆了，跟这差不多。”“我小时候也有一模一样的想法，当时还被老师表扬过呢。”由此可见，至少在天马行空这件事上，世界各地的孩子们是没什么区别的。

不过“我也有”这三个字到底还是没什么说服力，基本上相当于说“要是我妈把我生得聪明一点，我就能当科学家”。作为务实主义者，民众总是倾向于最直接的感官冲击，而那些凭空追忆的“我本该”、“遥想当初”之类事迹，除了再一次证明别人的伟大之外真的很难留下什么印象。

为什么当年站在同一起跑线的小伙伴，分别多年之后竟会有天壤云泥般的差别呢？是因为中国人笨么？显然不是。君不见中国学生在国际奥林匹克竞赛中屡获金牌。还是我们不够努力呢？如果这是真的，那又如何解释那些华裔科学家在国外取得的骄人成绩？既然我们天赋不差，又不懒惰，那面前这条鸿沟究竟是怎么形成的呢？估计也只能从教育上去寻找原因。

让我们来看看美国的素质教育。美国的基础教育，通常是根据孩子的兴趣爱好来因材施教，对跟别人不一样、有特别才能或天赋的孩子能够给予极大的发展空间。就高等教育来说，由于美国“地广人稀”、教育资源丰富，导致美国高校的入学门槛很低，通俗地讲就是“宽进严出”。在这种情况下，选择走学术道路的都是发自内心喜欢钻研、喜欢挑战的人。要知道，兴趣远比老师重要，在兴趣的驱使下这些人活得一点都不比我们高三的孩子轻松，但是他们心甘情愿，并且始终如一。

再来看看德国人是如何开展儿童素质教育。你可能会感到吃惊，但这些全都是真的：

> 德国幼儿园没有年级，所有年龄的儿童都混在一起；德国学校都是半日制的，下午没有课，只有课外活动；英语 3 年级才开始学习；小学 4 年级毕业，根据老师推荐升学，学习技工、中专或者上以后能上大学的文理中学；没有本科生（后来根据欧盟要求作了更改），要读就读到研究生；重视实践课程，抽象的数学学习进度至少比中国晚 2 年。

在这种“不求上进”的教育理念下，德国人长大以后会不会特别没出息呢？来看看德国教育的成果：自诺贝尔奖设立以来，德国人（含移民美国、加拿大等国的德裔）获得的诺贝尔奖人数接近总数的一半。换句话说，8500 万的德国人分享了一半的诺贝尔奖，而全球另外 60 多亿人只获得剩下的一半。

这是为什么呢？答案可能会让你更加震惊——不要过早过度开发儿童的智力。难道“不要输在起跑线上”只是一个伪命题？残酷的事实告诉我们这很有可能是真的。德国宪法明令禁止学前教育，而且不仅是德国，整个欧洲在对待小孩子的做法上基本大同小异。

诺贝尔物理学奖得主杨振宁先生，在一次演讲中曾谈到孩子的教育问题。他说，不要对孩子有过分的要求，尤其是那些孩子从小表现出过人之处的家长们，一定不要将孩子当做天才来养，不要给他们的天分太大的压力，不然很可能成为一个悲剧。“如果孩子那么聪明，又何必那么着急呢？”

2014 年 4 月，马斯克受邀参加了上海科技大学举办的“创造与创新”学术论坛。在现场，他谈到了中西方教育的差异，同时他还向中国大学生们解释了教育和兴趣爱好之间的关系。马斯克说：“纯电动车、火箭、太阳能、电子支付，在很多人眼里，绝对是不同‘专业’。对我来说不是这样。

首先得承认，当我进入每个领域，要想明白一些事情并不容易。但我慢慢发现，不同领域有共通点，有时，两个看上去无法相通的领域，恰恰享有同一个框架。

比如，我们在新型火箭研发中解决的一些工程系统问题，可以直接被用到纯电动汽车上。”

除了中外素质教育的差异之外，中西方思维模式的不同也可能是另一个重要原因。

汉朝以后，儒家思想在我国的历史上长期占统治地位，而儒家思想以中庸之道为内核。何为“中庸”？通俗理解就是为人做事当恰如其分，既不能“不足”也不能“过分”，这导致了中国人好读书而不求甚解的思维习惯，与追求真理，强调质疑的科学精神明显相悖。反观西方，自古以来就形成了科学定量的办事风格。他们连做饭放多少调料都能标准量化，你去肯德基、麦当劳等连锁店吃饭会发现菜品基本上是一个味道。而这只是西方量化思维的一个侧面，从学术研究的角度看，用英文完成的学术论文多数以定量为基础，习惯使用大量的调查数据和既成事实来说明问题，所进行的分析也都遵循一定的逻辑并辅以数据的支撑。

一个简单的对比就能放大东西方思维模式的差异。16 世纪的时候也就是中国的明朝，东西方分别出现了两位大师，一位是我们的大思想家王阳明，另一位是英国的思想家、实验科学家培根。培根开创了实验科学，堪称近代实验科学的鼻祖。而王阳明同样尊重中国“格物致知”的传统原则，即认为只要对事物加以仔细观察剖析就能得到真正的知识，在出发点上他们都一样。但是在“格”什么“物”，怎么个“格”法上，这两位思想家的做法却全然不同。培根走的是理论分析和实验科学相结合的路径，最终被证明是成功“格”物的方法。而王阳明得出的是“天下之物本无可格者，其格物之功只在身心上做”的结论，走向了科学的对立面。

近年来，随着我国改革开放的持续推进，东西方文明加速交融，中国企业逐渐开始了从一个“文科生”向“理科生”的艰难转型。以著名的华为公司为例，在其迅速崛起的过程中，从“定性”到“定量”的管理方式发挥了重要的推动作用。一开始，华为的产品研发没有严格的工程概念，也没有科学的流程和制度。一个项目能否取得成功，主要取决于项目经理的能力和运气。正是看到了这种偶然的成功和个人英雄主义有可能给公司带来极大的不确定性，华为在 1999 年开始了管理体系科学量化的变革，提出了“先僵化、后优化、再固化”的变革期指导思想。在这个思想的指导下，华为经历削足适履、“穿美国鞋”的阵痛后，管理方式已经从“语文”走向了“数学”，实现了基于数据、事实和理性分析的实时管理。

有留学经历的人可能会觉得很奇怪，为什么一些美国大学生连百位数加减法都不会计算，却能养成严谨科学的思维习惯呢？这也许要归功于美国一直以来大力推动的 STEM 教育。

何为 STEM？它是四个英文单词的首字母缩写，S 代表科学（Science），T 代表技术（Technology），E 代表工程（Engineering），M 代表数学（Mathematics）。STEM 教育就是针对科学、技术、工程、数学的教育。这四个方面之间存在着相互支撑、相互补充、共同发展的关系。

在对国家综合实力的研究比较中，获得 STEM 学位的人数一直是一个重要的指标。美国政府的 STEM 计划是一项鼓励学生主修科学、技术、工程和数学领域，不断加大对该领域教育的投入，培养学生的科技素养的计划。

早在2002年，美国政府就颁布了《不让一个孩子掉队》的法案，成为其21世纪教育改革的蓝图。为了实现目标，2006年，时任美国总统小布什在其国情咨文中公布了一项重要计划——《美国竞争力计划》，提出知识经济时代的教育目标之一是培养具有STEM素养的人才。2009年1月11日，美国国家科学委员会发布致美国当选总统奥巴马的一封公开信，其主题是《改善所有美国学生的STEM教育》。信中明确指出：国家的经济繁荣和安全要求美国保持科学和技术的世界领先和指导地位。大学前的STEM教育是建立领导地位的基础，而且应当是国家最重要的任务之一。委员会敦促新政府抓住这个特殊的历史时刻，并动员全国力量支持所有的美国学生发展高水平的STEM知识和技能。

我们知道民主党历来重视教育，再加上社会舆论的广泛呼吁，奥巴马于2009年颁布了《美国振兴及投资法案》以及“竞争卓越”计划，强调STEM的重要性，并拨款大力资助STEM教育。随后他又启动了“为创新而教”项目及“尊重项目”，2012年又提出了新科技教育十年计划。为了实现以上计划，奥巴马政府还提出两项具体措施：第一是在接下来的五年时间内，五个公共和私营部门将对1万多名未来的新教师提供更多的培训，同时也将支持目前10万多名STEM领域教师的专业发展；第二个措施是白宫每年将举办科学展，并表扬在科学、技术及机器人学等领域竞赛中获奖的学生。

不仅如此，在奥巴马政府STEM教育改革的推动下，目前美国各州都对此非常重视，正兴起一股STEM教育的热潮。爱荷华州州长、STEM教育咨询委员会执行长杰弗里·威尔德说：“我已经注意到，各地对 STEM 的重视就像爆米花一样，蓬勃快速成长。”南卡罗来纳州数学科学小组主任托马斯·彼得斯也指出：“我的很多朋友以‘随处是 STEM’来形容这股热潮。”

1989 年，钱学森先生着眼于 21 世纪科技发展的需要，提出了“大成教育”的设想：

> 让一个理工科人才在他最富创造力的年龄，达到硕士的实践能力，同时对文学、艺术也有相当的体悟，他会满怀理想不怕失败，他相信创造的力量，也相信自己可以改变一切……

这个梦想至今仍让人倍感鼓舞，分外憧憬。21 世纪的竞争，归根到底还是人才的竞争。我们也应更加重视 STEM 教育，着眼于复合型创新性人才的培养，将科学、技术与工程联系起来，开展从幼儿园到高中的持续教育活动。

第二节
雄关漫道真如铁

马斯克依靠互联网起家，从 Zip2 和贝宝的交易中赚取了他人生的第一笔财富。但成为亿万富翁之后，他并没有像其他贝宝帮的“小伙伴”那样，转行去做天使投资人，相反他选择了继续创业，而且把自己的触角伸向了实体经济中最时尚、最高端同时也最具神秘感的两个领域。他这么做，除了宣称的改变世界的理想之外，背后还会不会另有原因呢？

后金融危机时代，美国为了提振经济、带动就业，在国内刮起了一股再工业化的旋风。“再工业化”并不是一个新词，多年前在对传统工业基地的改造和振兴中就曾被广泛应用。根据 1968 年版《韦伯斯特词典》的注解，“再工业化”是一种刺激经济增长的政策，尤其是指在政府的帮助下，实现旧工业部门的复兴和现代化，并支持新兴工业部门的增长。

不同历史时期“再工业化”的具体内涵也有不同的侧重，人类历史上大致经历过三次再工业化的阶段。第一次在20世纪60—70年代，美国社会学家阿尔泰埃兹厄尼首次提出“再工业化”发展方式，主要侧重于解决当时德国鲁尔、法国洛林、美国东北部以及日本九州等地区重工业基地的改造问题。第二次是在20世纪80年代，针对日美制造业竞争格局逆转的趋势，“再工业化”被再次提及。第三次就是2008年金融危机以来，以2010年美国总统奥巴马签署《制造业促进法案》为标志，发达经济体推出的“再工业化”发展战略。

与前两次不同，此轮“再工业化”的提出有着更为严峻的现实背景。20世纪中后期，信息时代到来、劳动力成本飙升等因素共同促成了全球经济的再次分工，“去工业化”一下子占据了美国国家政策的主导地位。这段时间，美国金融业的突飞猛进，以及传统制造业的大量外迁，直接导致了美国金融衍生品的泛滥和制造业的空洞化，使美国陷入了1930年大萧条之后最大的经济危机，失业率长期盘踞在10%上下，房地产大面积崩溃，即使是一直让美国人引以为傲的汽车制造业也面临着关门歇业的现实威胁。

痛定思痛，亡羊补牢。经济萧条促使执政者更为清楚地认识到，此前过度去工业化所导致的实体经济与虚拟经济脱节的诸多弊端。美国等发达经济体以前所未有的决心，踌躇满志地开展了新一轮的“再工业化”行动。

金融危机中临危受命的奥巴马，自上台以后就开始大力倡导所谓的“新经济战略”：美国经济要转向可持续的增长模式，即出口推动型增长和制造业增长，要让美国回归实体经济，重新重视国内产业尤其是制造业的发展。值得注意的是，奥巴马的回归实体经济是对社会资本过度脱离实体产业的反思，重新审视制造业的价值，而并非传统制造业的简单回归。美国人要搞的“再工业化”不断吸收、运用高新技术成果，大力发展先进制造业。这一目标的实现需要有突破性、划时代意义的科技成果作为支撑，即新一轮科技与产业革命的出现。马斯克和他的三家企业就是其中的典型代表，不仅再工业化战略帮助了马斯克，而且他的出现也印证了奥巴马战略上的成功，这也很好解释为什么奥巴马不止一次地到马斯克的企业参观。

曾几何时，制造业一度被认为是严重的“夕阳产业”，由于资源消耗大、利润率低、对环境不友好等一系列问题，在资本市场中青睐传统产业的投资者寥寥无几。但大量的经验表明，

> **制造业始终是科技发展的主要动力，不仅有利于新思想、新发明和专利的产生，促进高新科技产生、成熟和推广，而且有利于一个国家在既有资源的基础上生产出更多更好的产品，提升国家的潜在经济增长率。**

历史经验同时表明，制造业生产率的增长较其他行业有明显优势。随着生产技术的不断改进，制造业生产率将持续提升，有助于经济的长期和可持续增长。制造业的生产活动将对原材料、建筑、能源供应和服务形成需求，产生覆盖多部门的乘数效应。这种“乘数效应”同时还体现在创造就业方面，通过供应链的扩展，制造业对建筑、采掘、包装、电子通信等领域都会形成不同的就业刺激。

从长远来看，实体经济才是大国振兴的康庄大道。奥巴马的

“再工业化”战略也初见成效。在2012年获得连任后发表的国情咨文中，奥巴马提到美国的制造业在过去10多年间一直处于流失就业机会的状态，但这一颓势从他上任以后已经开始扭转。据统计，自2010年2月以来，制造业已为美国创造了超过60万个就业计划，创下了1990年以来的最佳表现，而且其中很多都是尖端技术的就业机会。奥巴马还自豪地宣布：“卡特·彼勒公司正在把工作机会从日本迁回美国；福特正在把就业机会从墨西哥转回美国；苹果也将在美国本土重新开始生产Mac电脑。”

再来看我国，随着投资热情的下降和人口红利的逐渐消失，以价格为核心竞争力的中国制造业发展空间日渐收窄。目前，我国的工业化进程尚未完成，未来仍然任重道远，经济运行中还出现了“实体经济不实，虚拟经济太虚”的结构问题。但是，在一些地方却发出了大力发展虚拟经济的声音。我们应该清醒地看到，虽然虚拟经济能够带来短暂的繁荣，而且还可能披着节能环保的糖衣，但美国的例子近在眼前，如果只贪图一时之益，从长期来看，就会重蹈美国的覆辙。

第三节
长风破浪会有期

当今世界，科学技术已经成为国与国之间竞争的战略制高点，成为对内提升凝聚力、对外扩大影响力的重要手段。谁能走好科技创新这步先手棋，谁就能占领先机、赢得优势。作为四大文明古国之一，中国的国民生产总值曾长期位居世界首位，也一直引领着世界科技的发展方向，彪炳史册的四大发明就是很好的例证。但是，随着近代以来长期奉行的闭关锁国政策，中国逐渐把自己关在了世界科技的大门之外，不但科技发展水平被西方国家一一赶超，甚至差点沦为他们的殖民地。新中国成立以后特别是改革开放以来，党和政府深刻认识到科学技术对国家和民族的重大意义，始终把科技创新放在现代化建设的重要位置，常抓不懈，毫不放松。

纵观世界主要国家的兴衰史可以发现，谁抓住了科技革命的机遇，谁就牢牢掌握了发展的主动权。无论是社会发展的历史经验，还是科技革命带来的成果和教训，都证明了创新确实是任何一个国家的立国之本。在第一轮工业革命中，英国率先使用蒸汽机作为动力替代原始的手工作业，很自然地成为了第一个完成工业化的国家。第二次工业革命以电动机的发明和电力的广泛应用为标志，美国受益于信息技术、新能源和新材料、空间技术等一系列科学技术的变革，一跃成为世界头号强国，并一直延续至今。

美国建国 200 多年，仅用了一百多年就成为世界第一，并持续领先世界 100 年，依靠的是什么？很大程度上依靠的就是像盖茨、乔布斯、马斯克这样有创新精神和冒险精神、用科技改变世界的创业家。马斯克是美国科技移民的典型代表，他移民美国的原因是受到美国梦的吸引，为了实现自己的人生梦想。

美国的创新体系最重要的特点就是不同主体之间的合作与竞争创造了高效的创新生态，这使得科学家的自由探索、企业的逐利行为、政府的长期目标、高校的有效竞争能够有机地结合起来。

美国开放的移民政策、大学内部的治理机制、企业之间的竞争、资本市场的支持等，激发了不同创新者的活力。政府对大学、国家实验室从事基础研究的支持，以及大企业对基础研究的投入保证了美国处于知识创新的前沿；规模巨大的军事采购和全球化的市场，为新产品创造了广泛的需求，激励了企业的持续研发投资，并催生了新兴产业的诞生和成长，这使得美国的创新体系充满活力。

在马斯克看来，创新的关键就是愿意并且敢于冒险，

“我们不应因为可能发生悲剧便心生胆怯，不敢做自己感兴趣的事情。

如果我们的祖先没有冒险精神，美国也就不存在了。”

与美国相比，我们的差距主要是创新，尤其是自主创新。英国科学家李约瑟1944年在《中国科学技术史》中提出：“为什么直到中世纪中国还比欧洲先进，后来却让欧洲人占了先呢？为什么科学和工业革命没有发生在近代的中国？”这就是著名的“李约瑟之谜”。无独有偶，钱学森也提出过类似的问题。

应该看到，无论是“李约瑟之谜”还是“钱学森之问”，背后所折射出的都是中国在创新方面的问题。正视现实、查找原因才能奋勇开拓、迎头赶上。从国家创新体系的角度分析，目前我国基础研究和应用创新的主体不甚明确，产学研的连接渠道并不畅通，创新与产业的关系也没有得到很好的解决。这些都直接导致科技与经济社会发展脱节、应用开发项目与需求脱节等现象，整个国家的科技创新潜力还没有得到充分释放。

科技兴则民族兴，科技强则国家强。在前两次的工业革命中，我们中国被甩在了发达国家的后面，结果是落后挨打上百年。俗话说，事不过三。第三次工业革命正在悄然走来，我们不应该，也承受不起再次被甩开的后果。这关系着子孙后代的幸福、关系着民族的生死存亡。我们只能迎接挑战，没有其他选择，更没有退路。

目前，中国是世界第二大经济体，还是全球制造业第一大国，

生铁、粗钢、煤炭、水泥、电解铝、化肥、化纤、汽车等产量均高居世界第一。中国有世界上最多的人口，比总量我们第一并不稀罕，但如果比发展质量的话，中国的名字在排名表上可能就没那么容易被找到。我们不能被一个又一个的“第一”冲昏头脑，更应该认识到中国制造业第一大国的帽子在很大程度上是依靠简单的来料加工、代工而得来的。我们很早就认识到“经济增长必须依靠科技进步”，后来又落实到增长方式的改变，而打通科技和经济之间的通道可能是为实现增长方式转变的一种路径指引。

客观地说，虽然我们的科技创新还存在亟待解决的诸多问题，但也不必妄自菲薄。自新中国成立以来，我们国家的科技水平一直在不断进步，与发达国家的差距也在不断缩小。西方国家花了一百年甚至是几百年才完成的工业化历程，中国只用了短短 60 年的时间。在经济腾飞的大潮中，我们已经涌现一批在国际舞台上崭露头角的优秀企业和产品，比如时速超过 300 公里的高铁列车，风靡东南亚的微信，全球 PC 出货量最大的联想，在通信领域发展势头迅猛的华为，打败 eBay 的淘宝以及走出国门的百度。

当前，在大数据和新材料的不断推动下，变革中的制造业犹如海中冰山。虽然它在大众感受上不如互联网产业那么火爆，但集聚的能量正在接近临界点。一旦制造业真正出现“群体性技术革命”，将对全球经济社会的发展产生深远影响，对于我国的影响可能将更为明显。

历史的经验还不止一次地证明了经济危机与工业革命之间的某种内在联系，每一次经济危机都会引发新一轮的科技和产业革命，在某种程度上，经济危机也可以看成是工业革命的催化剂。目前，2008 年金融危机的余波未散，第三次工业革命刚刚兴起。云计算、

3D 打印、人工智能等一大批前沿领域的重要科学问题和关键核心技术已经呈现出革命性突破的先兆，将对社会生产方式和生活方式带来革命性变化。新一轮科技革命与我国加快转变经济发展方式形成了历史性交汇，为我们实施创新驱动发展战略提供了难得的机遇。

杰里米·里夫金在《第三次工业革命》中认为：19 世纪，英国引领了第一次工业革命，美国在 20 世纪引领了第二次工业革命，21 世纪，中国有可能会引领第三次工业革命。

众所周知，英国人瓦特是第一次工业革命的代表人物，英国也在第一次工业革命中成就了大国崛起的梦想；美国人爱迪生是第二次工业革命的代表人物，美国也在第二次工业革命中创造了领先世界的辉煌。知识就是力量，人才就是未来。我国要想在第三次工业革命中走在世界前列，就必须把人才资源开发放在科技创新最优先的位置，要在创新实践中发现人才、在创新活动中培育人才、在创新事业中凝聚人才，努力造就像盖茨、乔布斯、马斯克那样的科技创新型人才。

一百多年前，梁启超大声疾呼“少年智则国智，少年富则国富，少年强则国强……少年胜于欧洲则国胜于欧洲，少年雄于地球则国雄于地球”。百年以来，中国人民从来没有像今天那样接近圆梦时分。当代青年生逢其时，应把个人的梦想融入到“中国梦”中去，努力把自己“炼成”推进国家自主创新的人才。

历史机遇往往稍纵即逝，机不可失，时不再来。科技是国家强盛之基，创新是民族进步之魂。我们应沿着创新、创新、再创新的方向不断前进，以科技引领发展，以创新成就未来，努力实现中华民族伟大复兴的中国梦！

后 记

以创新实现梦想

2010年5月，我看了一部电影，记住了一个人，那部电影是《钢铁侠2》，那个人是伊隆·马斯克。当时，影片有个场景让我印象深刻："钢铁侠"在摩纳哥赛车俱乐部里大赞伊隆的灰背隼（Merlin）发动机。我依稀记得，灰背隼似乎是劳斯莱斯公司的。带着疑惑，我回家后便上网搜索答案，发现马斯克公司的猎鹰火箭的主发动机也叫灰背隼。紧接着，我又搜了搜马斯克的资料，这下真叹为观止：他过的就是"钢铁侠"的真实人生。从那时起，我就开始跟踪研究马斯克，他的故事也一直激励着我不断前进。

马斯克的经历堪称"梦想照进现实"的传奇。最初，他是互联网大鳄，从硅谷起家，创立了世界第一家网络支付公司贝宝（Paypal）。跻身亿万富豪行列后，彼时的马斯克并没有功成身退，反而溯流行舟。他以解决人类生存和生命延续的重大问题为己任，将学生时代的梦想化作希望的种子，同时运营着太空探索技术公司（SpaceX）、特斯拉汽车公司（Tesla）和太阳能城市公司（SolarCity）。

创业的路上并非一帆风顺。2008年，马斯克曾陷入人生的最低谷：SpaceX三次试射火箭失败，公司濒临破产；因为研发成本过高，特斯拉也接近关门；而他的第一段婚姻也走到尽头。在巨大的困境面前，马斯克并没有放弃和崩溃，他就像黑暗中的武者，积极寻找途径解决问题，并且勇敢地下了人生中最为关键的赌注。最后，他赢了，兑现了自己的三个人生目标，并继续在这三个领域颠覆着人类的未来。

当我不断和朋友讲起马斯克的故事时，大家都听得津津有味，惊叹世上竟有如此神人，神奇地超过乔布斯。然而，直至今日，国内知晓马斯克的人还是不多。从事金融的人，可能知道贝宝；喜欢汽车的人，可能知道特斯拉；光伏行业的人，可能听说过 SolarCity；航天界的人，可能开始研究 SpaceX；还有更多的人，对他了解更少，甚至把马斯克的名字叫成马克思。

马斯克远不如乔布斯出名，也许是因为火箭、飞船和特斯拉离大众的生活太过遥远，不像人人可以用上手机。如果说乔布斯的簇拥者是“果粉”，那马斯克的粉丝就是“爱马士”。但也许一个世纪后，人们可能更会记住马斯克，因为飞船和特斯拉可能将是拯救世界、改变未来的神器。

乔布斯轻轻地走了，不带走一片云彩；马斯克悄悄地来了，在星辉斑斓里放歌。

有时候，我想到在十三亿人口的国家里，对梦想和现实感到困惑的人那么多，就有一种要做点什么的冲动。我也经常在想：也许 10 年内，中国能再出一个乔布斯，但能否诞生马斯克这样的奇才呢？此外，马斯克身上代表的创新精神和人生梦想，也正是我们领导人所提倡的。基于这些，一年前的一天，我的脑海里弹出了一个想法：写一本关于马斯克的书。

马斯克究竟是一个怎样的人？有人说他是不切实际的妄想症患者，也有人说他将成为再次改变世界的伟人。他有异想天开的胆气，也有脚踏实地的坚持。旁人看来不过一枕黄粱，他却总能让

“梦境”变得真切。在我的眼里，马斯克是一个充满个性、富有挑战精神和创新意识的人。

马斯克取得今天的成功，最重要的因素是创新。正如他在公开信中写道：中国是经济增长最快的国家，但美国的自由企业制度保证了美国仍然具有最强的创新能力。反思我们自己，经济增长并不能完全等同于经济发展，在经济转型升级的关键时期，根本出路在于创新。师夷长技以制夷，位卑未敢忘忧国。每每记起马斯克的公开信，我就想把四年来从他身上学到的东西“兜售”给更多的国人，为国家的创新发展之路尽一份微薄之力。

为了写好马斯克，我尽力去体验他的创业历程、去探究他的内心世界。不仅对搜集的资料进行甄辨、筛选，多方考证、去伪存真，还不断追寻那种“入乎其内”又“超乎其外”的境界。写作的过程，也让我对马斯克有了更为深刻的认识和理解。在我看来，他最成功的地方有三点：信仰物理、互联网思维和殖民星际。

物理学对马斯克的人生轨迹产生了深远的影响。他习惯于用第一性原理（First Principle）来思考问题，以至他发出“我只信仰物理学”的慨叹。在马斯克的思维中，如果想做一些新的东西，就必须依赖物理学，而物理学的方法往往是反直觉的。物理学培养了他的缜密思维，经济学又赋予他的管理方法。也正是这两种学科的叠加，使马斯克既能当好首席执行官（CEO），又能兼任首席技术官（CTO），实现了管理和技术的完美结合。这样，就能真正做出互联网时代最需要的低成本和高品质的产品。

马斯克也是最早以互联网思维改造传统的开拓者。汽车、光伏、太空，这些看似与IT相距甚远的行业，在他手里都产生了千丝万缕的联系。马斯克把原本存在的生产要素进行了重新组合，创造出新的实用解决方案，掀起了一场前所未有的革命。他不按常理出牌，他没有中间融合，只有颠覆和取代。发轫于 X.com 的特斯拉、SolarCity 和 SpaceX，创新精神永续传承，互联网思维无处不在。X 寓意着未知、创新和冒险。从 X.com 到 SpaceX，是“未知”的循环，是“创新”的继续，是“冒险”的征途，更是马斯克对事业、理想和人生的执着追求——永远上路，才能永远在路上。

马斯克还高调地向世界宣布他要去火星的想法。从某种意义上说，他可能成为大航海时代哥伦布式的人物。二十世纪的“阿波罗”登月计划为年轻人打开了一扇照进光亮的窗户。数年后，一批高科技富翁纷纷开启硅谷模式进入太空产业。然而，由于巨大的行业壁垒，包括谷歌创始人拉里·佩奇、亚马逊创始人杰夫·贝索斯在内的硅谷巨人均碰壁而回。唯有马斯克完成了从硅谷到太空的惊险一跳，他甚至反复说成立 SpaceX 就是要帮助人类变成“跨星际物种”。现在，马斯克成为世界上第四个掌握航天器发射和回收技术的国家和个人（另外三个是美国、俄罗斯和中国），他还在以猎鹰重型火箭实现他的“火星之旅”……

写作，就像长跑，是一个痛并快乐着的过程，只有经历虚脱的状态，才能体会艰辛后的美丽。马斯克曾说，他每周工作 100 小时。这一年，我每周花在工作和写作上的时间也接近 100 小时。苦中作乐，是一种极致的快乐。用第一性原理来说，我写书不为其他，只求为读者介绍一个真实的马斯克，树立一个真正的学习榜样。

写作，也是一个“由薄到厚”和“由厚到薄”的过程。我曾经在“由薄到厚”的阶段踯躅不前，又在“由厚到薄”的阶段苛刻地删除十万余字。遵循力求真实、不加虚构的原则，本书尽量还原马斯克的成长和创业经历，探究马斯克成功的关键原因，力求挖掘更多潜在的、引人深思的高价值信息。从内容上看，不仅是个体的成长历程，也包括个人情感、事业追求、理想愿景和管理哲学；还试图说明，创新型人才只有在匹配的环境下才能得到更好地成长、发挥最大的社会价值。

我一直以为：写作的目的是提出或介绍新的思想，并为他人提供思考的素材。我希望越来越多的国人了解马斯克，并从他身上学到创新的真谛；我更希望在若干年后，中国能出现改变世界的创新英雄，中国能成为全球科技的创新中心。

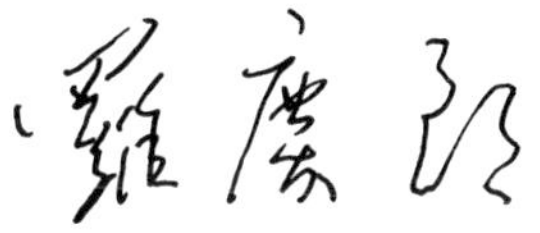

2014 年 8 月

本书部分资料来源于 SpaceX 及网络